MANHOOD IN THE MAKING

发明男性气概

[英] 大卫·D. 吉尔默 著　　孙伟　张苗凤 译

ZHEJIANG UNIVERSITY PRESS
浙江大学出版社

谨以此书献给麦琪、艾琪和朱利安：三个一流的伙计。

序言

在《堂吉诃德》一书的导论中，塞万提斯谦逊地恳请读者宽恕后文中的不完美之处，“悠闲自得的读者，”他写道，“不用我赌咒发誓，你想必也能理解，我多么希望这本书，作为头脑的产儿，尽可能出息得又漂亮、又优雅、又聪颖。然而，我无力违背物生其类的自然法则。”[①]鉴于他的成果，塞万提斯的谦逊兴许并不真诚，但是，表达同一种感情的我可谓格外真诚。我同他一样，都相信自己已经竭尽所能，尽管我的成果并不完美。

当我在西班牙生活，并在一处小镇进行人类学的田野调查时，我头一次对男性气概这个话题产生了兴趣。那儿的人们总在谈论“真男人”（real man），以及男人要有大男子气概（macho），这通常纯粹是在性的层面上讲的，但并非总是如此。他们很少会不提及这个话题而度过一天。后来，在与学生及同事讨论个人经历的过程中，我发现男性气概这个话题突然蹦了出来。我发现，多数社会，哪怕是最不可能的地方，都对“真”男人抱有某种看法；各地的男人都会因为相似的观念或焦虑而心事重重，这些相似之处看起来值得探究。在过去的十年里，围绕生理性别（sex）与社会性别（gender）的女性主义写作的激增，业已增进了我们关于女性扮演哪些角色的知识，但实际上丝毫没有触及有关男性气概的崇拜和规

① 译文引自塞万提斯：《堂吉诃德》，董燕生译，北京：北京燕山出版社，2019年，第4页，略有改动。——译者注

则。综合所有因素来看，进行一项对男性气概和男性气质①进行跨文化考察的研究确有所值。

本书从事的研究实在艰难，因为没有一处公认的地方可以查找作为文化范畴并进行讨论的“男性气概”。提示很少，而且还分散在海量的文献当中。为此，为了避免浪费太多时间，我往往依赖人脉与各种线索。我想对那些帮助过我的人表示感谢，他们要么对我纠缠不休获取信息的请求予以回应，要么纵容我对他们的田野调查经历表现出的好奇心。以下人士因为他们的宽容需要特别提及：伯纳德·西格尔（Bernard Siegel）、卡罗尔·恩贝尔（Carol Ember）、T. O. 贝德曼（T. O. Beidelman）、盖尔·赫谢特（Gail Hershatter）、比尔·凯利（Bill Kelly）、罗伯特·登坦（Robert Dentan）、唐纳德·图日（Donald Tuzin）、罗纳德·赖米尼克（Ronald Reminick）、乔治·斯塔德（George Stade）、弗兰克·科南特（Frank Conant）、保拉·布朗（Paula Brown）、迈克尔·吉尔默（Michael Gilmore）、尼克斯·斯玛塔基斯（Nikos Stamatakis）、南希·罗森伯格（Nancy Rosenberger）、萨拉·尤尔（Sarah Uhl）、丹妮斯·麦吉利夫雷（Dennis McGilvray）和罗素·伯纳德（Russell Bernard）。我尤其亏欠麦克·马歇尔（Mac Marshall）、迈克尔·赫茨菲尔德（Michael Herzfeld）、托马斯·格雷戈尔（Thomas Gregor）、保罗·斯潘塞（Paul Spencer）、斯坦利·布兰德斯（Stanley Brandes）和吉尔伯特·赫特

① “男性气质”（masculinity）和“男性气概”（manhood）内涵相差甚远。据学者隋红升的文章《男性气概与男性气质：男性研究中的两个易混概念辨析》所言，“男性气质（masculinity）是传统男性气概（manliness或manhood）在现代性侵扰下的文化变体，也是在消费主义背景下形成的”，“现代人用来表征男性气概的术语，甚至可以看作是对传统男性气概的误读”，“既包含了传统男性气概理想的一些品质和诉求，有利于男性社会价值的实现”，同时“又包含了很多负面的刻板印象和流俗观念，很容易给男性的思想和行为带来误导”，而男性气概“在西方是19世纪末之前人们用来评价、描述和激励男性的用语”，它“更多地被看作是一种德性（virtue），强调男性个体的内在人格与意志品质”，因而往往“更具褒义意味”。——译者注

（Gilbert Herdt）良多，他们提供的案例研究透彻、敏感并且——必须补充一点——优美到了典范的程度。若没有他们在男性气概谜团中英勇的先锋探索，本书永远无法写就。

耶鲁大学出版社的埃伦·格雷厄姆（Ellen Graham）帮助我让手稿变得可令人接受且愈发前后连贯，我亏欠她甚多。她是一名既细心而又慎重的编辑，在时间管理和鼓励方面很是慷慨。我同样亏欠耶鲁大学出版社的匿名评审，此人回复迅速，一边纠正文本中的不少错误，一边还提出了建设性的意见。当然，仍然存在的错误都是我的责任。我还想感谢我的朋友丹·贝茨（Dan Bates）、劳伦斯·马丁（Lawrence Martin）和吉姆·马修（Jim Matthew）的帮助，他们仨依次是土耳其、猴子与鸽子方面首屈一指的学者。我还要对20世纪70年代初我在宾夕法尼亚大学的论文导师鲁本·R. 雷纳（Ruben R. Reina）说一声迟来的感谢。他是一位仁慈的家长，真正的绅士，当我产生抵制情绪的时候，他会轻柔而坚定地推我过关，向我显示出很高的（我或许配不上）期待所具有的鼓舞人心的力量。

下列机构所提供的慷慨拨款，让我来到了西班牙和摩洛哥，它们还准许我对在那儿收集到的数据进行自由的沉思，它们是：全国心理卫生机构（National Institute of Mental Health）、全国科学基金会（National Science Foundation）、国际学者交换委员会（Council of International Exchange of Scholars）、全国人文学科资助机构（National Endowment of Humanities）、美国哲学学会（American Philosophy Society），以及温纳—格伦基金会（Wenner-Gren Foundation）。

最后，我想感谢我的家人，他们忍受了我在过去的两年中的古怪情绪和错误举动。我的妻子，医学博士玛格丽特·M. 吉尔默（Margaret M. Gilmore），她已竭尽所能无视我的埋怨和诅咒。我的女儿阿加莎·艾米丽（Agatha Emily），她那可爱的艺术活计与安抚人心的钢琴演奏，可谓灵感的源泉；还有我刚出生不久的儿子，朱利安·杰伊（Julian Jay），他在九个月大的时候学会了走路和喊“爸爸”，进而为他那不知所措、不善言辞的父亲树立了一个杰出的典范。

目录

导论

> 比较是最重要的。就连领会某一“文化”都涉及封闭与对比。
>
> ——詹姆斯·布恩，《别的部落，别的抄写员》

本书是关于不同文化中的人们认知与体验男性气概的方式的，此处，我将这种方式简单地定义为：在任何给定的社会中认定一名成年男性的方法。更确切地说，它关于为何如此多的地方的人们把成为一个“真男人”（real man）或“真正的男人”（true man）这一状态看作是不确定且不稳固的，看作一份有待赢取或通过争斗进行抢夺的奖项，以及为何有如此多的社会会通过文化制裁、仪式，或技巧和忍耐力的考验建立起一种难以解释的或排他性的男性气概形象。

本书从跨文化的视角出发，对这些目标予以追寻，在此过程中，我会对西方与非西方的文化和传统中有关男性气质的种种观念进行全景式的观照。本书的主题针对的是男性的性别刻板印象的文化建构及其含义。本书融入了对生理性别角色与社会性别进行人类学考察的研究，融入了后者当前更为宽广的关注范围。但它把自己限定在男性气质的意识形态主题上，在我看来，在文化人类学领域中女性主义方面的文献与日俱增的背景下，男性气质这一主题被不公正地忽视了。我认为，尽管对女性角色的再审视成果显著，而且也有必要，但是男性气质，尽管同样问题重重，却仍被视 1

作“理所当然”。正如朱迪斯·夏皮罗（Shapiro，1979：269）针对人类学中迅速增多的女性主义文献所言，“关注点放在女性身上；对男性特质（maleness）的社会与文化维度往往会间接触及，而非直接面对。此外，最近的跨文化研究中的多数不仅关于女性（about women），而且还由女性操作（by women），在某种程度上说也是为了女性（for women）”。我认为，性别角色（sex roles）与对性别的刻板印象都要被考虑，这部分是因为双方会彼此增益；这本论及男性气概的书，它的很多表现形式，它书写的经历，它的多重含义，都是由此而来。本书是关于男性的，但当然并非仅仅为了男性。

在与人类学的文化抽样（cultural sampling）这一受到尊重的传统保持一致的过程中，我曾试图提供多个男性意识形态的延伸案例，它们每个都来自当今文化理论中得到认可的基本社会经济类型或范畴。样本来自狩猎－采集人群、园艺与畜牧部落、农民、后工业文明，其中并不包含特别的顺序，亦不包含任何进化论的框架。各个有人栖居的大陆都以民族志的例子得到了呈现（再次声明，并不包含特别的顺序）。在这些例子中，存在着诸多与具有男性气概有关的理想（manly ideals），从战士社会到反战社会，从平等主义者到主张分化的人，从母系到父系再到双系亲缘系统。样本的范围因而相当开阔，但是任何民族志抽样都无法希冀做到封闭（closure）。我观察到，北美、北大西洋、澳大利亚、北欧，以及肯定还包括其他地方的土著居民，他们在抽样这一方面是缺席的。很有可能，精通这些地区文献的某个人会在某一天弥补这些疏漏。

在用到民族志的田野数据，以及来自这样本数量较多的二手文献时，我试图追踪“成为一个男人”的意义这个主题——这一在全世界各个社会中极其平凡的规劝。基于民族志的材料，我认为，在关于扮演男性角色的标准规范方面，存在着某些几乎普遍的事物，某些重复出现的事物。潜藏在对重点与表现形式加以强调的表面区别之下的，是在很多社会中——但绝非在全部社会（这很重要）中——关于男性气质的概念、象征和规劝的聚合。在这里，我会谈及世界范围内男性形象（male imagery）的倾向或相似之处，谈及它的无所不在而非普遍性。随着论述的继续，我将针对为何在男性形象中具有这些广泛分布的相似之处提供试探性的回答，这将重申某些学者（Tolson，1977：56）所说的“男性气质的深层结构”，它存在于不相似的文化当中。这些解释将吸收精神分析理论的部分方面，使用新近发展的、关于男性性别认同（male gender identity）的新弗洛伊德学派观念，可我稍后会进行论证：此类精神分析理论必须同唯物主义视角相符，也即将心理动力学（intrapsychic dynamics）与生产的社会组织和联结的方式考虑在内。因此，显而易见的是，我在此处所用的方法基本上就是（鉴于缺乏合适的词汇，所以只能说是）功能性的方法。我还将论述，男性气概理想（manhood ideals）既对社会系统的持续性做出了贡献，又在心理层面上将男性整合进共同体内。我并未把这些现象看作给定的事物，而是看作存在主义意义上的“秩序问题”，各个社会都必须通过鼓励人们以特定的、能够促进个体发展的方式行动起来以便解决这一问题，并增强群体的适应性。性别角色代表了其中一种解决问题的行为。

且让我在此肯定地声明，本研究并不打算为社会科学领域中的功能主义（functionalism）的哲学论辩做出贡献。粗陋的马林诺夫斯基[①]式的功能主义，差不多完全基于人类生物学，沉湎于一对一的沟通，显然正如其诋毁者所言，如果不加批判地运用，那它是目的论的、迂回的。尽管受益于

① 马林诺夫斯基（Bronisław Malinowski，1884—1942），荷兰裔英国人类学家，功能主义学派奠基者之一，代表作有《西太平洋上的航海者》《野蛮人的性生活》等。——译者注

马林诺夫斯基和拉德克里夫－布朗[①]就社会结构提出的经典概念，但我的功能性阐释试图辩证地剖析显在功能与潜在功能之间的交汇点。它将通过
3 试着展现某一行为如何作为调试策略（strategy of adaptation）在特定情形中发挥作用来做到这一点，与此同时，它还会凭借制裁与奖励的反馈来调和个体与社会的需求。因此，正如我们将在第九章思考的那样，不同的例子可以用同样的阐释框架来理解，而非单单作为反例。然而，鉴于本书在男性气质研究方面仅为提纲式的牛刀小试，而该领域仍然在发展初期，我的结论应当被看成探索性的，而非不可更改的，正如我起先承认的那般。

恰如我们将在随后的章节中看见的那样，作为一种成就的特殊范畴的男性气质，关于它的观念与焦虑，在世界范围内广泛存在，它们得到表达的程度各异，但它们看起来并不绝对普遍。也存在着例外；男人对男性气概极少有兴趣的文化，抑或主体在其中完全被省略为两性成员的象征范畴的文化。在第九章，为了与我倡导的模型相一致，我将试着说明这些反常的情况。

沿着我自己接受人类学训练的轨迹，我对男性气概含义的研究很久之前便始于安达卢西亚（位于西班牙南部），该国在文化上最保守的地区之一。在那里，我发现了男人们普遍对男性气质感到担忧，普遍对男性气概抱有文化理想（多数女人和多数男人造成的舆论所支持的形象）。有关安达卢西亚的男性形象［male image，“大男子主义”（*machismo*）一词进入了英语和其他很多语言］，我发现格外有趣的事实是这种语境的普遍性，它被社会视为一种具有价值、不可分割的整体，因而对两性来说，它都是传统西班牙文化的组成部分。我相信，这一男性形象的文化本质，某

① 拉德克里夫－布朗（Alfred Radcliffe-Brown，1881—1955），英国社会人类学家，功能主义学派奠基者之一，代表作有《原始社会的结构与功能》《安达曼岛人》等。——译者注

种程度上在很多社会都存在，它促使我相信，男性气概理想在起源上并不纯粹是心因性的，它还是一种在文化上强加的理想，男性必须遵从，无论他们认为它在心理上是否合宜。也即，它并非单单是个人心理的折射，还 4
是公共文化的一部分，是一种集体再现（collective representation）。若果真如此，那么，它的特点必定有社会文化和心理动力学上的原因，而且，这些原因必定会因此易于进行人类学的比较分析。所以我相信，着手处理这一主题的最佳方式，是方法论的混合（methodological hybrid），既包含文化唯物主义（cultural materialism），又融入分析人格心理学（analytic personality psychology）。

一位心理人类学家，罗伯特·莱文（Levine，1973），曾经把这一双重模式称作“双体系”方法。他认为，作为社会的一员，个体必须平衡两套需求。第一套源自他自己的精神冲突，第二套则源于对文化整合与接受的（而非作为其结果的）需求。然后个体的行为被目为对这些分离的、有时相反的压力的妥协之道。我使用的这一体系的功能性在于它把有条件的行为看成解决人类内在问题的反应或策略。遵循奥卡姆剃刀原则[①]，它在寻找最简约的解释：这种解释用最少的话解释了最多内容。

从我们在安达卢西亚的起点开始，然后扩大至囊括了安达卢西亚的地中海世界，我们还要继续前行，考察远方的文化。我们将审视其他社会，在这些社会当中，给人以启发的男性形象同等普遍，但是以不同的方式予以表达，而且强度各异。我们会行至密克罗尼西亚、美拉尼西亚、赤道附近的非洲、南美、南亚和东亚，顺便抵达中东、北美、英国，以及古希腊。在以上所有地方，遵循为人们所重视的男性气概形象是频繁出现的

① 奥卡姆剃刀原则，由14世纪英格兰逻辑学家、圣方济各会修士奥卡姆的威廉（William of Occam）提出，也即“简单有效原则”：若存在简单有效的解释就不必寻求格外复杂的解释。——译者注

主题，然而比起在南西班牙、西西里或墨西哥，在这些地方，该主题往往较少被明确表达。鉴于地点不受限制，本书可算比较文化研究中的一次练习，没有地理或语言的界限。诚然，我是从男性视角出发写就本书的，使用的数据主要（但不完全是）由男性人类学家收集的，这只是因为这些是我们目前唯一拥有的数据。本书把男性的性别认同视作一个成问题的、困
5 惑重重的、尚未得到解决的密码电文或谜团；本书不仅不把任何事物看成理所当然的，还融入了女性同事在西班牙收集到的田野数据。

程序上的准备便笺

在我们审视数据之前，我想简要地强调一下比较方法的问题，为的是稍后避免方法论的麻烦。如何比较不同文化中的性别理想，而同时不会脱离于它们的自然语境呢？如何衡量规范的变量，而不用诉诸先验论呢？尽管文化人类学兜售自己是比较科学的卓越标准，但实际上，在可以被称作民族志的“比较方法”［比较Kuper，1983：197］的程序方面，不存在任何普遍的一致意见。在后续的章节中，我将踵步人类学的奠基者之一S. F. 纳德尔（S. F. Nadel，1951），他的比较程序最近由弗雷德里克·巴斯（Fredrik）在一项对新几内亚的仪式实践的跨文化研究（Barth，1987）中得到了良好的运用。巴斯让纳德尔得以“复活”，这是个好的开始。

正如巴斯指出的那样，纳德尔比较的目的是进行综合，而非进行类型化。纳德尔视文化变异为人类学分析的关键组成部分，在某种意义上说，即其存在的理由[①]。尽管他清楚将各自分裂的文化进行整体的或系统的描述至关重要，但他还是强调，人类学程序的核心是对各项主张的比较测试，而这些主张声明了此类系统某些特征之间所必然存在的相互关联性。

① “存在的理由”，原文为法语raison d’être。——译者注

更重要的是，纳德尔否定了一项“其他条件均同”的设定，也就是说，对观察者而言，为了得到关于数据的共变（covariation）的有效结论，社会五花八门的特征尤其不应当相同。否则，被描绘成共变的相关性兴许只会简单地反映这些周遭特征中某些未曾得到揭示的因素。

纳德尔的程序方法，巴斯在对山地奥克人（Mountain Ok people）的
研究中予以善用，它颇有价值，因为它允许我们考查潜藏在暂时的变异 6
流动下的连续性，允许我们到外在模式底下去探索，允许我们确认模糊不清的特征具有的本质属性，这些属性看似提供了可见的相似性所凭依的秩序。通过在相关背景中观察变异模式，我们兴许能够标注出在其他情况下为人掩藏的特征，并能够观察到它们何以在系统层面上、在不同的背景中彼此联系（Barth，1987：10—11）。因此，当我们认识了社会秩序得到体验的程度以及通过比较种种变体和它们之间的关系发现其潜藏的力量时，比较的方法在这里得到了遵循。我们不是对被放置在一起的“复制品”进行比较，而是要比较变异的组成部分或特征，它们构成了经验范畴的聚集体，而在本书所述的范畴内，也就是指具有男性气质的性别意识形态
（masculine gender ideology）的组成部分。 7

第一章　男性气概谜团

男性气质存在着超越文化差异的连续性。

——托马斯·格雷戈尔，《焦虑的愉悦》

真的如人类学家托马斯·格雷戈尔（Thomas Gregor）所说的（Gregor，1985：209），男性气质存在着超越文化界限的连续性吗？各地的男人在关心变得“具有男性气概”（manly）的方面是相像的吗？如果是的话，又为何如此？为何如此多的地方都提出了男性得“做一个男人”（be a man）或“像一个男人般行事”（act like a man）的要求？而且，为何男孩和青年在被判定具有男性气概之前经常会经历考验或被灌输信仰？在与日俱增的关于性和性别角色的文献中，人们往往不曾提出这些问题。但是，如果我们打算理解两性和他们的关系，那么，鉴于近来对性别刻板印象化的兴趣，这些问题需要被考虑在内。

不管其他的规范区别，所有社会都在男性和女性之间进行了区分；所有社会都为成年男女提供了制度化的性别合宜角色。极少有社会承认第三种、性别上居中的（sexual intermediary）范畴，比如夏延族[①]的“双灵人”（*berdache*），阿曼族的“赞尼斯”（*xanith*），以及塔希提人的“玛户”（*mahu*，我们稍后会考察）。即便是在这些罕见的、男女不分的例

① 夏延族，亦作夏安族，美国大平原上的原住民民族之一。——译者注

子中，个体都必须做出一辈子的身份选择，并遵守性举止的指定规则。此 9
外，多数社会都对传统的男性气质和女性气质（femininity）持有一致的理想——以指导或是劝诫的形象出现。通过它们，个体被评判为某一性别有价值的成员，并且大体上会被评价为道德行为人（moral actors）。这类理想的地位及其伴随的形象，或模式，往往会变成精神之锚（psychic anchors），或心理身份，对多数个体而言，它们充当着自我认知和自尊的基石（D' Andrade，1974：36）。

这些性别理想或指导形象，因文化的不同而不同。但是，正如格雷戈尔和其他人（比如Brandes，1980；Lonner，1980；Raphael，1988）曾经论述的那般，潜藏在表面差异之下的，是多个文化之间某些有趣的相似点，它们表现在外的，可不是甚少共通之处。因为对性别模式（sexual patterning）在数据上呈现出的频繁特性印象深刻，大量观察者最近认为，在这方面，各个文化之间的相似点多过彼此的差异。比方说，格雷戈尔（Gregor，1985：200）研究了一个原始的亚马孙部落，并把它的性理想与当代美国的性理想进行了比较。他发现在两种文化中的人们期待男人女人拥有的品质中具有很多表面之下的相似点，并总结道：我们不同的文化呈现出的，仅为象征的外饰，它遮掩住了性考量的基石。在另一项研究中，心理学家伦纳（Lonner，1980：147）呼应了这一结论。他说，文化"仅仅是一层薄薄的外饰，它覆盖着"性二态[①]"本质上的普遍性"。在他们对30个不同文化中的性形象的综合研究中，威廉姆斯和贝斯特（Williams and Best，1982：30）总结说，能够找到"泛文化意义上被归结为男人与女人的特征"所具有的"重大相似点"。

文化是否仅为一层覆盖在深层结构上的薄薄的外饰，这是一个复杂的

① 性二态（gender dimorphism），指随着进化，很多动物在形态、结构、颜色等方面存在明显差异的现象。——译者注

问题：正如少见的第三种性别所示，我们并不能在每个文化中都见到“一个努力要破壳而出的西方人”（Munroe and Munroe，1980：25）。但是多数社会科学家会同意，不管其他社会安排如何，在跨越文化界限的标准男性与女性角色中，有着惊人一致的规律（Archer and Lloyd，1985：283—
10 284）。在这里，我关心的一个规律是那些往往带有戏剧性的方式，各个文化以这些方式建构起合宜的男性气概——男性角色的呈现或“想象”（imaging）。特别要注意的是，存在一个反复出现的观念，即真正的男性气概不同于简单的解剖学意义上的男性特质，前者并非伴随生物体的成熟同时来到的自然状态，而是一种不确定的或人为的状态，即男孩们必须战胜强大的逆境。要具有男性气概是困难重重的，也是一道男孩必须在考验中通过的关键门槛，这一反复出现的观念在社会文化发展的各个层面上都能找到，不管其他的替代性角色是什么。在最纯朴的猎人和渔人群体中，在农民和复杂的都市化的族群中都能够找到它；在几乎所有大陆和各种环境里，都能找到它。在战士族群和即使生气也从不杀人的群体中，也能找到它。

此外，这一反复出现的信仰代表着与关于女性特质的类似观念相区别的极端重要且反复出现的差异。虽然在任一社会中，女性有时候也会遭到严厉的性别标准的评判，但她们作为女性的特殊地位很少构成了对她们评价的一部分。根据这些标准，被人目为有缺陷的或异常的女性，可能被批不道德，或被唤作不像淑女，或其他类似的形容词，并且遭受到相应的制裁，但是她们的性别身份（gender identity）权利很少会以像男人那样遭到公开的、戏剧性方式的质疑。加诸女性头上的少数语言标签，呼应着“柔弱的”（effete）、“没有男性气概的”（unmanly）、“女里女气的”（effeminate）、“遭到阉割的”（emasculated）等语词，证实了种种性别评判之间的原型差异在世界范围内都有。相较女人，对男人而言，以这种方式面临挑战更富攻击性（而且更加频繁）。

或许，并不应该夸大男性与女性之间的差异，因为“女性气质”也是寻求社会接受而实现的某样东西。作为社会崇拜的对象，女性气质似乎是以不同的方式被评价的。它往往涉及身体装饰或性诱惑，抑或其他必要的、促进而非创造内在性格品质的化妆行为。真正的女性气质很少关乎行 11
动的测试或证明，抑或对阵危险的敌手：在公开的舞台上戏剧性地赢得或是输掉比赛。女性气质不是凭借创伤性测试（一种非此即彼的状态）来通过的关键门槛，相反，它更经常地被解释成生物层面上给定的事物，并且在文化上得到了精炼或加强。

男性气概测试：一项调查

在深入探索之前，且让我们看看那问题重重的男性气概的几个例子。我们的第一站位于特鲁克岛，南太平洋上的一个环状珊瑚小岛。热心的特鲁克族渔民，在海上讨生活由来已久，他们在深海中抛洒鱼线，并潜水。根据生活在他们当中的人类学家们的描述，特鲁克男人对其男性气质迷恋不已，他们认为这一男性气质是不确定的。为了维持具有男性气概的形象，按当地人的说法，男人受到鼓励要拿生命和肢体冒险，并要有“强健的”或“具有男性气概的”思维（M. Marshall，1979）。因此，他们会驾驶小小的独木舟，用鱼叉潜水叉鱼，进行深海捕鱼远征，在鲨鱼成群出现的水域大胆活动，以此来挑战命运。如果有任何男人要从这样的挑战中打退堂鼓，他们的同胞，无论男女，都会报之以嘲弄，称他们女里女气，跟小孩似的。在陆地上，特鲁克族的年轻人则会在周末乱哄哄的拳赛中打斗，过量饮酒，并通过追求性征服来获得具有男性气概的形象。如果一个男人在这些努力中失败了，那么另一个男人就会过来奚落他：“你是一个男人吗？来吧，我现在就要取你的命！”（同上：92）。

在遥远的希腊爱琴海卡里姆诺斯（Kalymnos）岛上有不少人是强壮的船员，以商业性的海绵捕捞为生（Bernard，1967）。在没有潜水设备帮助的情况下，卡里姆诺斯岛上的男人们潜入了深海，而对潜水设备，他们嗤之以鼻。故潜水成了一场赌博，因为很多男人都因沉箱病[①]而患病或致残。但不要紧：他们凭借显示出自己对死亡的蔑视，业已证明了自己珍贵的男性气概（同上：119）。而采取预防措施的年轻潜水员，则会显得女
12 里女气的，招致同胞的白眼和嘲笑。

以上是两个航海民族。且让我们移至别处，比方说，到黑非洲的内陆去看看，在那里，捕鱼被田园生活式的追求取而代之。在东非，一大群来自包括马赛（Masai）、伦迪尔（Rendille）、吉厄（Jie），以及桑布鲁（Samburu）这样的牧牛部落的年轻男孩，被人从母亲那儿带走，在青春期经受血腥的割礼仪式，由此成为真正的男人。他们必须忍耐刀锋带来的痛苦，不得退缩。如果在切割一个男孩的血肉时他哭了起来，或他眨了一只眼睛，或把头扭了过去，或做出类似的事情，那么他会终生被目为不配拥有男性气概，他的整个世系都会被看成弱者而为人不齿。在这一公开的严峻考验过后，年轻的新手们在野外的特殊寝室里与世隔绝。在那里，他们给自己强加了种种任务，如偷窃牲口、突袭、杀人、在丛林里生存，以习得男性气概所承担的义务。如果成功度过那漫长的学徒期，那么他们会作为男人重返社会，且只有在那时，方被允许娶妻。

另一个戏剧性的非洲例子来自附近的埃塞俄比亚：安哈拉（Amhara），一个操着闪语、由乡村农民组成的部落。他们对被人唤作“旺

---

① 沉箱病（bends），亦作减压病，潜水员在水下（高压环境）停留一段时间后，回到水面（常压环境）的过程中因为上升（减压）的幅度过大、速度过快，溶解于肌体的气体来不及随呼吸排出体外，而在组织和血液中形成气泡引起的一种疾病，严重者甚至会猝死。——译者注

达一奈特”（wand-nat）的男性气质充满热情。这个观念包含攻击性、坚韧度，以及在面临危险时大胆的“勇敢举措”；它意味着遭到威胁时永不后退（Levine，1966：18）。为了展现他们的“旺达一奈特”，安哈拉族的青年们被迫参与给人唤作“布赫”（Buhe）的鞭笞比赛（Reminick，1982：32）。在鞭笞仪式进行期间，空气中都充满了鞭子的重击声。为了自己的声誉，所有体格健全的男性少年都必须参加。他们的脸蛋被刮伤，耳朵被撕开，红肿出现，流血不止（同上：33）。任何表现出脆弱迹象的人都会招致奚落与嘲讽。好像这样还不够似的，安哈拉的少年男孩还会用红而热的余烬给自己的胳膊烙下疤痕（Levine，1966：19）。通过这些粗野的方式，男孩们实现了安哈拉苛求的“男性气质理想”（Reminick，1976：760）。

关键是，对这些有男性气概的埃塞俄比亚人来说，这一暴力的测试还不够。除了要在“布赫”比赛中展现生理上的刚毅与勇气，一个年轻的男人还必须得在新婚之夜彰显自己的性能力，其方式即在聚集一堂的亲属面 13
前挥舞夫妻初次同房留下来的带血的床单（同上：760—761）。这仪式性的“摘花”之举，还表明了新娘的贞洁，对安哈拉的新郎而言则算是男性气质的护身符。安哈拉人对男性气概的证明，就像特鲁克人那般，既是性意义上的，又是暴力的，安哈拉青年在战场与婚床上的表现，都必须得到清晰展现，被记录下来，并为群体证实；否则他就不是男人。

跑过半个地球便来到了美拉尼西亚的高山地带，年轻的男孩们在被接纳进男性气概的精英俱乐部之前，会经历相似的试验。在新几内亚高地，男孩们被人从母亲身边带走，被迫经受一系列残酷的男性气质化仪式（masculinizing rituals，见Herdt，1982）。这些仪式包括鞭笞、连枷击打，以及其他由年长者执行的恐怖手段，男孩们必须坚忍而静默地经受一切。正如在埃塞俄比亚，他们的肉体会被人打下印痕，血流不止，这些高地人相信，没有此类受辱遭遇，男孩永远不会成长为男人，而是会继续脆弱下去，跟个孩童一般。他们坚称，真正的男人是锻造出来的，而非与生俱来的。

相似之处

诚然，后几个例子中存在某些背景上的相似之处。安哈拉人、马赛人，以及新几内亚高地人，除了都经受着加诸男性气概上的压力外，还有一个相同的特征：他们都是凶猛的战士族群，或者说在过去的一段时间中一度如此。或许有人会辩称，他们的那些血腥仪式，是让年轻的男孩们为等待着他们的理想化的生活做好准备。兴许很明显的是，有些西方文明也会让柔弱的青年经受粗暴的羞辱和启蒙，目的是让他们为战士的志业而变得强硬起来，正如在美国海军中那样（Raphael，1988）。但这些试炼绝非局限于黩武文化和等级制度。且让我们再看一个非洲的例子。

在西南非洲相对平和的昆族布须曼人（!Kung Bushman）中间（Thomas，1959；Lee，1979），男性气概也是一份通过测验才给人颁发
14 的奖品。这些不诉诸武力的布须曼人准确地将自己称作“无害人士”（托马斯，1959），他们在自己的一生中从不打斗。他们没有军事武器，而且看不惯肢体暴力（然而，这时而也会出现）。但是就连这儿，在一个珍视和善和合作要超过其他事物的文化中，男孩们都必须通过一项关于技巧和忍耐的考验来赢得被称作男人的权利。他们必须单枪匹马跟踪并且杀死一只成年羚羊，而这是一种要求勇气和毅力的行为。只有在首次杀死这样一只动物过后，他们才会完完全全被看作男人，获准结婚。

其他关于平和民族中间受到沉重压力的男性气概的例子，可以在北美土著居住地找到。比方说在爱荷华州不诉诸暴力的福克斯（Fox）部落

中，“成为一个男人”可不容易（Gearing，1970：15）。基于在部落事务与经济追求方面取得成就的严格标准，获得真正的男性气概据说是“大大不可能之事”（the Big Impossible），是只有机敏的少数人才能达到的专属地位（同上：51—52）。另一个美国印第安人的例子是新墨西哥州的特瓦族（Tewa），他们还因作为普韦布洛印第安人（Pueblo Indians）闻名。这些温和的农民今天以自己宁静的文化为人所知，他们在19世纪就放弃了全部战事。但他们在把自己的男孩们视为男人之前要让这些孩子经受严酷的羞辱。在12岁到15岁之间，特瓦族的男孩们被人从家中带走，他们要通过仪式手段得到净化，然后被克奇纳神（Kachina spirits，由他们的父亲伪装）无情地鞭笞。每个男孩都被剥得赤身裸体，被粗陋的丝兰[①]鞭子在背上抽打四次，导致出血，还留下了永久的疤痕。人们期待少年们鼓起勇气忍受击打，面上无动于衷，目的是显示自己的韧劲。特瓦人说，这个仪式将他们的男孩变成了男人，否则其是否具有男性气概是存疑的。在男孩经受严酷考验之后，克奇纳神告诉他们，“你现在是一个男人了……你是被锻造成男人的”（Hill，1982：220）。虽然特瓦女孩有自己的（不诉诸暴力的）成年礼，但没有类似的信仰认为女孩必须成为被锻造的女人，对她们来说，没有“大大不可能之事”；对特瓦族与福克斯部落而言，就像对前述的其他民族那样，女性身份（womanhood）自然而然发展起来，无需文化干预。它以月经初潮作为标志，是被预先规定并达成的，而非仪式所 15
迫（同上，1982：209—210）。

为证明自己是“男人”，男性费尽心思，做出许多努力，这种情况并不局限于未开化民族与文明的边缘地区。比方说，在拉美的都市，正如

① 丝兰，别称软叶丝兰、洋菠萝，茎很短或不明显。叶近莲座状簇生，坚硬，近乎剑形或长条状披针形，长25—60厘米，顶端有一硬刺。——译者注

奥斯卡·刘易斯[①]描绘的那般（Lewis，1961：38），一个男人必须通过每天直面挑战与羞辱来证明自己的男性气概，即便赴死也得“带着微笑”。除了变得强硬和勇敢，准备随时捍卫家族的荣誉之外，住在都市的墨西哥人还得像安哈拉男人那样，必须在性这一方面有着适当表现，并养育很多孩子。这般大男子主义的行为，在不少从事农业或过着田园生活的族群中也很常见，他们定居在古老的地中海文明的发源地。比方说，在巴尔干半岛，“真男人”这一范畴得到了清晰界定。真男人大口畅饮，花钱随意，打斗勇敢，并养育了一个大家庭（Simic，1969，1983）。他以这种方式显示出了“不屈不挠的男性气概”，使他同女里女气的假货区别开来（Denich，1974：250）。在东摩洛哥，“真男人”与女里女气的男人的区别基于体魄与英勇行为，这些英勇行为既包括争斗方面，又涉及性交能力；他们具有男性气概的种种行为会在节庆时候由歌者在钦慕的群众跟前以诗篇的形式演唱，以便供人铭记，这使男性气概成了某种集体庆祝的事项（Marcus，1987：50）。同样，对生活在埃及西部沙漠的贝都因人（Bedouin）来说，“真男人”与“不是男人”（no men）的可鄙弱者形成了对照。真正的贝都因男人勇敢无畏，不惧任何事物。这类男人不惜一切都要维护自己的意志，并直面任何挑战；他们主要的特征是“极度自信和性能力卓越”（Abu-Lughod，1986：88—89）。越过海洋，在基督徒的克里特岛上，乡村咖啡店中的男人会自豪地为自己的男性气概唱起赞歌，他们的自我提升被迈克尔·赫茨菲尔德（Michael Herzfeld）描述成了“男性气概诗学”（Herzfeld，1985a：15）。这些克里特人不得不通过偷羊、繁衍出大家庭，以及在关于冒险和技巧的比赛中胜过其他男人来展示自己

① 奥斯卡·刘易斯（Oscar Lewis，1914—1970），美国著名人类学家，著有《桑切斯的孩子们》《生涯：一个贫穷文化中的波多黎各家庭》（获美国国家图书奖）等作。——译者注

“具备男性气概的自我”（manly selfhood）（同上）。

这类背负重重压力、带有几乎可谓护身符意味的男性气概的例子几 16
乎无穷无尽，而且是出现在各种各样的背景中。在人类学家们熟悉的族群中，多数的情况是：真正的男性气概是超越区区男性特质的珍贵而专属的地位，它是鼓励性的形象，男人与男孩对此都渴望不已，而他们的文化要求他们用它作为确定自己归属的手段。虽然这一背负重重压力的或曰危机四伏的品质在强度上各异，这在西班牙南部、摩洛哥、埃及，以及其他某些地中海区域的传统中都得到了显著标记，但是在许多文化中，真正的男性气概则频繁显示出内在的局促不安，并需要得到戏剧化的证明。其证明的过程是难以预料的，有赖于关于果断行动的一系列僵化准则，这些准则体现在人生的许多方面，比如男性作为丈夫、父亲、爱人、家庭的顶梁柱和战士。这种地位的受限性在于，总是有没能通过测验的男人。他们是负面的例子，是女里女气的男人，或不是男人的男人，他们总遭人语带嘲讽地提起，以便激励人们一致遵循荣誉的理想。

对我们来说，乍看之下，这些通往男性气概的路径兴许显得怪异。但它们当中却没有一个会令多数讲英语的读者感到惊讶，因为我们也有自己的男性气概传统，不管是在我们的大众文化当中，还是在文学题材里头。尽管比起安哈拉人或特鲁克人，我们兴许会选择并不那么浮华的表达模式，但我们同样把男性气概视作人为的状态，一项有待克服的挑战，一份通过残酷斗争赢得的奖品：即使算不得“大大不可能之事”，那么也肯定是具有不确定性的。

比方说，且让我们举出一个远离以上这些民族和社会阶层的例子：现代英国的绅士阶层。在那儿，年轻的男孩传统上在通往绅士主流的道路上会经受相似的试炼。童稚时期，他们就被人从母亲身边和家庭中带离出去，正如在东非或新几内亚那般，而且还会按照年龄分组被送至遥远的试炼地，在那里，他们会经受严酷的考验。这些试炼地就是公立寄宿学校，学校里有着残酷的试炼考验，包括年长男性的肢体暴力与恐吓，这些学校提供了一条通往“男性气概的社会地位”的大道。孩子们的父母认为，除此以外，别无他法（Chandos，1984：172）。这种严格的训练据信能够让牛津剑桥的贵族子弟做好依靠自己、刚毅勇敢的准备，他们需要这些品质
17 来运营大英帝国，进而制造出“有着武士风格的、可供利用的精英”（同上：346）。即便是在维多利亚时期的英国，在这个拒绝过度炫耀的文化当中，男性气概都是由严苛的训练与试炼而成就的人为产物。

相似的观念激励着大西洋两岸的教育者，比方说童子军（Boy Scouts）的创建者。他们那带有显著特点的目标，正如他们在小册子和指南中所言，是通过培养“独立的男性气概”，“让小男孩成为大男人”，这么说来，好像无法单单从自然的进程中期待得到这一点（引自Hantover，1978：189）。在英语国家中这一对道德性的男性气质（moral masculinization）的迷恋，超越了区区的凡人，而追溯至基督本身。在19、20世纪之交的道德伦理短文中，基督被描绘成“至高无上的具有男性气概的男人”，必要的话，他会显得体格健壮、富有攻击性，而非“不惜一切代价也要维持和平的君主”（Conant，1915：117）。英国作家托马斯·休斯（Thomas Hughes）曾经对基督的男性气概进行了详述（1879），而他的同事则力图把基督教描绘成“健壮的”（mascular）或“具有男性气概的”信仰。虔诚而善于表达的英国新教徒高声把自己这一“健壮的”宗教描绘成查尔斯·金斯利（Charles Kingsley）口中嘲弄的英国圣公会那种“挑剔唠叨的、意志消沉的女子气”的解药（引自Gay，1982：532）。男孩、信仰与神祇都必须被锻造得具有男性气质，否则会遭人质疑。相同的主题还见于历史上大部分英国文学作品，尤其是在吉卜林（Kipling）的笔下，比方说，正像在下列《如果》（“If”）这首诗的字里行间那般：

如果你奔跑着，以货真价实的六十秒累加，冲抵
不留余地的一分钟面值，
世界是你的，其中的每事每物属于你，
而且——更重要的是——你将是个男子汉，我的儿子！[1]

对于伟大的事业来说，成为一个具有吉卜林格调的男人，比拥有整个地球还重要，一种真正的帝国男性气质是与建造帝国相符合的。“如果式的”英雄主义的相同主题，也存在于今日美国中产阶级大众文化里头。比
方说，美国文学中就存在强调男性气质的教育小说[2]——在知识渊博的长 18
者的指导下，擢升至男性气概这一崇高的地位，而与此同时，对失败的担忧则危险地潜藏在背景中。该主题在欧内斯特·海明威那里得到了最为强烈的示范，尤其是在尼克·亚当斯（Nick Adams）的系列故事中，但是它还见诸于海明威同时代人的笔下，诸如福克纳、约翰·多斯·帕索斯，以及海明威的追随者的字里行间，诸如诺曼·梅勒（Norman Mailer）、詹姆斯·迪基（James Dickey）、弗雷德里克·埃克斯利（Frederick Exley），以及新一代的罗伯特·斯通（Robert Stone）、吉姆·哈里森（Jim Harrison）和汤姆·麦克古恩（Tom McGuane）。这种美国文坛的“男性气概流派”（Schwenger，1984：13），源自海明威老爹（如果认为杰克·伦敦不重要的话），并由他的追随者发展壮大，它如今已传到了第三或第四代，并且声势浩大（查看对此现象的一种女性主义评论，参见Fetterly，1978）。

在当代美国文学中，男性气概通常也是一种神话式虚构，是一个圣

[1] 译文引自吉卜林《东西谣曲》，黎夭译，人民文学出版社，2018年，第76页。——译者注

[2] 原文为德语Bildungsroman，它还有成长小说的意思，源自德国文学一种传统的小说类型，即通过讲述主人公的成长过程传授人生奥义。——译者注

杯，有待通过漫长而艰巨的考验而为人俘获。拿诺曼·梅勒的典范声明为例（Mailer，1968：25）：“无人生来就是男人；你得赢得男性气概，这表明你足够优秀，足够勇敢。”除了呼应其精神上的祖先之外，梅勒在此处还表达出特鲁克人、安哈拉人、布须曼人，以及其他数不胜数的族群未诉诸文字的情感，除了同样对“追求男性确认”（male validation）（拉斐尔，1988：67）迷恋不已之外，这些族群甚少存在其他共通点。虽然我们当中的某些人或许会对梅勒就男性气概表现出的如此矫揉造作与一知半解报以微笑，但他触及了我们以及其他很多文化中的痛处。梅勒的挑战也并不仅仅代表了特定年纪或特定美国社会阶层。正如诗人伦纳德·克里格尔（Kriegel，1979：14）在自己对美国的男性气概进行反思的书中所言，“在每个年纪，并不仅仅是我们自己，男性气概都是必须赢得的某样东西”。

例如，回顾往昔，我们会想起内战前美国南方的文化价值观念。南方人，无论身处何阶层，都会非常强调作为南方性格的界定特征的、不稳定
19 的男性气概荣誉（manly honor），即一种好战的原则。实际上，在其《南方的荣誉》（*The Southern Honor*，1982）一书中，伯特伦·怀亚特－布朗（Bertram Wyatt-Brown）就曾经令人信服地论述道，这一棘手的观念是南方分离主义背后一个主要元素，故此是美国历史上至关重要却为人轻视的一项政治因素。为南方的“男性气概”作辩护，实际上见于那时邦联作家的笔下，比如南卡罗莱纳州挑动政治争端的查尔斯·C. 琼斯（Charles C. Jones），就以此来为地区不服从、政治分裂，以及最终为战争正名（转引自McPherson，1984：41）。当然，相似的理想还藏在美国西部的边疆民间传说中，在过去和现在，不可胜数的牛仔史诗堪为其典范。

在美国，这一获得性的男性气概（achieved manhood）的英雄形象遭到了女性主义者以及所谓思想开放的男人们的质疑（Pleck，1981；Brod，

1987）。但数十年来，它在美国文化背景中已经被广泛合法化了，从意大利裔美国人的黑帮到好莱坞西部片、私家侦探传说、当下的兰博无意识意象[1]，以及孩子们的肌肉男（He-Man）玩偶和游戏，莫不如是；它因而在美国的男性精神当中根深蒂固。正如人类学家罗伯特·莱文（Levine，1979：312）所言，它是一些文化原则中的一个组织体，这些原则“在我们的文化界限内”起到了“引路神话”的作用。但鉴于当代美国男性气概与以上讨论过的许多文化的男性气概在概念之间存在着相似性，我们可以抛却莱文的“我们的文化界限”这样的措辞吗？正如安德鲁·托尔森（Tolson，1977：56）所言，我们可以转而使用男性气质的原型或“深层结构”吗？如果可以，那么有什么能够解释所有这些相似性呢？为何会有试炼与考验，以及扮演男性时看似满足的痛苦呢？为何在这些所有文化中需要这般多的教导与鼓励，以便锻造出真男人？要求这般努力、这般挑战，以及这般投入的“正式的”（officially）男性气概，到底关乎什么呢？而且，为何男性气概应当是这般为人渴望的一种状态，同时在许多社会中将其授予时又那么勉强？这些都是我希望在此进行思考的问题。只有具有广泛视野的比较方法，才能开始回答它们。 20

男性气概与性别角色（Gender Role）

且让我们在此刻稍作停留，进行盘点。到目前为止，我们对这样的性别形象（gender imagery）所知多少？直到最近，关于男性和女性的研究才同源自19世纪机械论先驱者的一种持之已久的范式产生密切的联系。最流行的莫过于一般类型（generic types）的观念，一个普遍男性（Uni-

① 兰博无意识意象（Rambo imagoes），其中，“兰博”指系列动画或电影《第一滴血》（*Rambo*）中的男主角兰博，他具有男性气概，充满正义感，而无意识意象是精神分析学中的一个概念，主要指的童年时形成的某人（常常是父母）的理想化形象。——译者注

versal Man）与一个普遍女性（Universal Woman）构成平衡——这种性对称（sexual symmetry）据说不证自明地源自生物学和心理学（Katchadourian，1979：20）。例如，弗洛伊德就持有一种解剖结构即命运的观点，而荣格（1926）竟然发展出男性气质与女性气质的普遍原则，他把它们表达成“阿尼姆斯”（animus）和“阿尼玛”（anima）[①]，是性别身份不可化约的核心。西方文学与哲学充斥着这类基本的、据说永恒不变的二元论（Bakan，1966）；它们还见于某些亚洲宇宙论中，比如中国的“阴”与“阳”，以及哲学层面和科学层面数不胜数的二元对立中（Ortner，1974）。还有比性更匀整的对立吗？我们过去对男性气概持有的看法往往是对就男性与女性的“天性”和“原则”所持的对立看法的简单反映。这种看法在生物学家和心理学家那里得到了部分支持，他们当中有很多人都认为男性气质的攻击性，包括对其考验及其证明，都不过是男性解剖结构与荷尔蒙导致的结果：男性之所以寻找挑战，是因为他们天生具有攻击性。他们就是那样，女性则相反。

然而，我们审视性别角色（sex roles）的方式在过去20年里发生了剧烈变化。对许多人来说，性别二元论与性对立肯定业已过时，而性的普遍原则与生物决定论亦复如是。其部分原因，除了在于最近在社会科学领域内对静态结构二元论的远离之外，还在于过去二十年里的女性主义革命。女性主义从20世纪60年代起开始对性思维的两极模式发起的攻击，动摇了
21 这一二元论大厦的根基；但平心而论，它从一开始就不是固若金汤、无法攻击的。比如，弗洛伊德和荣格都认可每一人类心灵中都存在男性气质与女性气质的内在混合。虽然荣格区分了男性原则与女性原则，但他的功劳

① 据荣格的《原型与集体无意识》，阿尼姆斯是每个女人心中都有的男人形象，是女人心灵中的男性成分，阿尼玛则是每个男人心中都有的女人形象，是男人心灵中的女性成分。——译者注

是，他承认，所有人都存在阿尼姆斯和阿尼玛；而双性（bisexuality）实际上是弗洛伊德精神论断的基本原则。弗洛伊德（Freud，1905：220）评论道，在每个人的内部，“纯粹的男性气质或女性气质，无论是在心理意义上，还是在生理意义上，都无法找到。相反，每一个体都表现出了一种混合特征”。

此外，有不同背景和信仰的女性主义者［例如，参见贝克（Baker），1980；桑迪（Sanday），1981；奥滕（Otten，1985）］已经令人信服地证明了，基于生物学的传统两极模式是无效的，而且生理性别（sex，生理遗传）与社会性别（gender，文化习俗）是不同的范畴，它们兴许存在联系，但是并不拥有一种同构的身份（an isomorphic identity）。多数观察者都同意，荷尔蒙与解剖结构确实会对我们的行为有所影响。生物人类学家梅尔文·康纳（Melvin Konner）就曾经在其《缠作一团的翅膀》（*The Tangled Wing*，1982）中令人信服地揭示出这一点。在这一受到高度赞扬的调查中，康纳使用了最新的科学与临床文献，他总结道，睾酮（主要是男性的性激素）先天就使男性比女性具有略微更高水平的攻击性（还参见阿彻与劳埃德，1985：138—139）。但正如康纳直率承认的那样，生物学并没有决定我们的全部行为，甚或是大部分行为，而且在某种程度上，文化其实在分配性别角色方面存在差异，后者以工作和任务来衡量。基于第二性征的分离的男性气质与女性气质概念，实际上存在于所有社会当中，但是，它们往往并非以相同的方式得到建构并相互影响。社会性别是一个象征性范畴。就其本身而言，它具有强大的道德暗示，因此是先赋的（ascriptive）且具有文化上的相对性——存在潜在可变性。另一方面，性植根于解剖结构，因而是相当持续长久的（Stoller，1968）。如今普遍为人接受的是，甚至包括最传统的男性研究人员都认为，男性气质的原则和女性气质的原则并非天生的两极，而是一个“互相重叠的连续统一

22 体”（Biller and Borstelmann，1967：255），或者用斯潘塞与黑尔姆莱希的话说（Spence and Helmreich，1979：4），即“正交维度”[①]。

然而正如我们从以上例子中已经见识的那样，仍然存在反复出现的、区分社会性别角色（gender roles）并将其两极化的文化趋势。多数社会都不允许人们自由扮演生理性别角色（sex roles）与拥有社会性别理想（gender ideals），反而往往倾向于通过明显区别对待生理性别角色，把正常的男性举止与女性举止界定为对立的或互补的，从而夸大生理上的潜质。就连存在所谓的“第三种性别”的地方（比方说平原印第安人中的双灵人，阿曼族的赞尼斯），传统的男性与女性类型仍强势地彼此区别开来。因此，社会性别想象（gender imaging）中的连续性问题必须超越基因天赋，围绕着文化习俗与道德脚本。如果男性形象中存在原型（正如女性气质中的那样），它们必定主要是在文化层面被建构为象征系统，而非单单只是解剖结构的产物，因为解剖结构在道德想象发挥作用的语境中能够起到的决定作用甚少。男性气概谜团的答案必定位于文化当中；我们必须试着理解，为何文化会通过特定的方式运用生理潜质或将其夸张化。

此前的阐释

有些女性主义者和相对主义者认识到了社会性别概念在理论上的武断与生理性别角色在经验上的趋同之间存在明显的矛盾。因此，解决矛盾的解释浮出了水面。现存的那些解释有趣且有用，在逻辑一致性方面，我不会对此发起批驳。但我认为，这种设问提出的问题是错误的。其中大多数解释都可归结为一两种表达方法，这些方法在思想观念上都让人满意（这

① 正交，数学上的术语，是“垂直”这一概念的推广，常见于线性代数和立体几何。——译者注

取决于个人的视角），可这些方法在分析层面上都没有带我们走得远些。

首先，该问题由教条的马克思主义者和部分激进的女性主义者用一种纯粹冲突论的典型方式提出。他们认为社会性别意识形态具有一种全然剥削性的功能。不可避免的是，他们会因此问道，何人得益[①]？鉴于许多 23
男性意识形态都包括社会性别压迫（gender oppressiveness），或至少是等级制（在西方思想开放的知识分子的视野下）这一要素，这些激进分子当中有部分人会把男性气质的意识形态（masculine ideology）看成压迫女性的伪装或合法化证明。他们会将男性意识形态（male ideology）目为权力关系的神秘化，将其视为错误意识（比如参见Ortner，1981；Godelier，1986）。该解释对某些案例来说或许是正确的，至少作为部分解释而言如此，尤其是在某些极为强调男性统治的父权制社会中。但是，它无法充当普遍的解释，因为它不能解释某些社会的男性需要为男性气概经受考验的例子，而在这些社会中有着相对的性别平等。我们业已在非洲的布须曼人那里见识到了这种情形的一个例子（Thomas，1959；Lee，1979；Shostak，1981）。虽然这些非性别歧视的“觅食者”经常为女性主义者提及，被看作性别平等主义（sexual egalitarianism）的模范（Shostak，1981），但是，布须曼人的男孩必须凭借高超的狩猎技巧证明自己的男性气概。他们还必须要经受耐力与技巧的考验，女孩则被排除在考验之外（参见第五章）。他们的男性气概需要得到证明，而且从概念上理解，这种男性气概也会变少或失去。福克斯族与北美的特瓦族亦复如是。因此，若男性气概的概念在这些社会中没有压迫功能，那么，又是什么在起作用？冲突论的支持者似乎漏掉了些什么。

第二种典型的解释同样是还原论的（reductionistic）。在这里，生理的或心理的过程会被赋予分析上的优先权。存在两种形式的生理精神还原

① “何人得益”，原文为拉丁语*cui bono*。——译者注

论（biopsychological reductionist）论点。

第一种是生理/进化的论点，它模仿[1]了莱昂内尔·泰格（Lionel Tiger）的《群体中的男人》（*Men in Groups*，1971）一书。泰格认为，男人之所以会担忧男性气概，是因为进化的压力使他们天生如此。我们一度都是猎人，而且我们的成功以及群体的存活与扩张都取决于我们发展自己在基因上天生的“男性气质的倾向”，攻击性和男性纽带（male bonding）都是其中的主要内容。这一社会生理学的论点又一次在特定案例中显示出解释力，最显著的是在暴力的父权社会中；但它要作为普遍解释则明显有
24 误，因为存在许多“有攻击性的”狩猎从来不曾扮演重要角色的社会，在这些社会中，男人不会为了经济目的建立纽带，暴力与战争则遭到贬低或不为人知，然而那里的男人至今依然关心展示自己的男性气概。更进一步说来，这一论点犯了历史维度的错误，它为一个在不断变化的环境中一直持续的文化特征提供了一份历史维度的解释。

第二种是基因还原论（genetic reductionism），这是一个关于男性精神发展的标准的精神分析式的论点。它直接立足于对弗洛伊德的俄狄浦斯情结（Oedipus complex）及其衍生概念，阉割焦虑（castration anxiety）的正统式解读。这一正统式解读最近遭到了一种新弗洛伊德主义观点的挑战，后者强调男性发展的其他方面，在我看来，它比起前者要强而有力得多，我稍后也会回到这一观点。这一标准的精神分析观点认为，因为在性心理发展过程中经受身份认同方面的俄狄浦斯创伤，各地的男人都在抵抗阉割恐惧。男性气质崇拜与理想则是在抵抗这类恐惧时建立起来的补偿（Stephens，1967；Kline，1972）。

在这一观点中，男性气质的规范从个体精神由内向外投射至文化的显示屏上；公共文化则是夸大了的个体幻想生活。我认为这一解释在某些案

① “模仿”一词原文为法语à la。——译者注

例中是有益的，不过是多余的。更为有害的是，它没能赋予强化男性遵从男性气概理想的社会约束条件以适当的权重；正如我们将要看见的那样，男孩们必须得到社会约束力的鼓励——间或实际上是胁迫——以努力获得文化上界定的男性气概。若是任由他们自己，他们兴许便不会这般行事了。因此，该解释无法单独基于精神投射之上。此外，正统的精神分析观点在普遍性层面上也被证明有误，因为存在男性气概文化的经验性例外。有一些社会，它们不在获得一种具有男性气质的形象（a masculine image）的过程上加诸常见的压力；在这些例外的“中性”社会当中，男性得以免除证明自己的需要，而被允许过着一种基本上是男女不分的生活， 25
关键在于，他们认为这种生活两相适宜。因为这些例外情况的确存在（参见第九章），男性气质谜团的答案必须拥有社会这一面向，因为形式上的变体无法基于诸如阉割焦虑这样的心理常量（psychological constant）得到解释。

来自后弗洛伊德主义者的部分帮助

在这个节点上，我们不得不呼唤某些男性性心理发展（male psychosexual development）的替代模式，以便考虑社会及相关因素。一种我认为有用，而且会在随后的章节当中再次论及的男性气质心理学理论，有部分来源于后弗洛伊德主义的人格心理学家（ego psychologists）近来的著作。相关的理论家及其著作的列表颇长，但是在此或许可以缩减至埃里克·埃里克森[①]、拉尔夫·格林森（Ralph Greenson）、伊迪丝·雅各布森（Edith Jacobson）、玛格丽特·马勒（Margaret Mahler）、格雷戈里·罗克林

① 埃里克·埃里克森（Erik Erikson，1902—1994），德裔美籍发展心理学家，精神分析学家，代表作有《童年与社会》等。——译者注

（Gregory Rochlin）、罗伯特·斯托勒（Robert Stoller），以及D. W. 温尼科特[1]。

此处，这一基本观念关注男性气质起源的问题，而这种男性气质是被作为一种区别于女性气质的自我认同（self-identity）范畴。人格心理学理论始于这一假设，即所有的婴儿，无论男性还是女性，都得建立初级的认同（a primary identity），并与养育他们的至亲——母亲建立起社会纽带。该理论已经与经典的弗洛伊德式假设分道扬镳，后者认为男孩从一开始便拥有一种男性身份（a male identity），并且与母亲有着自然的异性恋关系，这种关系在俄狄浦斯式冲突中达到顶点，而男孩作为男性的身份是不证自明的和毫无内在冲突的。这个新理论继续假设男孩与母亲有着早期的、延长的统一体关系或精神融合，弗洛伊德（Freud，1914）曾在“初级自恋”（primary narcissism）之下讨论过它，初级自恋是婴儿没能区分自我与母亲的一个时期。其论点则是，孩子出生时与母亲的身体性分离（physical separation），并没有同时带来具有同等严重程度或终结意义的心理分离（psychological separation）。

当孩子成长时，它会抵达一个关键门槛，马勒称其为分离－个体化（separation-individuation）。在这个节点，孩子同母亲在精神上分离意识
26 的与日俱增，与身体逐渐增长的移动能力和独立行动的运动练习（比如行走、说话、摆弄玩具）结合起来。这些独立的行动得到了社会意义上的奖励，奖励者既有父母，又有别的群体成员，他们希望见到孩子成长（Erikson，1950）。男孩与女孩都会同样经历分离、自我激励、鼓舞和奖励，以及原初人格（proto-personhood）等磨炼阶段；都会变得善于接受社会要求的符合社会性别的行为。然而，根据该理论，男孩在分离－个体化

① D. W. 温尼科特（D. W. Winnicott，1896—1971），英国精神分析学家，代表作有《游戏和现实》《剥夺与不良行为》等。——译者注

阶段的严酷考验中会遭遇到特殊问题，这些问题会阻碍他们更进一步地朝独立的自我（selfhood）前行。

对男孩来说，特殊问题在于其同母亲的原初精神统一有着不同命运。成为一个独立个体的自我意识，还带来了社会性别认同（gender identity）方面的类似感觉——成为一个男人或女人，男孩或女孩。在多数社会中，每一个体都必须不均等地选择一个或另外一个，为的也是成为一个独立而自主的人，被同龄人认可，因而得到接纳。男孩在这一点上遇到的特殊问题则是克服此前与母亲统一的感觉，以便获得一个独立的、由他的文化定义为有男性气质的身份——这是一项努力，在功能上不仅等同于精神分离，而且等同于创造一个自主的公共人格面具（public persona）。根据这一理论，女孩没有经历如此尖锐的问题，因为她的女性气质因她与母亲之间最初的共生统一而得到强化，因在其形成自我认同之前就存在的，并由（在她自己拥有母亲身份时终结的）对母亲的认同而得到强化（Chodorow，1978）。在多数社会中，小男孩独立的自我感必须包括区别于母亲这一感觉，既在自我认同（ego-identity）上，又在社会角色上同母亲分离。因此，对男孩来说，分离一个体化的任务就是扛起额外的负担和危险。罗伯特·斯托勒（Stoller，1974：358）曾经简洁地陈述了这个问题：

> 尽管真相是男孩的第一爱恋对象是异性恋的（母亲），但他必须
> 做出了不起的行为实现这一点：他必须首先将自己的身份与她的身份
> 割离开来。因此，整个变得具有男性气质的过程从小男孩子诞生那天 27
> 就是受到威胁的；他那仍然有待创造的男性气质因为最初与母亲之间
> 既初级又深切且原始的统一而陷入危险境地，而这种充满幸福的、贯
> 穿整个人生的体验充当了一种中心点，这种体验埋藏在一个人身份的
> 核心之中，但依然生机勃勃，能引人倒退至原初的统一。那就是潜伏

在男性气质当中的威胁。

要成为一个独立的人，男孩必须做出了不起的行为。他必须通过一项考验；他必须打破自己连在母亲身上的枷锁。他必须得断绝自己与她的纽带关系，寻找自己在世界上的道路。他的男性气质因而代表了他与母亲的分离，他来到了一个新的、独立的社会位置，这一位置被目为跟她的位置不同且对立。在这一观点中，对男孩的成长构成主要威胁的，不仅仅或主要不是阉割焦虑。男孩面临的主要危险不是对严父的单向度恐惧，而是对母亲那模棱两可的幻想－畏惧（fantasy-fear）。根深蒂固的幻想即回归至最初与母亲的共生。无法分离的畏惧则是，回归至与母亲的统一将压倒一个人独立的自我。

近来，有些后弗洛伊德主义者用这些新观念武装自己，开始愈发明确地关注崇拜男性气质榜样的谜团。相较于退行（regression）及其与社会角色的联系等问题，他们对社会性别身份与阉割焦虑的问题关注更少。在最近一场关于该主题的讨论会上，精神分析学家杰拉德·福格尔（Fogel，1986：10）论述说，男孩的困境"超越了阉割焦虑"，到达努力挣扎着要放弃与母亲的依附式统一这种内在冲突阶段，因为这种统一抢走了他的独立自主。在同一场讨论会上，另一名精神分析学家（Cooper，1986：128）提到了这个与母亲的共生式统一提供的全能（omnipotence）所具有的安慰感。他论述道，这种全能的感觉，这种自恋式的圆满（narcissistic completeness），作为与母亲统一的幸福体验在幻想中为人所感，并得到了保持。它们是如此强大地吸引男孩退行至孩童阶段，远离自主的男性气概会经受的挑战。在这一观点中，为男性气质奋斗是一场对抗这些期盼退
28 行的希望与幻想的战役，是挣扎着要放弃对孩童在经历堕落前的恬静生活的热望。

那么，从这个视角来看，追求男性气概即一场“对抗稚气的起义”（Schafer，1986：100）。斗争明确是在“对抗退化”（同上）。这一修正理论给我们提供了打开男性气概规范和理想的谜团之心理意义上的钥匙。显然，阉割恐惧从个体的视角来看也很重要。但是，男性气概的意识形态不仅是心理内部的，它们还是在多数社会当中被制度化了的、作为指导形象的集体表征（collective representation）。为了从社会学的角度理解男性气概的含义，为了认识它的社会而非个体功能与原因，退行是需要考虑的更为重要的变量。之所以如此，原因在于，总的说来，退行对作为一个整体的社会来说是一种更加严重的威胁。正如我们将看见的那样，退行，不仅对个体而言无法接受，而且对社会运行机制来说同样如此，因为多数社会都支持参与式的、奉献式的成人期（adulthood），要求放弃逃避现实的愿望。尽管阉割焦虑可能是所有的男人都需要解决的问题，它对社会连续性（social continuity）却没有任何这类总体意义上的威胁。总而言之，男性气概形象可以从这个后弗洛伊德主义视角出发，阐释为对内在永久的孩童的抵抗，对幼稚的抵抗，对有时被称作彼得·潘情结（Peter Pan complex，见Hallman，1969）[①]的事物的抵抗。在本书中，我们还会在不同的节点回到这一论点。

如今，且让我们通过审视男性气概形象开始我们的探索。我们的第一站位于西方文明的摇篮，地中海盆地，尤其是西班牙。在那里，通往男性气概的道路可谓是艰难无比，所有男人都必须启程，不管他们是否喜欢。 29

① 彼得·潘，英国小说家詹姆斯·巴里（James Barrie，1860—1937）的同名作品《彼得·潘》中的主角，他生活在一个被叫作“永无岛”（Neverland）的地方，无忧无虑，永远是位孩童。彼得·潘情结，亦作彼得·潘综合征（Peter Pan Syndrome），其核心在于拒绝成长，永远保持童真、幼稚和游戏精神。——译者注

第二章　表演行为的卓越：环地中海

格冷迪奥特（Glendiot）[①]习语较少关注"做一个好男人"，更多关注的是"擅长做一个男人"——这一立场强调表演行为的卓越（performative excellence），即通过可以显著地"为自己发声"的行为来突出男性气概的能力。

——迈克尔·赫茨菲尔德，《男性气概诗学》

数百年来，地中海盆地各地通过贸易、联姻、知识和文化交流、相互殖民，以及对共同区域的利益的追求而紧密相连（Braudle，1972；Peristiany，1965；Davis，1977）。像"地中海"（*Mediterranean*）或"环地中海"（*Circum-Mediterranean*，见Pitt-Rivers，1963；Giovannini，1987）这样用来归类这片土地的术语，并非美国生态人类学中所使用的那些指代"文化区域"（cultural area）的术语——因为地中海社会同世界上的其他任何地方一般多样且多变——而是充当着民族志分析和比较中的启发式概念（Pitt-Rivers，1977：viii）。虽然不能代表文化同质性意义上的统一体（Herzfeld，1980），但很多地中海社会都很看重会引发比

① 格冷迪奥特，希腊克里特岛上的一个族群，以偷羊作为成年男人、男性气概的标志。——译者注

较的“特定的制度”（Pitt–Rivers，1977：ix）。除了生态、定居模式，
以及经济适应上明显的相似性外，看似比其他任何事物都能够提供比较 30
的基础的，实际上是共有的男性气概形象。在其权威调查《地中海人》
（*People of the Mediterranean*）中，约翰·戴维斯（Davis，1977：22）
写道：

> 很多观察者出于不同的理由断言地中海的统一性，其中一些要比其他的更为合理。直截了当地说，在非因果关系的层面，人类学家、游客，甚至是地中海人自己，都注意到了一些普遍的文化特征：态度，这是在大部分地中海社会都可辨识的相似文化要素，而其他地中海人也能理解。‘我也有小胡子’，这是J. G. 派里斯蒂埃尼（J. G. Peristiany）欣喜地记录下的短句……它用一种象征性的方式，不仅表现了地中海附近普遍关心的男子气概，而且体现了人类学论证的风格。

当然，“胡子”可谓是“我也是一个男人”或任何会让我尊重这个体毛多的性别的等同说法的缩写。通过诉诸这一共同特征，该陈述既是对共享的极端平等主义的（和竞争激烈的）价值观的一个警告，也是对这种价值观的召唤，而该地区还有不少各异的族群共享这些价值观。

在地中海地区，大多数男人都深深地沉迷于男性气概的形象（image of manhood），因为它是他们个人荣誉或声誉的一部分。这一形象不仅会给其拥有者带来尊敬，而且会给他的家庭、世系或村庄带来安全，因为这些共享一个集体身份的群体可以折射出这个男人的声誉，并受其保护。由于其具有竞争激烈、在性方面带有攻击性等特点，至少在部分拉丁国家，地中海男性的形象（Mediterranean male imagery）被目为自私自利的、破坏性的、孤立的，是“个人之恶”（personal vice）和“社会之恶”（so-

cial evil）的问题（Pitt–Rivers，1961：118）。这是许多北方游客共有的并与其保持距离的刻板印象的一部分，他们出于自身的原因假设南方会是“不同的”（Herzfeld，1987）。但是，这忽视了很多存在于地中海各个
31 社会中的男性形象那非常重要且往往是有建设性意味的群体含义，而正如我们稍后将看到的那样，这一男性形象与其他地方的男性气质形象（masculine imagery）事实上并非如此不同。在这一章，我想探究一下这些男性理想的含义，作为我们探索男性气概的意义的第一步。

我们从一个反面例子开始讨论地中海各个社会中具有男性气质的形象。此即迈克尔·赫茨菲尔德在上述恰当的短语中所说的，不“擅长做一个男人”的男人。他欠缺什么呢？容我先描述一下自己在安达卢西亚的丰迈奥尔（Fuenmayor；化名）[1]村落进行田野调查时碰到的一个案例。虽然以下讨论指向的是西班牙南部和地中海北部沿海地区，但是，我在这里所言的，很多也与信奉伊斯兰教的中东地区有关。

洛伦佐

西班牙南方腹地的安达卢西亚男人，与地中海地区的其他很多男人一样，有着戴维斯所谈及的普遍的情感（common sensibilities），并致力于公开证明他们的男性气概。他们是西班牙批评家恩里克·蒂耶尔诺·加尔文（Enrique Tierno Galván，1961：74—76）所说的准宗教的西班牙“男性气概信仰”（faith in manhood）的狂热追随者，这一点要远远超过其他伊比利亚人。如果从这个角度来考量，你要么是“非常男人”（*muy hombre*），要么是“非常有男子气概”（*muy macho*），要么是“很有男人味”（*mucho hombre*）。如果都不是，那么你就是一个软弱、可悲的骗

① 真正的丰奥迈尔是西班牙拉里奥哈自治区的一个市镇。——译者注

子（*flojo*）。*flojo*这个多义词指的是空虚的、懒惰的或是松懈的，它也可以用来描述空电池、瘪轮胎或其他无用的工具。它暗指软弱无力的缺陷（flabby inadequacy）、无用（uselessness），或无效（inefficiency）。

我们的例子，洛伦佐，是一个二十八九岁的羽翼未丰的青年，他当了多年的学生，拿到了学士学位。洛伦佐为人温和、天资聪颖，他是丰迈奥尔有史以来唯一一位就读于研究生院、攻读博士学位的人，专业为卡斯蒂利亚古典文学（classical Castilian literature）。但是出于种种原因，他没能完成自己的学位论文，因此他一直处于某种“职业上的灵薄”（occupa- 32
tional limbo）[1]，找不到合适的工作，优柔寡断，漫无目的。由于洛伦佐的学识在此类死水般的城镇上是非同寻常的，因而人们公认他是某种当地长成的天才。许多人对他抱有很高的期望。但是，镇上有着传统思想的人却不在他的仰慕者队列里。出于他们自己那些小气的原因，也出于性别适宜性（gender appropriateness）这个重要的问题，他们认为洛伦佐极其古怪，甚至不正常，应当受到谴责。“这是一个严峻的情况。”一位镇上的人这么说。

人们首先指向他的生活。奇怪甚至有违常理的是，洛伦佐一直与他寡居的母亲待在室内，学习、读书、沉思，很少离开他那狭小的学者的隐居所。他没有什么工作，也不挣钱，不给家里空荡荡的食品柜贡献任何实实在在的东西，这个事实让很多人觉得他就像一个寄生虫。他靠着他那无怨无悔的老母亲生活。他的母亲勤勤恳恳，但是依然贫穷。洛伦佐沉默寡言，行事神秘，没有做出什么明显的努力来改变这种事态；他也不像其他男人那样会习惯性地去充斥着男性气质的酒吧世界，跟密友交杯换盅，听听奉承话，争辩一番，或参与酒席间的玩笑。他做的，是浅饮辄止。他很

① 灵薄，出自基督教文化，指的是“地狱的边缘”，是天堂与地狱之间的一个地方，此处可以勉强理解成“闲散人员”，但显然宗教意味浓厚。——译者注

少参与竞争激烈的纸牌游戏或是大醉一场，而男人们享受这样的活动，并期望他们的朋友亦复如是。

也许最奇异的是，洛伦佐回避年轻女性，声称没有时间浪漫。事实上，除了其他的缺陷，洛伦佐在面对女孩子时也非常羞涩。这的确是一个很不同寻常的偏离，西班牙人通常会对此感到失望。性羞涩（sexual shyness）在安达卢西亚青年中不只是一种无所谓的瑕疵（flaw）；它还是一个严重的，甚至是悲剧性的缺陷。整个村庄都会把羞涩哀叹成个人的灾难和集体的耻辱。人们说洛伦佐害怕女孩，害怕试试运气，害怕在爱的游戏中孤注一掷。他们相信，一个真正的男人必须打破分离两性的女性抗拒
33 之墙；否则，神会下禁令，他将永远不得结婚，没有后嗣。如果发生了这样的情况，每个人都会受苦，因为孩子是神给予家庭、村庄，以及民族的礼物。

敏感的洛伦佐相当清楚胡搅蛮缠的亲友对他提出的各种要求。出门并追求女人让他感到压力重重。他知道，自己应该以一位合适的妻子为对象，找一份有报酬的工作，成家立业。因为自发的或是出于心有不甘的文化反叛，他觉得自己是一个现代的、有着“欧洲的”情感的人。最重要的是，他想要超越他所说的“南方传统的期待”这一“愚蠢的废话”。显然，在蒂耶尔诺·加尔文所言的西班牙式男性气概信仰这个方面，他是位不可知论者。

某天晚上，在我们愉快地聊了一个小时的天，咀嚼过诸如塞万提斯在世界文学中的地位这样的话题后，他抬起头来，用他那双忧伤的棕色大眼睛看着我，坦白了自己在文化上的违逆。他吐露自己关于男性理应带有攻击性的求爱的焦虑。“我知道，你必须拼命争夺女人，”他闷闷不乐地说，“但我宁愿不这样，”他又补充道，“这不是我”。他拿起书，摇了摇头，又耸了耸肩，忧郁的眼睛看着地面，等着某位有同情心的、思想开

明的外人来安慰他。显而易见的是，他病态般地害怕被拒绝。

因为洛伦佐是个体面而诚实的男人，所以他在镇上有一个小小的朋友圈。像洛伦佐一样，他们都是受过教育的人。但是，鉴于洛伦佐沉迷于内省式的自我提升，这让他们很替他担忧。他们害怕他终身不娶，独身（bachelorhood）被算作明目张胆的同性恋以外最可悲的命运，这种情况着实令他们无法接受。这些人脑海中有着最好的初衷，他们经常会把我拉到一旁，问我有没有觉得洛伦佐如此孤僻是可悲的，以及应该拿他怎么办。最后，当我们一如往常深入讨论洛伦佐的事情时，一位感觉敏锐的朋友用一个令人难忘的短语总结了问题，并引起了我的深思。他表达了对洛伦佐的智慧的钦慕，但是，他提到他这位朋友那使其越发衰弱的不快乐状态，他那越来越与社会疏离（estrangement）的情形；他显然认真思考过 34
这个问题，并非常严肃地告诉我，洛伦佐的问题在于他“作为一个男人”的失败。我问他这么说是什么意思。他解释道，虽然洛伦佐在追求知识的道路上小有成就，但他“忘记了”怎样去做一个男人，而这个“忘记”就是其麻烦的来源。这个朋友把洛伦佐的疏离状态直接归咎于其所扮演角色的性格缺陷，认为这是一种怯场。他悲伤地摇着头，给出了一个格言似的诊断：“作为一个男人，他简直是没有用、不工作”（Como hombre，no sirve）。他补充道，“可怜的家伙，他完全没有用处”（“Pobrecito，no sirve pa’na’”）。

从一个朋友口中，以同情而非责备的口吻说出的“没有用”（no sirve）这个短语有很多含义。粗略地翻译的话，它是说作为一个男人，洛伦佐没能以某种实际的方式振作起来，去做一些熟稔有用的活儿，而西班牙语的动词 servir 意味着完成许多事情。这里有个可衡量的数量观念，即可见的结果。但是，安达卢西亚的男性气概的这些实际成就是什么？让我暂且偏离一下主题，以便通过其他地方的一些比较案例，将洛伦佐和他所背离的蒂耶尔诺所谓的“信仰”放在地中海地区更广泛的语境之下。

具有男性气概的各种服务

洛伦佐的朋友们在男性气概与某个实在的或“有用的”（serviceable）行为之间建立起联系。这与钱多斯（Chandos，1984：346）对英国公立学校精英的描述不谋而合，serviceable 这个暗示着效用的英文惯用语，在词源学和概念性上与西班牙语单词 sirve 同源。但是，它不只是服务，在洛伦佐所处的社群中，这一行为还必须是公开的，一如往常，是在整个群体层面上的。一个男人的效力（effectiveness）是由其他人对他行动的观察来衡量的，他们可以从中评估他的表演。男性气质和效用（effica-
35 ciousness）结合成了表演出来的戏剧性形象，它在地中海其他地方找到了有力的回声。让我们以希腊为例。幸运的是，由于迈克尔·赫茨菲尔德的不懈努力，我们拥有关于该国的极好的数据。如赫茨菲尔德所言，在那里，拥有男性气概的男人（manly man）是在中央舞台表演的那个。他的角色扮演体现在“前景化”的行为当中，体现在每一个人都能看到、因而有可能被集体评判的行动当中。正如赫茨菲尔德谈及他研究的希腊人所说的那样：卓越的男人、受人尊重的男人，并不一定是抽象的道德意义上的“好”男人，而是善于做一个好男人。这不仅是指在既定模式（男性脚本）中的适当表演；它还意味着公开性（publicity）、受人考察，以及有勇气让自己承担风险。此外，它还意味着为了实现目的而果断行动，即能经受考验，解决一致认为重要的、真正的问题的行动。

作为一个敏感的、观察敏锐的田野工作者，赫茨菲尔德（Herzfeld，1985a）对克里特岛（一个集地中海文化之大成的岛）的格伦代村（Glendi）的社会认可原型进行了描述，后者与我们目前的例子最为相关。在克里特岛和安达卢西亚，做男人意味着一种务实的主动者的情态（a pragmatic, agential modality），他们要参与到展示各种行动和行为以及可见的具体成就的公共舞台上。这种显眼的情态（showy modality）同安全或家庭的欢愉或内省没有任何关系。后者是与被动性，也即自我怀疑、犹豫不决、退至羽翼的保护下等相联系的。在西班牙，洛伦佐正是在这些方面表现出了缺陷。最重要的是，他是一个退避的男人，庄重其事地待在家里，回避生活中的挑战和机会。地中海两端的男性气质，似乎都暗含了一种与社交参与（gregarious engagement）的关系和一种无止境地在社群生活的舞台上方得以联结的男性实践（male praxis）。

如果我们回到过去，会发现一些有趣的相似点。古希腊人也崇尚外向的、敢于承担风险的、能够有效行动的男性气概。他们评判一个男人，不是看品德是否良好，而是看他在公共舞台上扮演的角色是否有用——“公共机制中有效率的或有缺陷的部分”（Dover，1978：108）。他们对 36
生活所持的一种斗争观是这样一种精神气质，它呼吁通过戏剧性的，甚至是宏伟的姿态，体现《荷马史诗》中永不止息的英雄主义（Gouldner，1965）。但这一形象也与男性美德（manly virtues）的理想有关，像它们的部分现代后嗣那样，它们在过去和现在都坚持看重对“荣誉之爱”（*filotimo*），即男性气质的骄傲（masculine pride）或自尊的通俗彰显（Herzfeld，1980：342—345）。西班牙人或意大利人兴许会用“荣誉”（honor）的某个同根词（*honra*或*onore*），或是尊重，来称呼这种自豪的权利（right to pride）。它所传达的，是一个与不断追寻世俗的成功和名誉，以及与他人的评价眼光中的认可和赞赏密切相关的自我形象。这种对引人注目的姿态的强调，很早就出现在了希腊文化中。在《荷马史诗》，尤其是《伊利亚特》中，这一点体现得非常明显：阿喀琉斯（Achilles）想要用漫长、平淡的一生换取满是荣誉和赞美的短暂一生，阿伽门农

（Agamemnon）想要用他生命中几个月的时间换取特洛伊战场上的光荣牺牲（Slater，1968：35）。

作为衡量具有男性气质的美德（masculine virtues）的手段，这种对名誉和荣誉行为的追求在古代东地中海世界有着自己的存在方式。的确，在公元前5世纪繁荣兴盛的雅典，男性的生活似乎一直都是在为了实现个人的强化——为了“名声和荣誉，或是为了可以通往这些东西（财富、权力，等等）的目标”——而不懈拼搏（同上，1968：38）。尽管古希腊人强调我们如今珍视的节制，但是，这种对荣誉的迷恋式追寻，还是愈发成为古希腊男性气质理想（masculine ideals）的一部分，以至于编年史作者修昔底德都责备他的国人：“轻率鲁莽逐渐被认为是一个忠诚的同盟者的勇气，审慎的踌躇则被看成了怯懦，而节制被目为是对缺乏男性气概的掩盖。”（Thucydides，1951，iii：82）这种周身散发荣誉之光、体现了这一希腊理想的、具有男性气概的男人（manly man）的神话典型，就是无所畏惧而又富有谋略的旅人奥德修斯。

《奥德赛》是一则讲述了此类戏剧性的男性气概的寓言，这种男性气
37 概混合了实际效用与道德要求。它的主人公出发了，参与了数不胜数的战斗，并凭借体力和不论是否正当的谋略而得以幸存。在遭遇无数的危险和怪物以后，他在最终一幕里拯救了妻子和亲戚，胜利凯旋，成为最出色的英勇的希腊男性。奥德修斯不是圣人，他被描绘成了骗子和操纵者。但是他的花招都“得逞了”，取得了期望的结果：拯救了在家中深陷危机的妻子佩涅罗珀（Penelope），恢复了受投机取巧的求婚者威胁的家族荣誉。荷马的史诗在传说中捕捉到了这种漫游式的、务实的、有实际作用的地中海式男性气概。

从心理学的视角来看，显而易见的是，这种古老的“做男人”的道德与将冲动进行升华（impulse sublimation）的文化编码（cultural encoding）

有关。作为一种正确行为的激励性模型，它将精力从自我专注和内省转移至解决实际问题和关切世俗的策略上来。在古希腊，同样还有现代安达卢西亚，那具有男性气概的形象可谓是引导从不止息的事业的刺激因素，这种事业可以通过可衡量的目标予以评判。重要的是，它不仅仅是对力比多或进入实际成就的文化认同通道的攻击性的区区升华；它还鼓励反抗其对立面：怠惰、自我怀疑、拘谨、迟疑、撤退或投降的冲动、平静的“睡意”（象征希腊传说中的溺亡——回到子宫的通用比喻）。与在好斗语境下勇于争先的姿态一样，为了达成目标而采取一种进攻性的姿态（古尔德纳所说的希腊竞争体系），也就是地中海世界的男性气概，很大程度上可以被称作是一种“嗜社会广场癖”（social agoraphilia），也即热爱阳光照射下的公共场合、人群，以及生活的舞台。这种开放的情境不仅与接触、社交联系起来，还与风险和机会，以及巨大的功勋和受人瞩目的事迹相关。因此，我们可以将洛伦佐作为男性的第一层失败描述为拒绝投身 38
战斗。

北方的类似情形

这种朝向聚光灯的、具有男性气概的冒险主义绝非仅仅局限于地中海文化。在欧洲北部，劝诫性的故事也推崇冒险，反对退缩，这证明了欧洲式原型的普遍存在。比如，在瓦格纳从约布斯特·古特克内希特（Jobst Gutknecht）创作于16世纪的《唐豪瑟的民歌》（*Volkslied von Tannhäuser*）处借来的唐豪瑟骑士的故事当中，就有一个十分具有说服力的类似情形。在这个古老的德国传说当中，主人公唐豪瑟出于一时的道德软弱，屈从了自己想要与维纳斯在她美丽的维纳斯山（Venusberg）安居的欲望。他的每个欲望很快就为这位性感的女神及其侍从那伊阿得斯们（Naiads）①和塞壬们（Sirens）所满足。但他只身一人，与世隔绝，对这贫瘠的地下天堂感到厌倦。瓦格纳版本的《唐豪瑟》始于一处阴暗的洞穴，唐豪瑟在那里进行着一场激烈的内心斗争。他应该继续做个快乐但是被动的俘虏（在这种情况下，他的需求能够迅速为女神及其侍从满足），还是应该宣布放弃这一切，回到满是冲突和危险的俗世？犹豫良久过后，这位主人公宣布放弃继续沉迷于维纳斯的堕落淫欲中，因为这位女神将剥夺其同世界作战的可能性。“我必须回到男人的世界。我准备好了战斗。”他唱道，“甚至准备好了死亡和一无所有。”就像奥德修斯战胜塞壬们那样，唐豪瑟在放弃这位女神这方面取得的成就，是一种通过接受斗争来实现道德重生（moral regeneration）的方式。这名骑士控制住了愉悦原则（pleasure principle）的需求中最原始的部分——沉迷于一个无所不能的女人的臂弯中的诱惑，以及撤退至愉悦和安全的幼稚之茧中。正如在《奥德赛》中那般，在做出这一重大决定的场景中，水的意象大量存在：阴暗的洞穴，朦胧的水塘，雾气腾腾的瀑布。

德国文化，至少在其二战前显现的文化当中，也有“真男人”的传统，即源自普鲁士军队原型的具有男性气概的理想。实际上，正如克劳斯·特韦莱特（Theweleit，1987：55）在其关于魏玛文化的书《男性幻想》（*Male Fantasies*）中所言，“男性气质主义”（masculinism）不仅仅
39 彰显了军国主义或瓦格纳风格，也深深地植根于条顿理想（Teutonic ideal）之中。

① 那伊阿得斯，古希腊神话中的低阶女神，宁芙（象征着自然界的现象和事物的神祇，比如江河、湖泊、溪流）的一种。——译者注

性与婚姻

当然，使洛伦佐在西班牙陷入困境的和他貌似正在失去的，正是这种对抗自我逃避的强大内心斗争的普遍性事物。但是，此处，还有比显示自我主宰（self-mastery）和竞争适应性更危在旦夕的事物。那就是性，抑或是求爱中的进攻性角色。洛伦佐的朋友们都为他没能出去找到一个妻子感到悲伤。“作为一个男人，他没有用”，这明显指的是俘获妻子（wife-capture）和阳具捕猎（phallic predation）方面。

在土耳其农村（Bates，1974）和巴尔干南部地区（Lockwood，1974），这种捕猎行为经常以偷抢新娘或婚前强奸的形式发生，往往涉及绑架或暴力。意大利南方地区过去常常发生这类情况，在那里，某些男人先强奸不情愿的新娘，再将其娶进门。这种俘获妻子的现象仍然普遍存在于部分希腊农村地区（赫茨菲尔德，1985b）。在西班牙，这种独断的求爱，除去暴力的色彩，也是男性气概中重要甚至根本性的要求。在南欧很多地区，独断求爱是在男性形象中反复出现的一个方面，尽管在北欧国家，它并没有那么关键。

实际上，我们所知的关于地中海男性气概的观念，多数牵涉到其更具表现性的部分——更确切地说，牵涉到他们的性自信（sexual assertiveness）（Pitt-Rivers，1977）：西班牙的*machismo*（大男子主义）和西西里的*maschio*（Giovannini，1987）就是两个例子。摩洛哥的*rajula*（生殖力）情结同样如此（Geertz，1979：364），有一位女人类学家明确将其比作西班牙的*machismo*（Mernissi，1975：4—5）。在巴尔干地区也有类似的表述，人类学观察家西米克（Simic，1969，1983）和德尼希（Denich，1974），分别为男性和女性学者，他们在那里独自辨识出了西班牙文化中的大男子主义。这些国家中“真正的”男人在求爱方面是强而有力的，同 40

时在行动上也无所畏惧。性和经济事业都竞争激烈，充满危险，因为它们让一个男人在追求最宝贵的资源——女人时与自己的同胞对阵。失败和蒙羞感往往很有可能产生。

比如在西西里，男性的荣誉常常同进攻和性能力紧密相关。在西西里，一个真正的男人是“一个有着大睾丸的男人”（Blok，1981：432—433）；他的性能力也由此稳固地建立了起来。在希腊萨拉卡萨尼（Sarakatsani），成年男性也必须“天生具有大睾丸”（Campbell，1964：269），能够迅速达到性兴奋，难以在性行为中得到满足。这种观念在西班牙，尤其是西班牙南部，也是如此（Pitt–Rivers，1965，1977；Brandes，1980，1981；Mitchell，1988），在那里，一个真正的男人据说有很大的睾丸（*cojones*，或balls）。此类睾丸大的男人自然而然地胜过并支配着睾丸较小的、更不易冲动的男人。

然而，这不仅仅是色欲竞争（competitive lechery）的问题［顺便说一下，伊斯兰教国家并不重视这一点，因为在伊斯兰教中，对男女两性来说，无节制的色欲都是腐化社会、不道德的（Bates and Rassam，1983：215）］。这一附加的方面对更好地理解我在上文提及的环地中海地区的男性气概观念的社会环境来说非常重要。在南欧那些高度看重具有性自信的唐璜（Don Juan）典范的地区，一个男人被赋予的任务不只是无尽的征服，还有繁衍子嗣。最根本的考验不是纯粹的乱交，而是生殖能力，即让妻子受孕。比方说，在意大利，“只有妻子的怀孕能够维系丈夫的男性气质”（Bell，1979：105）。因此，最重要的是，地中海地区对男性气概的重视之处在于取得的结果，即繁衍后代（最好是男孩）。在社群认可的层面上，这就是合法的繁衍成功，而不仅仅是色情上的巧技（erotic acrobatics）——这是研究地中海的荣誉观念的专家们常常忽视的一个重要事实，他们强调的是荣誉的破坏性或竞争性因素（Pitt–Rivers，1977：11）。简单点说，它指的是创建一个庞大而有活力的家庭。乱交式冒险主义代表着较早的（年轻的）考验场所，它通往更加正式的（成人的）目的。性态（sexuality）和经济上的自给自足以相似的方式运作。 41

比方说，在西班牙南部，人们会挖苦一个已婚但是没有孩子的男人，无论他在婚前多么性活跃。重要的是结果，而不是先前如何。虽然丈夫和妻子都要声誉扫地，但不育直接被归咎于丈夫而非妻子，因为人们往往期待男人们发起（并完成）事情。“他是个男人吗？”人们讥笑道。辱骂的闲言碎语将他的生理缺陷流传开来。他被说成是性无能，缺乏性经验，是个小丑。他的岳母会因此大怒。她会说，“no sirven”，即他的下半身没有用。他们会通过医学和巫术之道寻找解决办法。人们说，他没能完成丈夫的责任。由于性无能，他没能成为一个男人。

性以外：供养

除了性能力，男人们还必须设法通过强有力地为家庭的财产做贡献来供养他们的依附者。这也是由效率指标和结果来衡量的（Davis，1977：77）。其扮演的工作角色的表现再次成为关键，这由其对家庭需求的奉献或服务来衡量。此处必须强调的是这种具有男性气质的工作职责中包含的社会层面的奉献。田间的劳作者常常蔑视各种类型的体力劳动，因为这很少能让他个人受益。比如，安达卢西亚的农村人说工作是一个“诅咒”（D. Gilmore，1980：55），因为它永远都不能让一个男人富起来。对贫穷的男人来说，工作意味着在使人受辱的条件下为了计日工资订立契约，为了转瞬即逝的工作机会和同伴们激战，从早到晚在田间采棉花，除杂草。工作是痛苦的近义词，大部分男人都会痛快地承认，他们恨工作，如果可能的话会避开之。

但是，对工人、农民，或任何必须谋生的男人来说，参加工作也是
42 一种责任——这一点从未受到质疑，这是为了养活他的依附者。在这里，正如在性和父亲义务的问题中的情形那样，工作者作为公民和男人的名誉与明确界定的对家人的服务紧密相连。一个逃避这些义务的男人主动放弃了体面（respectability）和男性气概；他变成了一个受人鄙夷的不够男人者（less-than-man），一个二流子（wastrel），一个流氓（*gamberro*）。后一个措辞意指一个不负责任的堕落者，表现得像个无忧无虑的孩子或是像寄生虫一般靠女人生活。虽然真实的情况是安达卢西亚的女人们往往也是工薪族，但是，丈夫若要做一个真正的男人，就必须贡献收入的大部分，作为顶梁柱养活妻子和家庭，维持女性机器（feminine machine）顺利进行家庭生产。一个男人努力工作，有时甚至玩命工作，是因为他们所说的*se obliga*，也即“你对家庭负有责任”，而不是你喜欢这样。在这个意义上，西班牙男人如布兰德斯（Brandes，1980：210）所言，就像各地的男人一样，积极追求作为衡量其男性气概的一种方式的养家角色（bread-winning role）。唯一的区别在于，他们很少从他们所从事的悲惨的工作中得到愉悦或个人满足。

意大利南部也有类似的看法。约翰·戴维斯（Davis，1973：94—95）曾这样描述皮斯蒂奇（Pisticci）城镇：“从有男人在工作的家庭的角度来看，工作也是理所应当的：‘若不是为了我的家庭，我不会让自己累死累活。’（*non mi sacrifico*）丈夫养活妻子和孩子的能力和他控制妻子的性的能力（即其荣誉的组成部分）一样重要。因此，不管其他的因素如何，关于这点，表明了他的经济和性的荣誉……于是乎，工作也就不被认为具有任何内在奖励。男人们工作是为了给家庭带来食物和些许金钱。”

实际上，这种服务家庭的奉献，这种对家人和亲戚的贡献，是地中海的荣誉观念的全部内容。荣誉关乎擅长做一个男人（being a man），这意

味着要建立并支持家庭与亲属——社会的基本组成部分，无论付出怎样的个人代价："作为一种意识形态的（地中海的）荣誉帮助支撑起了一群人（一个家庭或世系）的身份，并帮助对此抱有疑虑的成员消除顾虑，对该群体保持忠诚。荣誉定义了该群体的社会界限，保护其不受竞争群体的主 43
张的侵犯"（Schneider，1971：17）。

对作为家庭义务的男性荣誉的强调广泛分布在地中海地区。在其极具影响力的调查中，约翰·戴维斯就像上文所引的简·施耐德（Jane Schneider）一样，发现了证实其观点的证据，而他的观点是，源于工作和经济行业的男性气质荣誉（masculine honor），同源自性方面的成功一样多："应该从一开始就声明，荣誉主要不是与性交相关……而是与其所扮演角色的表现及经济资源相关，因为在家庭不贫困的时候，养家糊口、照顾女人和抚养后代会更容易些"（Davis，1977：77）。

有时，这种经济服务能够用金钱或其他价值标的物来量化衡量，或用能够留传给女人和孩子的物质积累来表达，比如嫁妆。例如，欧内斯廷·弗里德尔（Friedl，1962）在写到当代维奥蒂亚[①]的一个希腊农村时，将父亲们的荣誉描绘成根植于他们为自己的女儿提供大量现金和贵重物品嫁妆的能力。这种成功保证了他们是最出色的岳父，从而提升了家庭威望，并因此强化了他们作为供养者的形象。男性气概至少部分是由金钱来衡量的，这是男人唯一的直接养育孩子的方式。于是，作为行动号召的男性气概，也可以被阐释为一种要供养亲眷的道德上的内疚（moral compunction）。

① 维奥蒂亚（Boeotia），希腊中希腊大区的一个州，东南方与阿提卡半岛相接。——译者注

保护者男人

排在使妻子怀孕和供养家庭之后的，是勇敢。比如，在安达卢西亚，成为一个男人也要具有人们所说的*hombría*（男性气概）。严格说来，这个词仅仅指男性气概，但它与上文描述的明确的生殖能力或经济上的表演不同。*hombría*是一种身体上和道德上的勇敢。它没有特定的密切相关行为，从而形成了不及物的（intransitive）形式。它意味着你要自立自强，
44 成为一个独立的、自豪的行为人，在受到挑战时能够坚持住。西班牙人也称其为*dignidad*（尊严，dignity）。它并非建立在威胁他人或暴力的基础之上，因为安达卢西亚人鄙视仗势欺人者，并公开谴责肉体上的粗野（physical roughness），这些在他们看来纯粹是滑稽表演。概括说来，*hombría*一词指面对任何威胁时勇敢而坚韧的举止；最重要的是，它指的是捍卫一个人及其家庭的荣誉。它在肉体意义上没有攻击性的意思，但有着对社会群体不可动摇的忠诚之义，而这种忠诚标志着对挑战的终极威慑力量。约束暴力往往是建立在有实施暴力的能力之上的，因此声誉在这里很重要。

作为一种具有男性气质的自控和勇气的形式，*hombría*得到了大量呈现。比方说，在丰迈奥尔，一群年轻男性可能会在几杯酒下肚后在深夜转悠至市政公墓，以便展现他们对鬼魂的不屑。他们随身带着一把锤子和一根钉子。他们一起摆出醉酒的样子，然后把钉子敲入公墓的灰泥墙里。他们挑战着各种小妖精和食尸鬼，随着锤子敲打的节奏，齐声吟唱下面的话：

Aquí hinco clavo 　　对着小妖精，
del tio monero 　　我在敲长钉。

venga quién venga,	无论出现何物，
aquí lo espero!	我都无所畏惧！

最后一个逃走的男人摘得最勇敢、最有男子气概的桂冠。有时候，青少年会对彼此发出挑战，以一种竞争性磨练的方式在墓地过夜，但不同之处在于，*hombría*是非对抗性的，因为对抗对象被转移到了超自然的（非社会性的）对手身上。然而，正如上述例子所示，它是竞争性的，而且就像在生殖力和经济上的表演一样，需要可见的符号和成就来加以证明。*hombría*会评判一个男人是否适合保卫他的家庭。皮特－里弗斯（Pitt-Rivers，1961：89）对此做出了最佳描述："男性气概的精髓是无畏，以及时刻准备着维护自己和家庭的骄傲。"除此之外，*hombría*还有特定的 45
政治意涵，后者扩大了其在西班牙的作用。

在过去的一个世纪，西班牙是一块多事之地，充斥着政治斗争，尤其是安达卢西亚地区。地主和劳工之间存在着深深的对立情绪，由此产生了强烈的阶级意识（Martinez-Alier，1971）。在处境艰难的工人和农民当中，*hombría*呈现出了一种来自反对派阶级的强烈政治色彩：忠于社会阶级。在农民和工人当中，男性气概不仅通过忠于亲属，而且通过忠于劳工阶级，以及为了工人的权利积极参与斗争而得到表达。例如，在劳动纠纷中拒绝让步以维护劳动者利益的工人是非常有男性气概的。这在佛朗哥的独裁统治时期是特别有胆量的举动，如今在忠诚者群体当中仍然为人钦佩。卡里斯玛型的劳工领导人——尤其是那些被佛朗哥的警察监禁和殴打的人，比如马塞利诺·卡马乔（Marcelino Camacho），地下诸工人委员会（Workers' Commissions）的负责人——因非常有男性气概受到高度钦佩。在他们所在的群体中，他们是拥有"很强的生殖能力"的男人，为男人们所艳羡，对女人们有吸引力。在他们的政敌眼中，他们或许遭人仇恨，但也受人尊重，为人畏惧。

举一个具体的例子：在丰迈奥尔，有一个著名的好战的煽动者，此人因其健壮的体魄和令人畏惧的胆量，得到“罗武斯蒂亚诺”（Robustiano，即the Robust One，健壮者）的绰号。西班牙内战过后，他的左倾家庭在战后西班牙民族主义者（nationalists）的迫害中遭难，他公开违抗佛朗哥的警察，继续进行革命活动。打击、威胁，以及勒索对他都毫无成效。在每次出狱后，他都会重新开始斗争，赢得了各方人士的赞赏，包括其监狱看守。尽管饱受折磨，但他从未背叛自己的同志们，总是坚忍地承受着警察们的虐待。罗武斯蒂亚诺发展了一大批忠诚的追随者；他在独裁统治的黑暗时期坚持提升工人们的士气，如今他作为一名烈士为人铭记。除此之外，人们还记得罗武斯蒂亚诺是一个真正的男人，是安达卢西亚男
46 性气概理想的典范。

除了政治，这种号召用激烈的行动来保护同志的做法，在整个地中海地区都能引起共鸣，在那里，社会阶层不如原生纽带（primordial ties）那么重要，正如非洲沿海地区的父系族群的情形。比方说，根据布尔迪厄（Bourdieu，1965，1979a）的记述，在阿尔及利亚的卡拜尔人（Kabyles）中，真男人的主要属性在于他会勇敢地对抗其他男人，极力保护他的同族亲属。“所有的受访者都指出，有荣誉的男人的基本特征在于，他会面对他人，”布尔迪厄评论道（Bourdieu，1979a：128）。真男人不会让自己，更重要的是不会让自己的家庭和家族受到一丝一毫的侮慢。在邻近的摩洛哥东部，真男人是那些随时准备站出来保护家人不受外界威胁的男人；他们“团结起来保卫自己的生计和集体身份”（Marcus，1987：50）。

同样，在当代希腊萨拉卡萨尼的牧羊人（Campbell，1964：269—270）当中，真男人被称为*varvatos*，非常明显与意大利语中的*barbato*同

源，指的是有胡子的或毛发浓密的人。它除了表明力量和生殖能力（再次提到是面部毛发）之外，还“描绘了”一种在保护亲属的过程当中“不惜一切代价的冷酷无情的能力”。有生殖能力的萨拉卡萨尼牧羊人是那些能够满足农牧生活要求的人，在那样的生活中，“没有力量就不可能有好名声”（同上：317）。萨拉卡萨尼男人用这样的方式赢得竞争者的尊重，并抵挡住了对其领地的威胁。因此，他维持住了自己的亲属在艰难的环境中的脆弱地位。“有家室的男人在男性气概方面的名声可以起到威慑外部暴行的作用”（同上：271）。坎贝尔认为，这种对男性气概的强调，本质上是功能主义的。“此处，”他写道（同上：270），“我们再次看到了男性气概中‘能干’（‘*efficient*’）的一面。”（引号强调系本书所加）

在地中海地区，到处可以遇到作为保护者的男人。自始至终，官僚保护发育不全，国家不稳定，争斗不休，政治结盟就像赞助一般，变化不定，颇不可靠。由于反复无常的命运和匮乏的资源，男人要靠着韧劲和巧计外出谋生，维持家庭。比方说，在西西里，“一个真男人”（*un* 47
vero uomo）是由“保护他的女人们所需的力气、力量和手段”来定义的（Giovannini，1987：68）。当然，与此同时，在西西里或安达卢西亚，成功保护了女人的男人，凭借英勇的事迹获得了赞扬，还为作为个体的自己赢得了声誉。这种个人利益与群体利益不可分割的功能性联系（functional linkage），是地中海诸文明中发现的最古老的道德观念之一。有人在古代航海民族希腊的航海者奥德修斯身上已经发现了这一点。奥德修斯那独特的名字源于“odyne”（引起痛苦的能力和准备这样做的能力）一词，暗示让某个人遭受冲突、风险和困难，以及其为了实现伟业同压倒性的不利条件做斗争的意愿。“于是，成为奥德修斯，就是要拥有捕捉危险猎物的猎人们的态度：从容不迫地暴露自我，在之后尽收由此带来的好

处；其直接目标是遭受伤害，但其终极目标是得到承认，以及获得实现伟业的成就感。”（Dimrock，1967：57）

但奥德修斯的终级目标并不单单是一个又一个自命不凡的功绩。指导他的旅行英雄主义（wayfaring heroism）有一个更崇高的目标：解救妻子和孩子，并驱散威胁到他们的邪恶求婚者们。真男人通过站在家庭和毁灭之间，镇定地接受命运的击打，以获得声望。地中海的男性气概是授予有效地保护了原生纽带网络，捍卫了其所在社会的道德和物质形貌的男人的奖励。

自主的旅人

在地中海的这些地方发现的男性气概理想似乎拥有三大道德律令：其一，让妻子受孕；其二，供养依附者；其三，保护家人。这些律令要求男人具有自信和决心，必须在忠诚地服务于自我的“集体身份”的过程中不
48 屈不挠地完成这全部的律令。

还有一个要素也需要提及。上述要求都是基于这一更深层的要素：行动自如，个人自主。如果一个男人的双手被束缚住了，那他就什么都做不成了。如果他要外出猎取危险的猎物，以及像奥德修斯那样拯救他的家人，那么，他需要的是完完全全的行动自由。与性和经济上的充裕同样重要的，是对作为具有男性气概的自我身份（manly self-identity）之起点的独立行动的潜在诉求。要踏上男性气概的道路，一个男人必须轻装上阵，可以随意即兴发挥，不受阻挠地应对挑战。他必须成为一名道德领袖（moral captaincy）。在西班牙南部，正如布兰德斯（Brandes，1980：210）所述，对一个安达卢西亚农民来说，依附于人不仅仅是令人羞耻的，它还是对其具有男性气概的形象的否定。个人自主性是每一个男人的

目标；没有个人自主性，他的防御姿态就崩塌了。他的策略机动性（strategic mobility）也失去了，这就让他的家庭濒临毁灭。这一主题在西班牙也是有政治含义的。

一个例子来自乔治·科利尔（George Collier）在一个安达卢西亚村庄对西班牙内战所作的描述。科利尔（Collier，1987：90）指出了安达卢西亚西部男性气质骄傲（masculine pride）在工人和农民的劳工运动中的作用。他描绘了自己所称的"文化语汇的政治含义，在这些词语中，安达卢西亚人将自主性与男性气质荣誉联系在了一起"，并将其与同维护男性气质相关的各种美德联系起来（同上：96）。科利尔对西班牙第二共和国（1931—1936）时期洛斯奥利沃斯［Los Olivos，韦瓦尔省（Huelva Province）］的印第安人村落的地主与劳工之间的暴力冲突的讨论表明，他们的对立背后的驱动力是个人自主性的问题。农民和工人不仅是在捍卫他们的政治权利，而且是在捍卫作为男人免受有钱有势者盛气凌人的手段侵害的自我形象。自主性允许他们维护其家庭的荣誉。如果遇到了妨碍或变得依赖于人，他们就无法展现自己具有男性气概的豪壮之举。正如科利尔出色地论述的，他们的革命主义同其政治和经济需求一样，是男性气概形象的产物。西班牙南部尤其如此，但是，科利尔把这种政治意识形态和具有 49
男性气质的自我形象的混合物看作某样在地中海地区更为普遍的事物：

> 洛斯奥利沃斯的村民们坚持具有男性气质的自主性的理想，这种理想对地中海各个农业社会的财产关系和荣誉体系来说可谓典型……占据优势的男性通过持续重申这一男性气质，以及在保护自己的女人免受侵犯、对抗其他人以保护家庭荣誉的过程中展现肢体攻击潜力，挫败了种种挑战……因此，具有男性气质的自主性的理想让雇主和雇员之间的关系充满特殊的张力。在不得不服从他人的命令的过程中，

> 雇员毫无疑问承认了他缺乏完全的自主性，以及容易招致潜在耻辱的脆弱性。（同上：96—97）

依附于另一个男人已经足够糟糕了，但要承认自己依靠一个女人则更差劲。当然，原因在于，这把家庭纽带的正常顺序颠倒了过来，这反过来又破坏了男性气概的形式基础。比方说，正如希尔德雷德·格尔茨（Geertz，1979：369）所说的那样，在摩洛哥，*rajula*或者说男性气概骄傲（manly pride）的主要价值是“个人自主性和力量”，也即要主导和供养女性，而不是被女性主导和供养。事实上对男人而言，没有比在一个占支配地位的女人面前失去这种个人自主性更大的恐惧了。

在摩洛哥，那儿实际上有一种反复出现的焦虑，即男人将会臣服于一个强大的女性的魔咒，此女是个能将他永远诱骗住的恶魔般的勾引者，就像维纳斯诱骗住了唐豪瑟，抑或像喀耳刻那般试图征服奥德修斯，好让他忘记自己那具有男性气质的角色（Dwyer，1978）。心理人类学家文森特·克拉潘扎诺（Vincent Crapanzano）就一位摩洛哥男人写了一整本书，此人活在对这样一位恶魔般的女性*jinn*的恐惧之中。他告诉我们，这种焦虑十分普遍：“被女性征服这一主题——男女关系、性和婚姻的明确标准被颠倒——遍及摩洛哥的民间传说。”（Crapanzano，1980：102）在摩洛哥，就像在西班牙一样，一个男人必须完全而彻底地独立于女人，这是评判男性气概的一项必要标准。当他自己就像个孩子般具有依赖性时，他能为自己的依附者提供什么呢，如何能保护他们呢？性角色的倒换将妻子变成了母亲，从而颠覆了男人的地位和家庭单位，使他们都走向堕落和失败。

性分离

以上这些主题中的许多种——积极和消极、外向和内向、自主和依赖——都在地中海农村社区生活的物质情境中得以表达。民族志文献中比比皆是的对家庭生活的禁令将男性应该同女性确切无疑地分离这一要求表达得再清楚不过了。在许多地中海社会中（D. Gilmore，1982：194—196），男人和女人的世界是严格分界的。正如迪维尼奥（Duvignaud）在谈及突尼斯时所言，男性的领域和女性的领域是“两个没有交集的独立世界”（Duvignaud，1977：16）。男人受这种空间分离的道德习俗的驱使，白天离开家，径直闯进外面的危险世界冒险。一个男人若像洛伦佐那样白天躲在家中，马上会被认为是靠不住的。他的男性气质所处不当，从而会被认为是可疑的。一个真男人必须到室外的男人们中间，面对他们，震慑他们。比如，在塞浦路斯，和妻子孩子在家中逗留的男人，其男性气概会受到质疑：“他算什么男人？他偏爱和女人在家里待着。”（Loizos，1975：92）。在布尔迪厄（Bourdieu，1979b：141）描绘过的阿尔及利亚的卡拜尔人中，卡拜尔男人会由于同一个原因中伤一个喜欢待在家里的男人（a homebody）：“一个白天花了很大一部分时间待在家中的男人是可疑的、荒唐的：他是‘一个宅男’（a house man），他‘在家中育雏就像一只母鸡在歇着’。一个有自尊心的男人必须要让自己被人看见，不断使自己为他人凝视，直面他人，正视他人。他是男人中的一员。”因此，我们可以看到一个具有男性气概的形象，它把男人们猛地扔出家这个庇护所，掷进事业的驾驶舱。 51

另一个怪人

作为总结，我将描述另外一个来自安达卢西亚的负面案例来解释最后几点。丰迈奥尔有一位男子，他是一个臭名昭著的喜欢待在家里的男人，他的家人也因此承受着其后果。阿尔弗雷多（Alfredo）是一个面色红润的小商人，他的姓“蒂索”（Tissot）则不是一个卡斯蒂利亚姓氏（他的祖先来自加泰罗尼亚）。他是一个中年男性，经常久坐，在家门口经营着一个小杂货店——对一个做小型零售生意的男人来说没这什么非同寻常之处。但是，阿尔弗雷多的与众不同之处在于，他和妻子及两个成年的漂亮女儿住在一起，很少冒险走出家门。

在安达卢西亚，就像在塞浦路斯或阿尔及利亚一样，人们认为一个男人应该在户外自由地度过白天，相互拍背，热情招呼。这是一个街道、酒吧、田野（都是可以看见男人的公共场合）的世界。他不能给人以受缚于家庭魔咒之下、黏着妻子或母亲的印象。在外面的时候，人们也期待男人参与标准的具有男性气质的对抗活动：纸牌和多米诺游戏、喝酒比赛、攀比花销、吹牛竞赛、唱歌。虽然阿尔弗雷多清楚这些期待，但是他对此表示抗拒，正如他有一天向我倾诉的那样，因为这种交际是浪费时间和金钱——你不得不在酒吧花钱，你不得不为同伴的陪伴花钱买酒，而且不得不醉酒，寻欢作乐。你不得不在你的伙伴面前吹捧自己，并因此而气喘吁吁。所有的这些宴饮交际都昂贵而无趣，因此这个胖乎乎的杂货商在家和家人一起待着。晚上，他会看看书，看看电视，或者查查账。

就像镇上所有其他男人，阿尔弗雷多受到了舆论的严密审视，是一个有责任感的男人。虽然镇上的男人们勉强承认他有着敏锐的商业头脑（然而，据说靠的是他妻子的本钱），但是，他们不接受他对自己不合宜行为所作的没有说服力的辩解。作为一个不被信任的外族人的后代（加泰罗尼亚人被认为是一群工作狂、守财奴），人们已经预料他会表现出奇怪的态度，但是，拒绝加入男人们的公共世界，而更喜欢家庭生活，这招致了男性的愤慨。尤其是他对时间和金钱的吝惜态度，让人感觉是对社群中其他男性的侮辱，这是有预谋地脱离男性角色，而男性角色不仅要求供养家人，还要求在更广大的社会中有一定程度的慷慨之举。人们期待一个有手段的男人会自由地花钱花时间，以此支持他的社群。人们都说，这样一个男人欠着小镇一些什么。阿尔弗雷多的脱离行为有损他自己及其家庭的声望，他的家庭在公众的注视中也同样饱受痛苦。 52

一个炎热的下午，当我和一群朋友路过阿尔弗雷多的房子时，我的同伴们不经意地评论起他的古怪。“他算什么男人啊，”他们指着他那紧锁的大门，低语道，“把时间耗在家里？”他们怒目而视，将他比作一只母鸡。他们生动地解释着他那卑劣的隐匿行为，影射着某些可鄙的性格特征，比如品质低劣、自私自利。但是，除了这些微不足道的道德缺陷之外，我的朋友们发现了这个生意人乐于居家、偷偷摸摸、久坐少动背后真正令人反感的一点。他们暗示，其最重要的、更深层次的根本失败在于没能做男人（man-acting）。我的朋友们还在继续这一人身攻击，不再讨论能察觉到的事实，转而开始闲聊推测，这在讨论严重偏离常规的事物时很常见。当深入人心的惯例遭到违背时，人们认为明确的解释是有必要的。

然后，这些人告诉了我他们对阿尔弗雷多的猜疑。在他们的讲述中，我可以感觉到他们对他的焦虑明显有所缓解，因为他们刨根究底，已经找到了这种偏离正轨的行为的原因，故他们可以将这种原因作为替罪羊，一致同意用一种证实了他们自己的自我形象的方式对其进行排斥。一切全都被归结为阿尔弗雷多是一个失败的男人。就像在洛伦佐的例子中的情形，他那神秘莫测的内向将这一点显露无疑。在阿尔弗雷多的同伴们眼中，由于他退缩，怕老婆，蒂索一家丧失了性名望（sexual respectability），从性 53

功能的角度来说这个家庭必定是不正常的。因此，按照当地的标准，这种偏离的存在可归因于离经叛道的行为。由于阿尔弗雷多不是一个真男人，正如他的社区中的人们所认定的那样，因此，根据逻辑推演，他的女儿们都不可能是他亲生的。将一切归拢起来的解释（鉴于这个怪异的加泰罗尼亚人作为一个中等富裕的男人为人所知），即他是一个皮条客，为他妻子拉皮条，而他的女儿和财富都是他秘密招嫖的结果。因此，在这种丑陋的诽谤中，镇民们在观念上，可能不准确地，彻底反转了供养者和依附者的角色。而与此相关的受孕成功则被一种充满敌意的想象所取代。由于阿尔弗雷多不同男人们交流，可怜的他完全无法与这样恶毒的攻击作战，因此，他和他的家人得忍受着留给偏离常规者的侮慢和轻视。

假设阿尔费雷多是反常的，那么，他令人费解的性格特征就落入了“不是男人的男人”（the man-who-is-no-man）的既定秩序之中。比如，关于他下厨的问题。他以会在厨房帮助妻子和女儿切菜、剁肉等行为为人所知，做的是一些对男性的生理和肌肉组织来说完全不自然的家务。安达卢西亚人承认有专业的厨师，但他们是一些以此为生的男人，因此这些厨师仍然保持着自己对男性气概的主张。在家里，厨师甚至都不煮饭，而是由他们的妻子来做这些事情。但是，阿尔弗雷多据说出于自己那反常的意志热心地提供帮助。“他是个男人吗？”人们嘲笑道，“下厨，像那样在厨房里转悠？”安达卢西亚人坚信，男性和女性的生理构造是为不同的、互补的技能而生的。阿尔弗雷多确实在厨房里打过下手。从他邀请我去他家时（这种行为本身也是非同寻常的，甚至是偏离常规的好客），我就看到了。他从来不会在我面前掩饰这一会受到控诉的信息。我在这些场合逐渐对他了解起来。他是一个喜欢说教、乐于助人但有所挑剔的男人，他会指导我和我的妻子正确地准备西班牙风味的某些特色菜，为我们碾磨原料提供精准、往往还是强制性的指示，以便做出美味的西班牙冷汤菜（gazpacho）[①]。在阿尔弗雷多闪亮的厨房里，我学会了如何很快做好一份好吃的、尽管气味难闻的蒜茸汤。他总是盯着，使得每个步骤都以准确的顺序完成。比方说，面包总是在你加了醋之后下锅：这里不能即兴发挥。这个喜爱家庭生活的男人散发着母性的光辉，他为自己熟知当地食谱，以及我对他烹饪技艺的坦率称赞感到骄傲。

但是，他在街上的同伴嘲笑他，不屑于接受他仓促而就的借口。当我说起他时，他们厌恶地做起鬼脸，蔑视他和他那多余的妻子。阿尔弗雷多在他古怪的家庭生活中得到的平静的快乐，加速了他从具有男性气概的聚会和活动的撤离。这位内向的杂货商没能按照当地标准成功地做一个男人。这种失败反过来剥夺了他的家人的声望，把他们全都推入了名誉扫地的深渊，以致于，比方说，他的两个女儿都不得不在其他城镇找未婚夫。阿尔弗雷多的致命缺陷在于，他甚至没能让自己经受男性气概的考验。最具决定性的是，他没能做到分离：他的公共身份（public identity）因为亲近女性而模糊不清。他退缩到了家庭生活这个茧中，放纵地满足于美食和安逸享乐，不愿或是害怕踏入男性气概的危险战场。这种退缩让其他男人感到不适，因此他们从观念上阉割了他，夺走了他的家人的荣誉，使他们都成了出格越轨的人，从而消除了他们所代表的威胁。

但是，对其他男性来说，阿尔弗雷多是一个无止尽的讨论和争辩的对象。尽管他们会对此表示抗议，可他身上是否还有些方面，虽然也是令人厌恶的，在吸引着这些健壮的、性机能强劲的男人？抑或可能是他向他们展现了一些违抗权威的行为准则——兴许是没有受人瞩目地工作却也活得很好——引起了他们矛盾的情感，这些情感必须通过投射（projection）和否定（denial）来加以排解？要进一步探究这个问题，我们得暂且收住这一话题，转向另一个地方和另一种文化。 55

① 西班牙冷汤菜，往往用番茄、青椒、黄瓜等食材做成。——译者注

第三章 找寻男性气概：特鲁克岛

所有的男人都曾是男孩，而且……男孩总在寻找法子成为男人。

——詹姆斯·迪基[①]，《解救》

安达卢西亚的男性气概要求色欲和经济上的竞争力，以及“参与”行动、参加冒险的意愿。男性气概逐渐来到，慢慢加增；兴许，除了昭示两性步入成年期的婚姻外，不存在任何按时间顺序排列的标识。或者说，至少婚姻提供了一个机会，但它并非总被人抓住，正如阿尔弗雷多一例中的情形。

在西班牙，男性气概不会得到正式的承认。那儿没有投入仪式（investment ceremonies），没有可见的标志，没有谢幕。男性气概是被认同的而非规定的，它永远会遭到质疑，被要求每日都得到展现。一位观察家（Murphy，1983）曾把男孩的成年礼（passage）称作“无仪式的”、无价值的，以及无组织的——却遭遇重重压力。其他很多拉丁语系国家[②]及其伊斯兰教邻国同样存在这种矛盾。比方说在摩洛哥，戴维·哈特（Da-

① 詹姆斯·迪基（James Dickey，1923—1997），美国诗人、小说家，小说代表作即《解救》（*Deliverance*，1970）。——译者注

② 拉丁语系国家，主要有西班牙、葡萄牙、意大利和法国。——译者注

vid Hart）写道，青春期在社会上以“一种心照不宣的方式”存在，他指
出，“所有的穆斯林社会也是如此”（Hart，1976：124）。对存在一些 56
例外（参见第六章）的地中海民族来说，实现男性气概是一场个人探索
和考验的冒险，它由社会关系网，由启发性的而非象征性的意象来赋予
结构。

让男孩沉入水中或游泳是构成其成年礼的一种方式。其他社会则依赖各种各样的仪式，这些仪式沿着预先规定的集体途径（collective highway）指导男孩们。在本章中，我们将审视一个社会，特鲁克岛[①]，它像西班牙那样提供了很少的或不提供任何仪式性确认，而是让每个男人去寻找自己的路径。在第四章，我们将考察另一个这样的社会，巴西的原住民梅希纳库（Mehinaku）。随之，我们换一种方法，研究一些通过按照时间顺序排列的标记来庆祝男性气概的社会。无论是通过何种方式获得的，男性气概都与经历风雨、挑战试炼有关。

好斗的特鲁克人

如果你从地中海出发，绕上半个世界，你会发现自己正位于南太平洋中间的某处。因为那儿有着各式各样的小岛，这一部分水陆世界被称作密克罗尼西亚（Micronesia），一个微观世界（a place of microcosms）。在这些被人类学家马克·马歇尔（Marshall，1979）极富美感地进行描述的群岛当中，卧着特鲁克岛这一斑点大的地方，它是美国托管领土，二战后曾短暂由联合国管理。特鲁克岛是典型的热带天堂，虽然多少因为美国的工业垃圾而遭到损害，但仍然美丽而富饶。正如俚语所言，“你会慢慢喜

① “特鲁克岛”是便利的讲法。严格说来，正确的术语是“特鲁克岛群”，它包括整个环礁。——原注。

欢上”特鲁克，有时的确如此（同上：6）。

围绕着特鲁克岛的环礁在地质学上颇为复杂，在世界范围内都显得独特，它是由巨大的、在亿万年的时间里逐渐沉入周边海洋的火山山脉的坍塌所致。长在山脉隔风墙上的，是成片围绕特鲁克泻湖（Truk Lagoon）的珊瑚礁。十几个浮出平静海面的人烟稀少的岛屿，仅是这一曾经巨大无比
57 的火山峰顶边缘的残余。特鲁克岛在视觉上引人注目，色彩艳丽，是展现男性气概的悦人的自然舞台，而男性气概是由人演绎的、事关生死的一出大戏。

该泻湖内的环礁诸岛屿中有一个叫作摩恩（Moen）。它涵盖了正好7平方英里的土地，该岛多数地方都是近乎垂直的地形，最高的山峰超出泻湖所处海平面1214英尺。摩恩岛处于相对来说狭小而偏远的土地上，对特鲁克人来说是一个地区中心，活动的核心地带。它的人口，自美国于1945年接管以来有了显著增长。在二战前，摩恩岛上只有2115人。到1967年，这一数字翻了不止一番，6年后的1973年人口更是再次翻了将近一番，足足有9562人（Kay，1974）。在20世纪70年代后期，马歇尔给出了一份人口估计，认为共有11000岛民（Marshall，1979：7）。看起来，相对于更为偏远的岛屿，摩恩岛是一个欣欣向荣的社群。

特鲁克人曾经是个部落民族，他们如今已经适应了西方的文化之道，但仍然保留了他们的原始亲属关系系统（kinship system）的残余。他们实践着传统的母系继承方式（matrilineal inheritance），住在扩大了的母系氏族当中。氏族关系对他们来说依旧至关重要。正如我们将会看见的那般，它还在他们的男性气质概念中扮演着一定角色。

作为文化人类学领域中的一个生手，旱鸭子马克·马歇尔在20世纪70年代来到了摩恩岛，以便研究喝啤酒对特鲁克族的青年有何影响。酗酒自20世纪初就已经被确认为在年轻的岛民中存在的一种慢性社会病（social

pathology），他们中有很多人在二十岁出头之际就屈服于它那致命的影响。多数年轻的男人都经历过一段过度饮酒的、混乱的青春期。在该文化中这实际上是男性生命周期的一个根深蒂固的必要阶段。更糟糕的是，当他们通常在周末饮酒时，会陷入暴力混战，往往会使用棍子和匕首，以及看起来赋予了他们想象力的功夫踢（kung fu kicks），从而造成严重的伤害。因此，马克·马歇尔那本论及特鲁克族的专著的名字就是：《周末战士》（*Weekend Warrior*）。这些青年中的多数最终会克服他们早先对酒精与暴力的瘾，认真经营建设性的家庭生活。但是少数没能做到这般的人， 58
则给自己和岛屿管理造成了大麻烦。有趣的是，多数年长的男人与任何年龄段的女人都会避开喝酒；此外，他们从不会诉诸肢体暴力，因此治安的问题局限在年轻的男人身上。马歇尔作为一个专攻饮酒在文化中扮演何种角色问题的专家，而且自己也酗酒的学生来到了摩恩岛，他希望在更为广泛的文化中解析出酗酒的原因，兴许还有助于改善之。正如常常发生的那样，他有所改变，成了一个更加智慧的男人。

当马歇尔于1976年离开摩恩岛时，他研究的焦点发生了改变，因为他已愈发清楚酒精在全体特鲁克人的生活日程中扮演何种角色。在该环礁上度过几个月以后，马歇尔成了特鲁克男性气质概念方面的专家。他发现，那儿的人们迷恋于男性气质，还发现，如果不先对成为一个男人对特鲁克人来说意味着什么有恰当的理解，那么，他便无法研究其文化的任一方面。他起初准备好在失范状态、无业状态中发现饮酒的原因，抑或其他任何通常的解释，但是他发现根源在于特鲁克人对“普瓦拉”（*pwara*）的崇拜，普瓦拉是当地指称男性气概的术语。饮酒不是目的，而是通往男性形象（male image）的踏脚石。“普瓦拉”这个概念并不必然伴随着饮酒的成分，它在世界其他国家或地区也得到了回应。马歇尔评论道（Marshall，1979：56），在很多方面，它同西班牙、拉美，以及地中海诸岛的大男子主义（machismo）相似。对我来说，这些无法摆脱的对西班牙文化的呼应是成为迈向男性气质问题的第二步。

管窥历史：特鲁克与世界

如今，年轻的特鲁克人是具有男性气概的酒徒和斗士，但搁在过去，他们是残暴的战士。他们为了荣誉与战利品起内讧，而且他们还会迅速了结任何因船只失事而不幸流落至该岛的无助的西方水手。他们作为“令人敬畏的霍格洛（Hogoleu）”，也即毫不仁慈的杀手的名声远播岛外（同
59 上，1979：37）。在过去，这一习惯性暴力是岛上男人建立名声的主要途径，也是他们宣称自己具有男性气概的主要后盾，他们通过战场上的功绩对它予以强化。虽然对英勇行为的强调为后续的一切铺平了道路，但是放在这些更为和平的时代，它的表达发生了变化。

与西方的联系要追溯至1565年。那一年，“圣卢卡斯”号（*San Lukas*）暂时停靠码头进行快速侦查，西班牙人与这个遥远的岛屿建立了联系。他们以西班牙王室的名义宣称自己对该岛拥有主权，按时记录在官方档案里，但他们从来不曾拓展自己认定的占有地或定居于斯。紧随这一探索的是，特鲁克人在250年内都被幸运地忽略了，直到曼努埃尔·都柏隆（Manuel Dublon）于1814年在双桅船“圣安东尼奥”号（*San Antonio*）上发表了一通简短的声明；这次拜访对当地文化并未产生任何显著的影响。故西班牙的影响无足轻重，除了纸面上的之外。特鲁克人自行其是，直到欧洲帝国主义在19世纪晚期达到全盛。在那个节点，渴望殖民地的德国人涌了进来，结果不久却为日本人取而代之。截至1900年，先前纯真的岛民通过与水手和商人之间的零星交流，得到了朗姆酒和其他酒类饮料，这些水手和商人也是无所顾忌，他们竟然同令人敬畏的本地人以物易物。

在1885年正式吞并特鲁克岛以后，德国人证明了自己与他们缺席的先来者相比，不那么自由放任。在成功殖民了自己这块新地盘后，他们用严厉的治安措施根除了当地的战争。他们还凭借武力安顿下来，剥夺了环礁上丰富的磷光体与椰仁干沉淀物。在这个时期，一波又一波来自各个国家与宗派的西方传教士直面将特鲁克人基督教化的挑战，致力于根除种种有害的当地实践，诸如突袭、猥亵，以及饮用烈酒。他们都取得了不同程度的成功：如今，所有的特鲁克人要么是天主教徒，要么是新教徒，而且多数人在性关系方面都很适度。但是年轻的男人继续饮酒过度。在第一次世界大战之后，日本作为胜利者在太平洋上的盟友，取代了德国人，把这些岛屿作为战略飞地，直到他们在第二次世界大战中败北。不久以后，美国 60
人来了，带着电视、棒球，以及啤酒罐。正如你从这一切能推测的那般，特鲁克岛有着一段同文明邂逅的浮沉历史。

男性与女性的生命周期

即使不考虑证明一个人男性气质的压力，特鲁克人的生命周期也提供了一条抵达这一目标的模棱两可的途径，使它的实现变得困难重重。早先，在特鲁克人那里，男性与女性并不是多重要的概念。任一性别的婴儿都或多或少被目为中性。特鲁克人的语言此时还没有给性别贴上标签，只为婴儿提供了一个通用术语，“摩努肯”（*monukön*）（Marshall，1979：84）。特鲁克人实际上直到三四岁的时候，方才严格区分了性别，婴儿则不会因为性别而得到很大程度的差异对待。然而，从四岁开始，一切都迅速地发生改变，从事与性别相宜的活动的压力堆积在了两性身上。

那时，孩子们开始以不同的方式社会化——一个在刻板的维度内逐渐展开的过程。当他们成长时，孩子们会在混合了两性的（mixed-sex）群体中玩耍一阵，但是，当临近青少年时期，他们便开始因为性别隔离（sexual segregation）而遭遇强行的约束。在青春期，男孩与女孩或多或少开始转型成合宜的年轻成人范畴：在特鲁克人的方言里，年轻男人是“阿努恩”（*anuön*），年轻女人是“法普温”（*faapwin*）。在这个节点上，与异性的公共互动变得非常受限且得小心谨慎，因为两性都在父母与社群的压力下开始经历剧烈的分道扬镳。通往男性气概的道路（以及通往女性身份的道路）开始对他们发出召唤。

当对两性的身体隔离继续进行下去，工作、教育、道德价值观，甚至是男性与女性的所言所思，都开始了一个彻底的角色分化（role differentiation）进程。当年轻的男孩到达青春期时，人们期待他们参与涉及“力
61 量与潜在危险”的费力的经济活动（同上：84），包括深海捕鱼、攀爬到高大的面包果树上采集果实，以及诸如此类的活动。女孩与年轻的女人则协助准备食物，但是从不参与这些谋求生计的活动，它们被认为对女性来说太过危险。当女孩在学着烹煮、缝补，从事其他家务时，男孩在学着战斗，在村庄与乡间自由自在地漫游，寻找兴奋与刺激。

我们在部分地中海社会中看到的在性领域内相同的概念性区分，在这里也存在。特鲁克女人，据称有着“脆弱的思想”（weak thought），人们期待她们会顺从，鼓励她们避开风险，躲掉危险。这意味着她们不得不靠近家宅，实际上大部分时间都待在室内。而男人们则由他们的“强健的思想”（strong thought）推动，动身前去征服恶魔，女人们就端坐在家里。“男性气质是公开而自信的，女性气质是私密而默认顺从的”（同上：83）。

男青年从13岁起开始饮酒，而且总以群体形式出现。“真男人”不仅应该喝酒，而且要喝得烂醉。他们也开始抽烟——这两项嗜好完全排除了女孩。当男孩到了十五六岁，他们开始参与周末的打斗，并且直面危

险，其对象势必为其他男孩和大自然。看起来，男孩应当开始寻找机会展示强健的思想。这一强健的思想，也被唤作具有男性气概的思想（manly thought），我们还会再次听到它，它需要的是一种具有攻击性的、带着冒险意味的勇气，在公开的大胆之举中得以彰显。看起来它主要包括寻找挑战、用肢体迎接胆大妄为的风险，以及成功打出立竿见影的拳头。在强健的思想中，最重要的是它的竞争性要素，也即待在或靠近社会顶端的要求（同上：58）。要变得强健，一个特鲁克男人必定不能被另一个人胜过。在特鲁克人的眼里，一个真男人在任何活动中都必定不能被人超越，或缺少别人拥有的任何东西。强健的思想表达了贯穿特鲁克文化中普遍存在的平等主义（egalitarian）涌流。“通过强健的思想及其在英勇行为中的展现……个体至少证明了自己与他人一样优秀（而理想的情况是，还要 62
更优秀一点）”（同上：58）。因此，个体避开了挑战以免输给别人，那就丢掉了面子。与此同时，女孩们通过对那些凭借打斗与竞争证明自己是真男人的青年投以青眼，从而在努力表现好斗的男性气质的过程中彼此合作。

强健的思想包括一种匹敌或胜过其他男人的毫不迟疑的决心，尤其是在牵涉任何种类的肢体风险或挑战的时候。竞争性的饮酒便是这样一种风险重重的事业，但它只不过是“更大的具有男性气质的冒险情结”的另一部分（同上：58）。除打斗之外，其他这般具有挑战意味的追求包括赌博、在运动上一决胜负，以及物质财富方面的比拼。物质上的高人一等（material one-upmanship）极其重要，因为特鲁克人非常喜欢同邻里攀比。实际上，该文化中有着无处不在的贪婪压力（acquisitive strain）。鉴于有这么多年轻的男人力求构建公共形象，在任何此类身体上的或经济上的交锋中势必有胜者和输家。当一场围绕地位的打斗或竞赛展开时，某人会被对手击败，并遭到羞辱；他必须在后来力图弥补自己的地位。马歇尔

（同上：60）解释说："当存在为物质产品的占有而进行的、能展示具有男性气概的思想的比拼时，那些无法买下一辆新车、一艘汽船、一个宝丽来相机，或一块昂贵的潜水手表的人，就败给了那些买得起的人。当一个人所在的世系或地区的一名成员遭到羞辱，被人揍了，或以别的方式给外来人虐待了，这事必须要摆平。"

特鲁克人的男性竞赛因而要求以永不终止的螺旋式上升的方式获得财富，打斗和饮酒亦复如是。同样值得提及的是，男性的好斗性（male bellicosity）包含了群体忠诚（group loyalty）这一强大的要素，后者倾向于在其展示过程中促进亲属团结与富足。所有这类针对消费品的竞赛，不仅会让那些赢得声望的人获益，而且还让他的整个世系获益，因为后者作为一个集体会分享其成员的财富与地位。实际上，马歇尔小心翼翼地强调了特鲁克人的男性竞赛的集体性关注的一面，并把它们放置在传统的宗
63 族对抗（clan rivalry）的历史语境当中（同上：61）。他把特鲁克人的世仇同美国民间传说中哈特菲尔德家族与麦考伊家族之间的世仇[①]进行了比较，他指出，在土著特鲁克人中跨世系、跨地区的战争由氏族之间的拉锯战（a seesaw battle）构成——并不仅仅是单打独斗——从而来维持胜人一筹的状态。当另一方占据了优势，个体只有等到复仇大业全部完成时方可休息。这一世仇心态与证明个人、世系以及地区名声的需要结合在一起，在今日的特鲁克人中仍然强劲有力。"一个优秀的人会帮助他的亲属，尽可能地展示出勇气和具有男性气概的思想。在传统上和在当下，一个人的权利主要是通过此人能从自己的亲戚那儿集合到的支持力度得以施行的。一个人若是来自一个有着勇气之名的世系，他被招惹的可能性会更小。"

① 哈特菲尔德家族（Hatfields）和麦考伊家族（McCoys），住在西弗吉尼亚州和肯塔基州边界的两个家族，1863年至1891年间，两个家族因为种种矛盾发生了持续的械斗，这段历史也叫作"哈特菲尔德－麦考伊宿怨"（Hatfield-McCoy feud）。——译者注

（同上：161）通过对大量暴力个案的研究，马歇尔让男性世仇所具有的团体性一面变得清晰起来，在这些个案中，主角倾向于群体打斗，而群体的团结取决于氏族或地区认同。战斗因而遵循“原始亲属忠诚”设置的路线，强化原生的纽带和氏族的界限。这一世仇型冲突的集体性关注当然并非特鲁克人独有。正如我们从地中海的材料中见到的，以及我们顺便提及的其他地区的情况那般（Schneider，1971；Black-Michaud，1975；Meeker，1979；Boehm，1984），在男性的自信与分裂的世系组织之间，或与对称的团体单元（corporate units）间的地方世仇之间，显然存在着某种联系。当我们审视东非和新几内亚时，我们会看到更多这样的证据。

特鲁克人的特殊性在于，“普瓦拉”（男性气概）的暴力是一个完全局限于青春期的暂时阶段。婚后，30岁左右，人们就期待特鲁克男人超越先前的痛饮，专心扮演起一个成熟而负责的丈夫兼父亲角色。他性格中的攻击性仍然存在，但找到了其他更为冷静的出口：生殖、学习、对长者的尊敬，以及事业上的成功。显然，“普瓦拉”是一种为了具有挑战性的、高要求的男性成人期做准备而进行的基本训练，它本身并不是目的。 64

最终，在指出特鲁克文化中富有攻击性的男性与沉默寡言的女性之间的差异后，马歇尔通过一系列的二元对立总结出了这些范畴（Marshall，1979：85）：

男性	女性
公开的	私密的
自信的	默认的
直面危险	回避危险
冒风险	躲风险
右手/强健	左手/虚弱

强健的思想	脆弱的思想
应当抽烟	不应抽烟
应当喝酒	不应喝酒

这里或许存在某些过度简化，正如在严格二元对立的文化特征构成的概念库中普遍见到的那般。然而，到他们16岁或17岁，男孩和女孩就把这种二分的价值混合进自我认同的内容之中。男孩已经学会打斗、竞争，以及收集消费品，女孩学会了缝纫和烹饪。青年们已经从中性的开端中脱离出来，很好地沿着通往特鲁克人的男性气概的艰难之路发展下去。

身为一个男人

不存在这样一条线，一旦越过，就会赋予人男性气概。在旁观者的眼中，这个门槛是一条模糊的分界线，总需要考验。正如马歇尔所言（同上：93），特鲁克青年必须一遍又一遍地在公共论坛表明其强健的思想的纯洁，"竭力"避免看起来如女人一般。仪式没法帮到他们：他们没有成长序列或庆祝仪式；他们也没有女孩那种按时间顺序排列的标志点，她
65 们在月经初潮时就正式成为女人（同上：65）。他们得根据自己的节奏行动，希望共同体能注意到并加以赞许。

最重要的是，他们要求达到的是在实际日常生活中展现的文化上的竞争力或效率。这里存在着各种各样的语境，其中除了打斗、积聚消费品，以及捍卫亲戚外，男性全能（male omniproficiency）还必须得到展现。马歇尔评论道，男孩必须开始发展其作为演讲者的口头技巧或力量，通过掌握正规教育的知识和（或）在经济上得到有薪水的聘用（wage employment）来展现他们的博学，并且开始为人父，拥有大量成功的风流韵事

（同上：97）。

除了强硬和勇敢外，人们还期望一个真男人尊重长者和女人。实际上，仅次于勇敢，“‘莫索诺森’（*mosonoson*），即‘尊敬’（respectfulness）这一特征受到高度尊重”（同上：57）。对一个男人来说，教育上的成功也很重要。特鲁克人找寻并最为钦慕的诸多品质之一，是“蒂佩钦”（*tipechem*，博学或聪颖）。如今，展示这一特征的主要方式是在正式的教育系统中获得成功，并因此基于个人的教育技能获得一个值得拥有的政府职位。马歇尔补充道（同上：60）：“未能变得蒂佩钦，也即‘蒂布罗克’（*tiperoch*），‘没有接受过正规教育或无知’，这是一种会给自己和家人带来耻辱的情形。”

除了这一对掌握技能和尊敬长者的普遍号召外，特鲁克人的男性气概还牵涉其他更富有表现力的行为急需品[①]。它们已经由马歇尔及其踏上特鲁克岛的前人，约翰·考伊（Caughey，1970）和沃德·古迪纳夫（Goodenough，1949）充分描述过了。他们提到的第一件事就是，男人应该保护并捍卫女人和依附者，使其免于所有的危险。特鲁克男人对他们的女人，保护欲可谓强烈，几乎可以说到了痴迷的地步。自从首次与岛群取得了联系，访客们就对这个事实留下了自己的评论。首位写下个人印象的外国人是俄国游客弗雷德里克·卢特克（Frederic Lutke），此人于1828年待在该地区。拜访期间，他和他的水手们遭到岛民们的警告，得离女人们远远的，警告者措辞感情强烈。他们待了一个月，只有一次被允许同两个女孩进行简短的交谈。卢特克对特鲁克男人对女人的这种“奇特的捍卫”困惑 66
不已，无法解释（Marshall，1979：82）。

① “行为急需品”，原文为behaviorial desiderata，此处为直译，其中desiderata是拉丁语词汇desideratum的复数形式，意为迫切需要得到之物，“行为急需品”即指迫切需要付诸实践的行为。——译者注

10年后，1838年，当法国探险家迪蒙·德维尔（Dumont d' Urville）登上特鲁克环礁时，他的水手们困惑地发现，村子里只有男人在等着他们。多数女性，其中一名官员写道，必须躲好或赶在外国人到来前去往另一座岛。如前所述，特鲁克男人对他们的女人的挂怀，并不一定暗示着他们此前同满脑子想着强奸的外国水手有过不开心的经历，这是因为特鲁克人倾向于保护他们的女性，即便放在今天此类危险不再构成威胁时也是如此（Hezel，1973：59）。

排在这种对女性的保护之后的，是特鲁克人对拳头与强硬的强调。年轻的特鲁克男人觉得他们必须彼此作战以展现勇敢，从而“在肢体战斗中证明男性气概”（Marshall，1979：97）。一个咽下羞辱的男人根本就不是个男人。常见的煽动战斗的方式是旁敲侧击：“来吧，你是一个男人吗？我如今来取你的命了！”（同上：92—93）。一个拒绝此类邀约的男人会受到如此刺激：“去吧，穿上一个女人的衣服吧！”（Caughey，1970：45）。看起来最重要的不一定是赢得战斗，虽然那也重要，而是准备好参与或回应挑战，以及展现出对疼痛的漠不关心。一个真男人对自己受伤毫不在意，一看见自己的血液便发笑。在战斗中，无论取胜或失败，若他在战斗白热化时勇敢地表现了自己，那么，他便证实了自己对男性气概的主张，同时还维护了他所在的群体实力强大的声誉。光荣的战败本身并非丢面子；看起来最要紧的是展现出接受打击、流血的意愿。瘀伤和疤痕只会增加一个男人及其世系的声名。

因为过度饮酒能给予他们勇气，麻痹他们的感官，它通常是打斗必需的开端。饮酒，往往狂放不羁，这在特鲁克年轻男人中得到高度重视，被
67 人目为健壮（ruggedness）的表现。不喝酒则表明不愿面对风险，不愿玩玩死亡游戏，不愿“变得具有男性气概”（同上：91）。接着，喝酒成了具有男性气质的姿态的润滑剂，是其促进者抑或催化剂，而且在象征的层

面上，它还是维持一份具有男性气概的声誉的信号，因而也是一种警告。

拳头：一个例子

此时此刻，让我们来审视关于特鲁克人周末打斗的诸多例子中的一个。该例涉及一个来自摩恩岛的年轻斗士，马歇尔称其为“拿破仑”（Marshall，1979：72—73），原因很快就会清楚。虽然很多特鲁克男人身材高大，而且几乎全都强壮结实，好斗的“拿破仑”却身材矮小，不够结实，而且年纪轻轻（年方二十）。他，或许远较其他人，更不得不证明自己的男性气概。人类学家马歇尔有一天遇到了他，“拿破仑”当时脾气暴躁。那是一个星期日的下午，“拿破仑”业已微醉，先前，他一直和其他几个人在村郊大口喝着杜松子酒。

“拿破仑”已经在爆发的边缘了，当他的姨妈当着几个女人和孩子的面责备他喝了酒时，他公开哭起来。在这一羞辱性的受教训过程中，这个年轻的男人，被人瞧见了他颤抖不已。突然间他站起身来，走过了20码，来到一个地方，那儿有一群清醒的男人正在几棵椰子树下坐着。“拿破仑”走近这个不会冒犯到他的群体，在他们当中选出了唯一年长者，此人在45岁以上，身体发福，从一个遥远的地区入赘[①]这个村子，而且他是一个敌对氏族的成员：

> 未受到挑衅的“拿破仑”走向了这个男人，朝他的胸口就是一击。这个男人感到意外，但并没有目瞪口呆，他没有回击，该群体中一个与“拿破仑”有亲属关系的年轻男人试图让“拿破仑”离开……群体中另一个年轻男人——刚刚遭到击打的那人的一个氏族兄弟——

① “入赘”对应的英语原文为married into，这里仅仅指此人通过婚姻关系进入该村，而无“入赘”一词在中文语境中往往带有的歧视色彩。——译者注

> 对他的这一厚颜无耻的击打行为忍无可忍，与“拿破仑”扭打起来，
> 68 只一会儿工夫，他就把“拿破仑”举到空中，狠狠地把他摔在地上。
> “拿破仑”躺倒在地，不住呻吟，都要喘不过气来了。（Marshall，1979：73）

停顿片刻后，“拿破仑”的几个酒伴赶来介入，帮助他们的朋友站起身来要带他离开，而他还在尖叫着说要对那些他攻击过的人复仇。“拿破仑”充满暴力地摆脱了自己的忠实伙伴，对着空气诅咒与威胁，他撕开自己的衬衫，一扯两半，还把它扔在地上，大声叫嚷说，他要拿把刀，把那个刚刚打过他的人切成块。最终，当这个暴怒的青年冲往自己家中去拿他许诺过的武器时，一直都在旁观的女人们告诉那群遭到攻击的男人们得离开了。他们的确离开了，从而结束了这一迷你戏剧性事件。

马歇尔对这一幕的描述暗示着，“拿破仑”在被一个年长的女人，他的姨妈责备以后受到了刺激，陷入了一种不服约束的暴戾状态。在一位女性那里遭到公开的非难以后，他被弄得看起来幼稚无力。受到羞辱的他被迫通过支配一位来自另一地区、体型更大的男性以补偿他那男性气质的自尊（masculine self-esteem）。他主动挑起了一场他知道自己无法赢下的战斗。他的对手痛苦地经受了考验，对手所在的氏族保卫了他，战斗迅速地升级为一场氏族对抗。对所有涉身其中的人来说，“拿破仑”的本能动机并非获胜，而是通过在龙蛇混杂的观众面前展现勇气抵消对自我形象的伤害或假定的伤害。单单袭击某个人就足够了。

马歇尔提供了其他不可计数的此类“传递信息”的打斗（message-fighting）。在一个案例中（同上：77），一个男人在一场匕首交锋战中被扎得很深，尽管静脉伤口那儿流血不止，他还是因为拒绝了医疗救护、蔑视痛苦而得到同龄人的赞扬。他的自制得到了普遍赞扬这一奖赏：“其他

人带着钦佩把这种默默承受痛苦的行为看作大胆和勇敢。”伤痕如斯，是周末在战斗中光荣地留在身上的；伤痕可能是自己造成的，也可能是在战斗中赢得的。比方说，在过去，特鲁克战士们常常通过缓慢而招摇地割伤 69
自己的手臂来展示他们那份坚定的勇气，从而恐吓住对手。显然，比起获胜，他们更在乎让敌人印象深刻，因为伤害他们自己并不能增进他们的战斗能力。一个好斗的伙计，马歇尔的一个信息提供者，“他的手臂上有一个大大的伤疤，他因为它极其自豪”（同上：77）。读到这一切，读者可能会情不自禁地想起19世纪和20世纪初，普鲁士和奥地利的青年们展示出的决斗伤痕。这些伤痕也为人所炫耀，充当证据，不一定是获胜的证据，而是勇气与自律的证据。在其他很多文化当中，战斗创伤或伤痕同样是男人的红色英勇勋章，男性气概的象征。它显示出对个人创伤的蔑视，所有大胆的伟业都基于其上。胜利自然有帮助，但并非必要。据约翰·考伊所言，“经典的‘普瓦拉’考验是一项战斗的挑战。拥有‘普瓦拉’的人在这类情形中毫无畏惧。据说他通过对自我保存投以无情的蔑视，来引导自己……‘他没有显示出对人、匕首、痛苦，以及死亡的畏惧。他没有显示出对任何事物的畏惧’”（Caughey，1970：17）。

正如我所言，这些特鲁克人的战斗往往在不同村庄、世系或地区的男人之间爆发。另一方面，对近亲的侵犯“遭到禁止”，而且很少发生（Marshall，1979：74）。总而言之，这类打斗不仅证明了个体的男性气概，而且还增强了“他的世系或所在地区在面对他者时具有的强有力的名声”（同上：74）。在这个意义上，战斗增强了整个群体的防御立场。同样，普鲁士人的决斗并非仅仅是逞强，而是让年轻的男人们为后来人生中高要求的军事角色准备就绪。

各种阐释

马歇尔对特鲁克人的这种好斗进行了沉思，他做出了一项并不非常让人意外的社会历史阐释：在特鲁克岛上，打斗是非法战争和突袭的替
70 代品，而那些行为是过去特鲁克的青年们冒险玩玩“死亡游戏”，进而赢得他们的男性气概的方式（同上：91）。如果接受打斗那些明显的特征，这便看似合情合理。应补充一句，打斗还是一个让女孩印象深刻的手段，先前是在战争中，如今是在拳头上，她们因为青年们暴力的功绩而深受触动。举一个例子，在一场相当残酷的遭遇战之后，马歇尔听闻三个年轻女人“带着兴奋与钦佩”谈论那场战斗（同上：91）。自然，这种女性兴趣（feminine interest）都投在了男孩身上，后者把公开的战斗视为征服的手段。

在德国殖民统治时期，除了战争被禁止之外，特鲁克男孩在追求证明自我的过程中还面临的一个问题就是他们对女人的结构性依赖（structural dependence）。由于他们遵循母系亲属模式，要想在身体上逃离女性的控制，在情感上与母亲分离，特鲁克男人遭遇了某些困难。在遥远的过去，他们生活在男性社团当中，能不受干预地自豪地扮演自我主导的战士。如今，因为战争的消除，因为他们传统上随女方定居的模式得以保留，他们已经失去了这份传统上的独立，并且发现自己像“拿破仑”那般欠年长女人的恩惠。如今，常见的情况是，在结婚前，男孩会跟他们年长的姐姐、姨妈，以及母亲住在一起，他们感觉自己依赖女性，被她们团团包围。正如以上典型的“拿破仑”的例子所示，打斗显然算是他们所选择的维护自己那份遭受威胁的男性气质骄傲的一种方式。这通向了考伊所说的特鲁克男性的“矛盾地位”。获得独立的努力则通向对炫耀式的、显然是补偿性的冒险行为的崇拜。

“普瓦拉”中的经济要素

周末醉酒打斗当然是该岛上男性气概最引人注目的标志，但是把其他更合群的方面牢记于心也很重要。正如我们已经看见的那般，特鲁克人的男性气概还源自世俗追求方面的竞争力，而且这在获得名声方面也很重 71
要。由于岛上资源的稀缺和高度竞争性的精神，这种实际能力要求包括一定程度的道德勇气。正如马歇尔的说法所示，对一个特鲁克男人来说，建立“作为一个有竞争力的男人的名声，在大特鲁克社会（Greater Trukese Society）中本身就是一项冒险的事业”（同上：59）。原因在于，经济成功的途径极其有限，而且男人必须争取可获得的事物。正如在其他这般资源匮乏的环境中那样，成功无法得到保证，他们必须持续地在斗争中求索（同上：59）。这种对包含冒险色彩的经济成功的认同基于岛上生活物资的有限性，后者要求远近各处的男人们都得通过在竞赛中胜过他人的方式来谋生。

在殖民时期以前，男人们为了拿下战利品而打斗、死亡；他们还不得不从事危险的深海捕鱼远征，以便养活他们的家人。尤其是对远离中心地带的岛民们来说，比起在特鲁克环礁，在他们那儿，航行与导航更为重要，参与远海的独木舟之旅是频繁使用的显示能力的方式，而它能够授予男性气概。如今，男人们通过驾驶舷外装发动机的船，从特鲁克主岛出发，抵达诸如纳玛（Nama）或洛萨普（Losap）这般遥远的地方，延续了这一英雄传统。“比起航海的独木舟，这些船远非适航，而年轻的男人们往往带着有限的燃料、单单一个发动机就踏上了旅程，没有桨或帆，除了液状提神剂，船上别无其他……，乘一艘小船在远海冒险……以展示勇气。特鲁克男人还忙着进行其他好几项危险的尝试……在皮斯－洛萨普岛（Piss-Losap）上展示勇气的一种方式，即在深水通道中、在大鲨鱼常常出没的暗礁之外地带用鱼叉捕鱼”（同上：59）。

显然，这类蔑视死亡的传统，包括戏剧性的殴斗那一幕，在这个社会中有过并仍然有着功利价值。虽然行为与后果的相关性无法成为对这两者中任何一方的完整或充分的解释，适应值（adaptive value）却肯定是对这一蛮勇（daredevil）传统的任何解释中的一个必需的部分。男人们有着很
72 高的生产目标，后者由他们的文化设定。这些目标必然包括危险，而男性气概意识形态鼓励毫不迟疑地接受这类挑战。如果一个男人拒绝了这一养家糊口者的角色，他会被说成是无用的，被说成跟个女人或孩子似的有依赖性（Caughey，1970：69）。在鼓励冒险和忍耐痛苦的过程中，“普瓦拉”显然是对生活的严酷性的准备。

性与婚姻

打斗、饮酒，以及蔑视海洋，并非特鲁克人仅有的男性气概衡量方式。一个特鲁克男人还必须在另一角斗场证明自己的能力：性。这一性要素使马歇尔想起某些地中海国家的男性气质荣誉：“出于证明自己是一个有着男性气质的强壮人物的需要，特鲁克男性要设法在性的层面上征服女性，以显示自信……每个特鲁克男人带有的名声，并没有与那些在‘大男子主义’占据男性气质价值主导地位的国家当中人们所发现的‘荣誉’（honor）或‘面子’（face）等概念有所不同。”（同上：90—91）

为了在性活动中保住面子，特鲁克男人必须是发起者，完完全全掌控一切。性活动的成功全部取决于他的表现；在每一桩风流韵事中，他都受到考验。就像安达卢西亚人和意大利人，一个特鲁克男人必须拥有强大的性能力，拥有很多爱人；把他的性伙伴带至高潮，一次又一次。有趣的是，这种色欲能力再次是以一个无关爱意或是魅力的习语得到表达的，

它完全关乎纯粹的身体能力。如果他没能满足那个女人，她会嘲笑他；他羞愧于自己的软弱无能。沃德·古迪纳夫（Goodenough，1949：619），马歇尔在特鲁克岛上的前辈曾经写道，“交媾往往会被比作一场比赛，其中，先到高潮的伙伴会被说成是输给了另一个。男人们都说，如果一个男人没能满足一个女人，那么她会嘲笑他。重要的是，他的失败表现会招致将他比作一个婴儿的种种嘲弄与羞辱。对一个表现差劲的男人的标准羞辱就是建议他‘吃点奶……就像婴儿那般’”（Caughey，1970：95）。 73

因此，就像打斗与养家糊口，性交对特鲁克男人来说也是一件冒险的事，一个要么获胜要么失败的问题，对胜任或不济的男人来说，它取决于他的器官“工作”得如何。更重要的在于，用托马斯·格拉德温（Thomas Gladwin）的话说，交媾是一场比赛，在这场比赛当中，“只有男人会失败，而非女人”（Gladwin，1953：308）。因此，男人必须尽其所能做到最好，但是，正如我们已经看见的那般，当在性层面谈到男性效用（masculine efficiency）时，单单持久力并非是唯一重要的。性能力必须通向婚姻、生殖，以及最终的初级群体[①]的扩张。养育很多孩子，无论婚内婚外，对特鲁克男人来说可谓具有男性气概的力量（manly strength）的重要标志（Marshall，1979：91）。沿着这些相同的路线，在传统上，一个男人能够凭借拥有一个以上的妻子并使其怀孕彰显自己的个人能力，尽管基督教的教义如今已经终结了特鲁克人的一夫多妻制。拥有不止一个妻子“表明了一个男人有着如此不同寻常的能力，以至于可以同时挑起好几套繁重的社会关系，或者，更好的情况是，他能够把习惯上对另一世系的从属关系转变为一种平等的抑或统治的关系”（Caughey，1970：226）。

① 初级群体（primary group），美国社会学家查尔斯·库利（Charles Cooley）提出的概念，指的是具有亲密的面对面交往与合作等特征的群体，比如家庭、邻里，它们被认为对个人的社会性和理想的形成具有重要作用。——译者注

海外的回响

特鲁克人的周末战士，在任何存在风险或者机遇的地方都如此专注于证明自己能干，这像极了安达卢西亚人和他们的大男子主义，以及希腊人和他们具有男性气概的自我。他们在经济追求、性，以及保卫依附者和社会界限等方面存在相似的对成功的要求。在他们的男性气概的蓝图中，也存在着个人调试（personal adaptation）与集体功用（corporate utilities）之间的相似联结。具有男性气概的男人的形象的对立面是还在吃奶的、做不了任何事的孩子这一负面例子。

马歇尔选取墨西哥人的男性气概作为单独的比较参照点。“普瓦拉”
74 与西班牙人的男性气概理想之间的相似点当然引人注目，至少是在表面上，在它对性的强调这一方面，但这种过度的男性气质（hypermasculinity）在其他很多社会当中都处于支配地位，并非仅仅是在墨西哥和西班牙，在这些地方男性气概仅以略微不同的方式得到了阐释。例如，特鲁克人曾经令很多人类学观察家印象深刻，因为他们跟好莱坞电影中刻画的美国人，尤其是西部人很相像。有这样一位作家（Mahoney，1974：32）就曾经记录下了自己对岛上酒吧里的气氛的印象，如下所言。有一两个晚上，他报告说，人们会意识到社会“电流”奔涌的瞬间：随着某个特定村庄来的人或敌对岛屿地区来的人进入酒吧，那里出现一阵沉默；当附近争论的声音突然大了起来时，抑或当一块岩石坠落在饭馆的铁皮屋顶上时，所有在场者都跳起身来，“准备要同某人作战，尽管他并不相当确定此人是谁”。

北美其他很少能跟牛仔传说的联系起来的地区，比如，阿巴拉契亚山脉地区或东北部城市的犹太人居住区，甚或还包括加拿大的乡村地区，与西部荒野（wild west）也具有相似性，它们都有自己的男性气质代码。诺埃尔·戴克（Noel Dyck），一位加拿大社会学家，曾经在加拿大的一个西部城镇，他称之为帕克伦德（Parklund）的地方探索了男性气质与酒吧打斗之间的关系（Dyck，1980）。在那儿的各个酒吧里，男人们参与了一种仪式化的“打架”，通过它，他们得以展现自己是真男人，正如在特鲁克岛上那般。他们的活动假设，一个男人的男性气质和价值的衡量方式是他在一场打斗当中“照看自己”的意愿和能力（同上：194）。一个男人不得不做自己必须做的事，他们声明道，这是一条明显的原则；那意味着要在遭到威胁或挑战时捍卫你自己。一个勇敢的打架者会被赞扬成一个“能照看好自己”的男人，然而，没能照看好自己的男人则会被奚落成是一个“鸡屎混蛋”，一块“污渍”，一个“小男孩”（同上：194）。一旦某个男人凭借参与并赢得几场打斗建立起自己作为硬汉的名声，其他男人就会尊敬他，并找他充当工作中的朋友兼伙伴——主要是伐木和其他需要力量与勇气的户外活动。打斗并非浪费气力，而是一个试验场，能够让 75
一个男人既获得名望又获得机遇；他对所有人表明，他“搞得定”，并且能照顾好自己。

正如在特鲁克岛上那般，打斗在加拿大是证明自己的一个早期阶段，它会被一个更具建设性的成熟阶段替代。戴克说，多数打斗发生在18岁到25岁的男人之间。这一阶段过后，多数男人安定下来，享受他们“硬汉”的地位，并继续前往酒吧社交、饮酒。此外，婚姻还标志着一个男人卷入打斗方式的变化。婚后，多数男人要么在酒吧喝酒时扮演非打斗者的角色，要么一起离开酒吧，以便履行他们对家庭的责任（同上：195）。戴克指出，男人的名声并非只基于他身体上的技能，还基于他的勇气、他在打斗过程中的公正，以及他在同其他男人打交道的过程中表现出的自信——这显然是在险峻的边疆环境中生存下去并获得成功所需要的性格特征。

这种在酒吧打斗获得名声的方式，可能在工业化的西方的蓝领亚文化中普遍存在，既包括都市，又涉及乡村（参见Leary，1976）。因此，特鲁克男人像极了其他健壮而具有攻击性的、也住在具有挑战性环境中的男性，而并没有不同寻常；这看起来指向了一种广泛存在的硬汉姿态，它通过威慑来阻止袭击。这种策略是一种好斗的策略，但是打斗仅为暂时的阶段，兴许会在后来通过阻挡威胁的方式消除暴力。当然，这种威慑的特质是男性气概的基础之一，在每一个能够发现男性气概的地方都是如此。但是，将回应一项挑战的意愿视为男性气概，正如在特鲁克岛、墨西哥，或美国西部发现的那样，在我看来仅仅是广泛分布的、男性在危险环境中的防御性姿态的一个夸大版本。虽然这些男性气概的炫目一面在文学中得到渲染，但它们只是表面特征，覆盖在严肃的社会义务这层基础架构之上。在这种姿态和自我促进之下，有着一种对男人报有实际期待的残留物，而各地的男人在某种程度上都肩负着这些期待。不该任由过分戏剧化的表现蒙蔽我们，而看不见一种受到重重压力的男性气概的深层结构，这种结构有着相似的目的：建立并捍卫界限。

可如今是时候继续前行了。特鲁克人的例子指向广泛分布在世界各个独立地区的有趣的相似情形。对特鲁克岛和地中海文化的观察，以及前面提及的好莱坞西部、加拿大的相似情形，使我们能进行比较思考，对个体男人与社会和自然环境的关系提出问题，并为我们提供了进一步探索男性气概的钥匙。人们无法摆脱这一印象，即关心坚定的男性气质形象（它宣告他们准备好要参与纠纷）的特鲁克人，不仅在美国西部、加拿大的草原，抑或北美东北部的某些部落，而且，正如我们将要看见的那般，他们将会在亚马孙雨林中部的一个仍处于石器时代的印第安人部落中宾至如归。作为一种姿态的男性气质的观念（sense of masculinity）如此引人注目，是因为它深陷矛盾、压力，以及威逼当中，这种姿态是一副面具，掩盖了对全能的追求及一种对独立自主的痴迷。特鲁克人的“普瓦拉”就像一件不合身的大衣，青年们穿在外边松松垮垮。青年们经历着永无止境的焦虑，并非担心失败，因为那是考验的一部分，而是担心外在的面具会突然间坠落，暴露出里面那个正在颤抖的婴儿。 77

第四章　表演焦虑：梅希纳库

你的母亲的儿子！那倒还是事实，而且你是你父亲的影子；女人的儿子是男人的影子。[①]

——莎士比亚：《亨利四世》（下篇）

现在，我们把目光投向新世界和巴西中部的梅希纳库印第安人村庄，一窥这种具有启发性的男性气概形象及其后果之更为深层的心理根源。梅希纳库民族志的作者托马斯·格雷戈尔是一个见多识广的、天赋异禀的精神分析学和文化人类学领域的学生。当我沿用他对梅希纳库人男性身份的描述时，我会暂时离题，细想一下他的心理学理论。这样的细想将有助于为稍后从病原学对一种“全能的男性气质”的心理动力与文化上的因素进行讨论铺平道路。

一开始，我且评论些许，格雷戈尔关于男性气概的见解是基于我在第一章讨论过的弗洛伊德的正统学说。格雷戈尔运用标准精神分析学的理论，发展出一个“普遍男性”的综合理论（Gregor，1985：第十一章）。我并不完全接受这种全球性的原型，这一点之后会变得清晰。我主要犹
78 豫的，是罔顾环境的不同而断定相同的心理矛盾有普遍的解决之道这种说法。格雷戈尔辩称，“在文化差异的虚伪表象下”，各地的男性都会经

① 译文引自朱生豪的译本。——译者注

历类似的、由内在心理引发的冲突（同上：200）。这些内在的矛盾使得关于男性气概的表达存在“超越文化界限”的连续性（同上：209）。然而，这种假设的男性原型就像马歇尔的原型，来源于稀少的数据，从民族志学角度而言仅局限于梅希纳库人与作为单一参照点的现代美国文化的比较。因此，虽然它开启了这一话题，并且额外提供了心理动力学的维度（这不同于关于特鲁克岛的研究），但是在我看来，它并没有为证明这种普遍性提供充分的比较证据。然而，格雷戈尔的研究标志着男性气概比较研究的可见的开端，这仍然是对该主题做出的最有力的人类学贡献之一。

背景

梅希纳库印第安人是居住在巴西中部世界上现存的最大雨林的最偏远区域的土著。他们捕鱼，狩猎，并用石器时代的技术垦耕一座不断迁移的木薯园，他们很少受白人文化的影响，就连如今都是这样。在这个意义上，他们与经常被殖民的特鲁克岛人非常不同，后者接触了很多西方人和其他殖民者。隐蔽于欣古河（Xingu River）——亚马孙河的主要支流——所在的阴暗闭塞之地，梅希纳库人被无法通行的河流与瀑布重重包围，它们阻拦了所有的航行，使所有人都不能够到达梅希纳库人的领地，除非是最坚决的外来者。就连今天离这里最近的巴西白人聚居地沙万蒂纳（Xavantina），一个边界小村，都位于这个树林繁茂的村庄东南方向175英里外。由于这种不同寻常的地理隔绝状态，这些印第安人中有一部分能够几乎完整地保留他们的土著文化（Gregor，1977：13）。

梅希纳库文化的分布受限于当地不可逾越的地形障碍。在这附近，三
条更小的天然河流汇合成了变化无常的欣古河。沿着数不清的支流，河水 79
冲击出一块巨大的洼地，大约有25000平方英里，形成了世界上最荒凉、

最人烟稀少的森林之一。各个不同的欣古部落就居住在这个狭小、封闭的荒野地区，利用着几个微型生态系统，梅希纳库只是其中一个分支。在这些微型生态系统之中，首先是一片沿河种着果树的狭窄区域；靠里一些则是洪泛平原，范围从几英尺到数英里不等。过了这些洪泛平原则是绵延万里的茂密森林，沿着森林的边缘（那里总是离水源不远），欣古人开辟出了一片木薯园。再往里是更多的洪泛平原、沼泽，以及其他浑浊的河水，它们全都流入了非凡的亚马孙河（同上：13—14）。

这湿润的环境自然资源相对富饶，但是，梅希纳库人的科技水平严重影响了他们的经济生产力。首先，他们周围的大部分地方都不适合他们那种刀耕火种的农业方式。此外，在漫长的湿季，周围很多土地都被河水淹没了。有些永远被埋于水下，或是因为太过湿软而无法耕种。格雷戈尔（同上：17）估计，他研究的梅希纳库村庄周围大概近一半的土地由于某些原因而无法用来种植庄稼。另外，靠近印第安人村庄的剩余干燥土地中，近三分之一的土地无法为他们所使用［因为会吃树叶的索瓦线虫（*sauva*，*A. Cephalotes*）］。人们曾经数次尝试在村庄的边缘地带开辟菜园，结果以刚萌芽的作物被这些贪婪的害虫吞噬而告终。这些不是常见的问题，而是与原始的刀耕火种式的栽培方式和石器时代的技术所面临的地理限制联系在一起的，它们让梅希纳库人处于勉强维持生计的境地。

受其不宜居住的所处环境世世代代的保护，梅希纳库人直到1887年才首次与外界产生联系，与其产生联系者是德国探险家卡尔·冯·登·施泰嫩（Karl von den Steinen），此人带着一大批牛和驴，前来探索欣古河的
80 水源。一如格雷戈尔对西方人首次闯入梅希纳库社会的描述，双方都表现得相当差劲。可能是因为自己意料之外的发现而感到害怕，这个德国人开始大喊一些令人费解的命令，朝一户印第安人家中毫无目标地开枪，最后还分发了些让人完全不知所措的金属工具。与此同时，冯·登·施泰嫩所

称呼的“野蛮人”都惊恐地四散进了丛林之中，妇女将灰抹在身上丑化自己，以避免被这个奇怪的白人突袭者掠去当妾室。虽然梅希纳库人本身是非暴力的，但是，他们熟悉邻近的好战族群的战争和劫掠行为。正如我们将看到的那样，他们的部落格言可以说是“要做爱，不要作战”（make love，not war）[①]。

在与冯·登·施泰嫩不祥的开端后，梅希纳库人与外界的关系在随后的一个世纪或多或少有所改善。如今住在受政府保护的居留地欣古国家公园里的梅希纳库人对外人来说更容易接触了，而民族志研究者格雷戈尔就相对轻松地在他们中间生活了许多年。在政府的帮助下，梅希纳库人拥有了把他们与位于圣保罗的巴西印第安人总局联系起来的无线电。这些印第安人目前会使用部分现代钢制工具，传教士们还让他们得到了药品。然而，尽管有了这些技术“进步”，但是像该地区其他部落一样，梅希纳库社会与人们的生活方式仍然是1887年冯·登·施泰嫩到访时的样子，出乎意料地毫无变化。经过他们的村庄的游客们依然会觉得他或她步入了一个石器时代的社会，格雷戈尔（Gregor，1985：11）称之为“遥远的时代和地点”，兴许是表明了一种“异时性”（allochronism，Fabian，1983）。就像其他根深蒂固的信念，梅希纳库人就性别和男性气概所持的观念本质上不受时间的影响，是从他们最古老的祖先那里继承而来的，鲜少变化。如果说被涵化了的（acculturated）[②]特鲁克人展现的是固有的和外来的习俗的拼凑，那么相形之下，梅希纳库人呈现的则是相对原初的生活方式。

同巴西中部的其他欣古印第安人一样，梅希纳库人拥有一种双边亲属 81
关系模式（bilateral kinship pattern），践行着类分式交表婚（classificatory

① “要做爱，不要作战”，20世纪60年代盛行于美国的反越战口号，此后也是反主流文化的重要口号。——译者注

② 涵化（acculturation），指有着不同文化传统的相互接触造成的手工制品、习俗，乃至信仰观念的变迁过程，主要有接受、适应和反抗三种形式。——译者注

cousin marriage），并遵守姻亲回避（affinal avoidances）。其亲属关系模式、物质文化和经济，与其邻近的部落非常相近，后者也利用欣古河上游的资源。这些部落有很多，包括阿尤蒂部落（Auití）、卡玛尤拉部落（Kamaiura）、特鲁迈部落（Trumai）、魁库鲁部落（Kuikuru）、卡拉帕洛部落（Kalapalo），等等（Gregor，1977：18）。就像特鲁克人，所有这些部落的人都有着严格按性别决定的劳动分工，男性会走出村庄捕鱼，偶尔还打猎，涉及的范围很广，而女性则留在"家"中，在拥挤的小屋里照料孩子，操持其他家务。由于梅希纳库人仰赖河流和湖泊中的鱼作为他们大部分动物蛋白的来源，因此，人们期待男性去远方的水域中作漫长的捕鱼之行，他们要穿越艰苦而危险的地带，有时要在外面待上数天或数周。这些行程会使男性受到更好战的相邻部落的攻击，梅希纳库人轻蔑地称他们为"野蛮的印第安人"。

像特鲁克人一样，梅希纳库男性非常在意他们的男性气概。对他们来说，男性气概具有与最高社会美德对等的地位。正如赫茨菲尔德描述希腊人时写的那样，一个男人的声望不一定源于在某种抽象的道德层面上做一个好人，而是善于做一个男人，热衷于自己的角色扮演。无需太多必要的说明，梅希纳库人就能理解赫茨菲尔德针对"突出"男性气概行为所给出的声明。梅希纳库人那里仍然有些吸引人的地方。在我们深入讨论之前，我要重复一下，梅希纳库人不似特鲁克人，他们没有战争，从来不是战士。他们意识到了自己是一个非暴力的族群，认为交战和表现愤怒在道德上都是令人厌恶的（Gregor，1977：189）。即便是在我们不久将会考察到的、他们钟爱的著名摔跤比赛中，礼貌得体的严格规定都得到了遵循。他们的摔跤猛烈而具有攻击性，但是，除了小的擦伤和瘀伤之外，很少有伤害发生。

尽管有着此类平和而克制的行为，但是，梅希纳库人在其他层面上是一个极有求胜欲的族群。一方面，他们“出人意料地贪得无厌”，而且还“非常物质至上”（同上：118）。每个男人都力图在捕鱼技能和积累工具及外来消费品这样的财产方面胜过他人。此外，出人意料的是，格雷戈尔写到，偷盗行为在他研究的村庄里可谓猖獗。男性毫不羞愧地从邻居家中偷窃，然后在其他村庄卖掉赃物，或者他们会偷走食物，秘密地吃掉。这种村庄内部的偷窃行为太过泛滥，以至于男人们不敢把任何有价值的东西在屋外放上几分钟，唯恐回来的时候东西就不见了。于是，鉴于这种略显偏执的盗窃风气，梅希纳库人热忱地坚信巫术也就不足为奇了，他们想象着自己周围满是恶毒的意图。格雷戈尔提到，所有男性都曾经被指控过使用巫术，而一个疑似巫师的男人可能会被他震怒的同胞们残忍谋杀。他提供了一个关于后者的恐怖的例子，它发生在他进入这片区域不久之前（同上：206—207）。信息提供者柯叶（Keje）如此向格雷戈尔描绘该事件：柯叶带领着一帮复仇者，他们让一个疑似巫师的男人走投无路。“他（巫师）想要逃跑，但是，我抓住了他的后背。其他人畏缩不前。我大喊道：‘你们是娘们吗？杀了他！’他们就用棍子和大刀打他的头，直到他倒在地上，呻吟不止。我们把他就近埋了。”这样骇人听闻的事件很少见，但是反映了梅希纳库文化和社会中潜藏的压力与重负。 82

要做爱，不要作战

除了如上述事件（明显受到了关于女性化的指控的怂恿）中的武力行为，对梅希纳库人来说，男性特质最重要的衡量方式可能是性表现。就像格雷戈尔描述的那样，梅希纳库人不同寻常地专注于性，男性抱怨自己永远无法得到满足，并每时每刻都在谈论之。性行为和性笑话都是男性戏谑的固定内容。在回应这种对性的公开强调时，一个梅希纳库男人希望表明

83 自己是一位合格的情人，如此他可以声称自己为正常。用这名民族志学者的话来说（Gregor，1985：137），性“功能”不仅被普遍认可为一张接纳男性身份的证书，实际上还是定义了成年男性地位的梅希纳库男性气质综合征的一个重要部分。就像特鲁克人，一个梅希纳库男人如果没能让自己的妻子或情人达到性高潮，没能满足他的伴侣，没能成为孩子的父亲，就会被嘲笑，会被公开羞辱。他不只是变成一个笑柄，而且在更广泛的意义上来说成了一个弃民。所有人都很快就会知道他的耻辱。“一个男人的性失败是众所周知的，而他作为一个情人的名誉不稳定地依赖于社区流言蜚语的变化趋势。”（同上：137）

考虑到进行表现的所有压力，梅希纳库人非常在意性能力，可能比特鲁克人更甚。由于性无能会把男性贬低到社会垃圾堆的地位，它对他们来说是一个强大的关注焦点，而且是大量治愈巫术和焦虑的来源。梅希纳库男性常常因为格雷戈尔所说的“表演焦虑”（performance anxiety）而受挫（同上：138），活在达到严格要求的持久压力下，因为他们知道，在一个“流言”（kiss and tell）是常态而不是例外的社会中，性能力的问题很快就会众人皆知。由于性无能是对男性名誉的致命打击，故男性开发出了一套详尽的神奇治疗体系。格雷戈尔详细叙述了许多治疗性无能的巫术的和医学的疗法，并且用大量细节表明这种焦虑是如何日日夜夜萦绕着所有男性（同上：140）。其中有些性无能的疗法涉及直接将动物或植物原料擦在阴茎上；其他则包括痛苦地划破阴茎，以及一些仪式性做法。这些做法凭借顺势疗法的魔力让阴茎“愤怒”起来；因此，在被唤醒之后它会表现优异。

对证明男性气概来说，性活力是关键，但它还不够。对男性形象同样重要的是世俗成就。这意味着积累器皿和食物这种形式的物品。努力工作的成功男性同样也赢得性优势，理由很简单。男性一直都在用食物，主要是鱼，以及其他稀缺物品，比如肥皂，从女性那里换取性好处（Gregor，1977：133），因此物质成就和色欲成就之间有着直接的关联，它们反过来会带来他们垂涎的男性名誉。这种以性换利（sex-for-lucre）的交易很猖獗，因为梅希纳库男性相信，女人对性的兴趣天生就比男人要少，必须加以勾引或引诱。事实上，这可能不正确（格雷戈尔倾向于同意其信息提供者的观点，即男性普遍比女性更富有性欲），但是女性表面上的羞怯也受到道德双重标准的影响，这一标准在性问题上对她们的束缚甚于男性。“所有男人，”一个典型的梅希纳库男人基特佩（Ketepe）说道，“都喜欢性交。但是女人不同。”他总结说，男性普遍同意，女人“吝惜”她们的阴道（Gregor，1985：33）。然而，女人如果得到了肉、水果，以及西方消费品等在这一勉强维持生存的经济体中供不应求的东西时，勾引会很容易。总而言之，一个贫穷的男人，或一个没能生产出什么的劳动者，在面对女性的冷漠或抵抗时就很少能够完成性征服，因此，他丧失了那种无可挑剔的具有男性气质的形象，进而在声望等级中被置于一个较低的地位。富裕的男性拥有很多妻子和情人，也就拥有很高的声望；贫穷的男性拥有的甚少。很明显，这让格雷戈尔想起了当代美国社会：“正如在我们自己的社会中那样，将在社会上更成功的男性作为性伴侣，对女性更富有吸引力。”（同上：36）此外，在客观的层面上，这可能正确也可能不正确，但是，公众和研究该问题的社会学家，无疑普遍对此印象深刻（David and Brannon，1976）。 84

工作和勤劳

为了被认可是一个男子汉，印第安人还必须展现出其他类型的极度活跃。一个优秀的梅希纳库男性必须“充满活力、精力充沛、工作努力”

（Gregor，1985：193）。一个有着强烈的经济意味的勤勉形象非常重要。外表很关键，一个男人应该时刻都要做到至少看上去精力充沛。在家
85 时他要表现得积极活跃。他应该是早晨第一个起床的人，然后打起精神，把沉睡的孩子们从吊床上叫醒，并拖着他们去洗冷水澡。当其他村民还在睡梦中时，充满活力的男子汉已经出门去清理远处的园子，在离村庄几英里远的地方打猎，抑或是在难以抵达的湖上捕鱼（同上：192）。

人们评判一个男人是否勤劳就是基于大量此类标准。比起其他的标准，人们更多地会通过一个男人去遥远的湖泊河流进行漫长而艰难的捕鱼活动的意愿评判之。他往往要经过有潜在危险的地带，邪恶而“野蛮的印第安人”可能潜藏于那里，准备伏击。因为鱼类在梅希纳库人缺乏蛋白质的日常饮食中的重要性，这些危险的远征被认为是一种公民义务和“好公民”的证据（Gregor，1977：192）。印第安人在经济效率、公民义务和男性气概之间建立的联系，总是让男孩们早早地产生了深刻印象。比如，若是一个男孩子晚睡，闲逛，或者，最过分的是拒绝陪他的父亲进行捕鱼远征，那么他就不只是会被看作一个二流子而受到惩罚，还会被看成一个“小女孩”或“喜爱婴儿游戏之人”（同上：276）。另外，懒散的男孩会得到他们长大了不会招女人喜欢的警告（同上：276）。正如我们已经看到的那样，这可是一种严肃的警告，不仅暗含着性拒绝，还意味着未来的耻辱和社会性隔绝（social isolation）。因此，男性气概是作为范围更广的梅希纳库社会责任伦理的一部分来被灌输的。

外表

一个男人的外表也很重要。如同特鲁克人，一个梅希纳库男人应当是肌肉发达、体格健壮的——这些都是强壮在解剖学意义上的证据。格雷戈

尔（Gregor，1985：36）写道，理想的梅希纳库男性在身形上令人印象深刻，身材高大，举止有风度，具有掌控一切的信心，同时还散发着自信。格雷戈尔的田野记录显示，就物质追求而言，高大的男性实际上比矮小的男性更成功；这种成功来源于内在力量还是外在认可，他对此的描述则语 86
焉不详。“一般来说，”他写道，“在举行仪式、富裕、有很多女朋友，以及成为村庄首领等方面，高大的男人比矮小的男人可能性更大。”（同上：36）在通过一次村庄调查将这一问题进行量化之后，格雷戈尔指出，他所在的村庄里3个最高的男性拥有的情人将近是3个最矮的男人拥有的两倍，尽管前者的平均年龄更大（Gregor，1977：198）。相形之下，弱小的或笨拙的男人会被蔑视为无用的、无法引起性欲的，实现其男性气概的可能性更低（Gregor，1985：144）。矮小的男人被称为矮种（peritsi），这是一个辱骂性的称法，暗含丑陋之意，人们说这个词时常常都带着讥笑或大笑。弱小的矮种男人遭女性蔑视，遭未来岳父母的拒斥，是无力的摔跤者，没有远见的捕鱼者，无能的领导者。格雷戈尔描绘了这样一个名叫阿希里（Ahiri）的可鄙人物，值得在此引述：

> 阿希里……被认为是一个矮种。他是村里最矮的男人，身高不足五英尺，比很多女人都矮，他……在背后遭到了辱骂。很多男人都与他的妻子行风流韵事，并带有蔑视色彩地对掩饰他们的轻率行为甚少在意。他们不仅趁她丈夫在附近时勾引她，还当着他的面与她调情。对他们来说，一个非常矮小的男人不配得到尊重。他的身高就是占他便宜的正当理由；羞辱他，与他的妻子发生关系，这不仅没有问题，而且还是他活该如此。（Gregor，1977：198）

矮种频繁遭受的羞辱使格雷戈尔再次想起他自己的北美文化，在该文化中，矮小或在身体层面不吸引人的男性同样被视为是残疾的，不受待见。高大应当是衡量男性的一个标准，这一点对西方人，尤其是美国人来说应该不足为奇。格雷戈尔无疑是正确的，他说，“我们自己对矮小男性的偏见都在求爱、求得好职位，甚至在语言之中得到了体现，这种语言拥有大量的辱骂矮小男性的词语”（Gregor，1985：36）。其他人在统计研
87 究的基础上提出异议。专门研究美国的相关问题的社会学家索尔·费尔德曼（Saul Feldman，1975）认为，“身高歧视”（heightism）会影响到我们的社会关系、性模式、求职机会、政治上的成功，甚至是我们的赚钱能力。其在政治方面的影响则在1988年的美国总统选举中一览无遗，彼时，在布什和杜卡基斯[①]的辩论中，候选人的身高变成了一个主要问题！在北美洲，在这些亚马孙印第安人当中，以及其他地方，这种身高即男性气概的等式本身就是在比较性器官。阴茎必须大而令人敬佩——这是世界上很多地区共有的又一个男性焦虑。

慷慨

因此，单纯体型庞大就能鼓舞有抱负的梅希纳库男子汉，但它依然只是证明男性气概的一个必要而非充分的标准。这种解剖学上的硕大必须在日常事务中派上用场。除阴茎够大之外，梅希纳库男性还必须通过创造食物性的财富，并在宴会上分发之，来展示其肌肉协调性，以便赢得赞誉。无论在身体层面看起来多么高大和多么令人印象深刻，梅希纳库男子汉都会担心产出的食物不够。这种对经济不足的担忧总是困扰着他，刺激他付出越来越多的努力。事实上男性对看起来怠惰、无精打采有着骇人的焦虑；懒惰和性无能一样糟糕，因为它同样是没有实际价值的。他们与这

① 迈克尔·杜卡基斯（Michael Dukakis，1933—），美国政界人士，身高173厘米，三次担任马萨诸塞州州长，1988年的民主党总统候选人，最终输给了身高188厘米的共和党总统候选人老布什。——译者注

种始终存在的恐惧作战的方法之一是频繁举行部落仪式，这些仪式需要大量的劳动耗费和以食物的形式呈现的收集来的财富。最重要的是，一个男人不仅必须在搜寻食物时精力充沛，严肃认真，而且必须慷慨无私地分享他的战利品。当他从漫长而令人筋疲力竭的捕鱼之行回来后，人们期待他马上现身村落的广场上，人们聚在那里翘首以盼。这样，他会在大方分配捕获物之前在舞台上进行炫耀性的展示。真男人的特点在于他是无私的： 88
他会与聚集在他周围的亲戚朋友一起吃饭，经常分享他的食物（Gregor，1977：190）。另一方面，在食物方面吝啬的男人会独自一人吃饭。“他捕鱼后偷偷溜回村庄，不让人看到，以免分享他的捕获物。”梅希纳库人认为最差劲的男人是懒惰、吝啬、贪婪、逃避、吃的比分享的要多的男人（同上：202）。此类寄生虫般的男人会遭人鄙视，被认为是女里女气的，作为爱占便宜之人而受到排斥；人们还认为他们是虚伪的、不成熟的、鬼鬼祟祟的。因此，这种没有远见的男性集合了所有梅希纳库人的缺陷。也许梅希纳库人在吝啬食物的男性和吝惜阴道的女性之间（无意识地？）建立了联系，以此强化经济上的自私性所包含的无男性气概的含义？不管怎样，从格雷戈尔的描述来看，显而易见的是，在梅希纳库人当中，一个真男人是一个奉献的人，野心勃勃但又慷慨大方，他是一个忠诚的、尽其责任的团队成员。

摔跤

就像很多喜爱运动的社会那样（Messner，1987），梅希纳库人从竞争性比赛和角斗竞赛中发展出不少符号框架（symbolic frames），通过这些比赛和竞赛，男性可以彰显自己更胜同伴的价值。人们期望所有的男人都参加摔跤，奋力一搏，尽可能赢得比赛。那里每天都有比赛和展示，有挑战性的对决也经常被安排上。每个男人都“想要成为优胜者”（Gregor，1985：95）。最重要的是，由于摔跤能力象征着所有其他技能，因此，它是一个衡量男性的手段，是自我提升的象征性的竞技舞台（同上：96）。村民们说，一个强有力的摔跤手令人印象深刻，或让人害怕（*kowkapapai*）。他的擒拿法行动敏捷，在制服对手时速度飞快，被比作一条厉害的水蚺，他令对手们畏惧和尊敬。女人们说，摔跤优胜者很美
89 （*awitsiri*），而且他们作为情人和丈夫很受欢迎。摔跤优胜者在政治上和情爱上赢得胜利，体现了“男性气概的最高品质”（同上：145）。失败者则不会受到尊重。表现不好的摔跤手会被嘲弄为一个蠢材，无论他有别的什么品格。当他在角斗场上笨拙地乱打一气的时候，男人们会在这个男人家门口的长凳旁大肆挖苦，敦促他别再吃土了，要在脊背断裂之前站立起来。在出入口观看比赛的女人们不会那么直言不讳，她们小声地开玩笑，但是她们私下里也批评他。没有一个女人会满足于拿一个失败者或懦夫当丈夫或情人（同上：96）。

在特鲁克人中，女人们也在一旁观望打斗者，梅希纳库人的情形一样，男性参加这些日常格斗很大程度上是为了得到女性的认可。成功打败对手意味着成功吸引异性。女人们在一旁大声助威，羞怯地让胜利者注意到自己。这里很有意思的一点是，成功的摔跤手体现出了男性气概的最高品质，而摔跤竞赛中的失败者则被当作乳臭未干的小男孩。在一场摔跤比赛中失败的男人会被说成是“小男孩游戏大师”，像极了一个无助的孩子（同上）。因此在梅希纳库人当中，运动中的失败和胜利不是无足轻重的博彩；摔跤也不只是一种娱乐。这些比赛表明了男性作为一个功能正常的成年人的价值，而且是其潜力不可磨灭的象征。不参加摔跤比赛或凄惨地输掉比赛不是表面上的失败，而是严重的性格缺陷，是对公民义务的背弃。人们毫无保留地将他的明显缺陷告诉给不参加格斗的人，不断侮辱

他，把他送至社会垃圾堆。

在摔跤场上表现懦弱或无能会带来一项额外的惩罚，因为它也意味着会被可得到的女性摒弃。只有通过勇敢地进行比赛，一个梅希纳库男人才能胜出，并拥有一个妻子，因为如果他没能达到标准，那么，她就会鄙视他，背叛他。梅希纳库的性规范心照不宣地赞成妻子给差劲的摔跤手丈夫 90
戴绿帽子；对此了然在心，大部分这样的女性都会继续与人私通，而她们的丈夫只能无助地生闷气。很明显，在公共舞台上吹嘘的品质之一是对种种集体理想的响应度，这可以从为了该文化的最高荣誉奋力一搏的意愿来评判。人们认为，一个在运动场上失败的男人受到天生性格缺陷的困扰，而且在务农和捕鱼方面也会失败；因此，他不宜被选作丈夫或情人。在以后的生活中，这个男人将几乎没有孩子来赡养他，很少有儿子会尊敬他，传承他的姓名，因此，他将经历地位不断遭到削弱的过程，这是逐步的社会边缘化，就像年老体衰一样不可逆转。

内在/外在

梅希纳库人关心村庄中男人们所处的地理位置。他们通常对社区空间有着公共/私人之分，通常也会有性别界限和障碍。梅希纳库男性气概形象迫使男人们外出，进入人们能够看到他们的开放空间，也禁止他们在家中逗留或是退缩至家中，它推着男人们进入无遮无挡的竞技场，在那里，他们要么竞争，要么丢人，也许还要忍受戴绿帽子的羞辱。在村里，男性设法在中央舞台引人注目地露面。与沉默的女人相比，男人会为了部落的利益，持续地参与或多或少故意在村中主要区域展开的活动。当聚集在中心地带时，他们会自觉地昂首阔步、自鸣得意，他们摔跤，进行矫揉造作的演说，聚在一起做出政治决策——“都完全在公众的视野下”

（Gregor，1977：165）。另一方面，女人则在非公共场合、在屋后做着家务，有意避开预留给男人的中心广场。

举例来说，摔跤场象征性地坐落于村庄空地的正中心，是“与男性
91 气质相关的”开放场所（同上：24）。因此，参与这种或其他形式的公开而光明正大的男性活动需要在文化意义上强制男人离开私密空间的舒适氛围，促使男性参与竞争。在安达卢西亚、阿尔及利亚、特鲁克岛，以及在这些巴西印第安人当中，一个男人应该从女人和孩子的身影后中走出来，积极参与社区生活的仪式化戏剧（ritualized dramas）。

因为男性形象通过无休止的耻辱惩罚推动男人们投身于公共事务，所以它凝聚起来一种向心力，它以某种男性和女性都能够监督的方式将社会编织起来。退出这样的竞技场所遭受的惩罚十分严重，从速从简。格雷戈尔提到，一个在村庄中的女性区域闲逛，避开露天具有男性气质的竞技场的男人，会被辱骂为“垃圾场男人”（同上：59），影射扔垃圾的地方［我们将会在下一章中讨论美拉尼西亚的“垃圾男”（rubbish men）的例子时见到一个类似的说法］。怕老婆的梅希纳库男人，喜欢待在家里的人或内向的人（就像美拉尼西亚与其类似的人），“失去了其对男性气质的部分主张”（Gregor，1985：93）。格雷戈尔的一位信息提供者提到了这样一个不可靠的、诨名叫作“腐烂的鱼”的人物，他说，“看那条老朽的‘腐烂的鱼’。……他是一个真正的垃圾场男人。他从来不像我们其余的人一样黎明时分就起床洗澡，而且他要在吊床上睡一整天。……不睡觉的时候，他就在垃圾场或家后门附近闷闷不乐。他甚至不知道如何吹奏圣笛。他没有朋友，自己一个人捕鱼”（Gregor，1977：201）。

梅希纳库的男性气质是严格属于外向的与合群的（一种崇尚互动的道德），而且事关最苛刻的公共评价。梅希纳库人称这种男性交际（male sociability）为“面对”（facing up）。就像布尔迪厄研究的卡拜尔人一

样，梅希纳库男人必须“面对”他的同伴；否则他就是可鄙的，是一个垃圾场男人，比一个孩子好不到哪儿去。针对“不能‘面对’其同胞”的村民，梅希纳库人有着丰富的辱骂性词语（同上：200）。就像在卡拜尔人中那样，在公共场合露面意味着准备好了对抗竞争对手；它所象征的不仅是接受梅希纳库生活的日常挑战，而且在更普遍性的层面上，它象征着男 92
性在宇宙万物图式中的外部地位。成功是有用的，不过积极参与喧闹的村庄生活似乎更重要。

心灵维度

对所有这些男性的“面对”、色欲迷恋（erotic obsessiveness）、装腔作势和沾沾自喜，格雷戈尔采取的是精神分析的方法。在对梅希纳库文化的敏锐阐释中，格雷戈尔将对男性气概的公共形象的担忧归因于对始终存在的俄狄浦斯情结的反应－形成（reaction-formation）。他把梅希纳库的男性气概意识形态看作是在文化上对阉割焦虑的适应性防御；这一阐释承继了标准的弗洛伊德式观点，构成了格雷戈尔所言的“普遍男性”的标准。这位作者辩称，这些受恋母情结折磨的印第安人担心失去自己的阴茎：这导致他们过于重视男性器官及其功能（Gregor，1985：131）。因此他们趾高气扬地展示阳物以作为补偿，并以他们是完整的这样的说法来宽慰自己。格雷戈尔提供了大量文化资料——故事和神话，以及部落关于月经的禁忌——支持他的观点。

格雷戈尔就他所谓的梅希纳库文化中的“阉割情结”（同上：131）所持的论点有助于我们理解男性印第安人个体的心理动力。我确信阉割焦虑在这里扮演着一定角色，就像它在大部分男性幻想中那样。然而，此类个体的幻想如何转变成诸如共享的神话、“面对”的伦理，或作为男性气概要素的慷慨道德等集体文化制度，则尚不明确。在其研究中，格雷戈尔对这种个体恐惧转变为社会规范的过程语焉不详。对我来说更有意思的是格雷戈尔一带而过承认的这一切之中退行本能的作用。我认为对它的强调会更有成效，因为它不仅考虑到了心理过程，而且考虑到了社会的实际需要——多产的劳动力和社会凝聚力——这些需要必须由性别的刻板印象和
93 意识形态这类文化制度来满足。考虑到退行的作用，我们还能更好地把握这种在文化上对性格外向、经济活力强和慷慨等一致性规范的重视。

格雷戈尔的确承认，心灵上的退行是梅希纳库男性文化中一个强有力的推动力。他发现，与梅希纳库人中的世俗成就相对的主要反作用力是将男性拖向依附地位和不合群的退行推力（retrogressive pull）。他提到，男性的普遍欲望是"倒退回去，与母亲融合，享受婴儿期的愉悦"（同上：178），而且他把梅希纳库人对纯粹地具有男性气质的形象的无情要求，以及这一形象对性攻击性（sexual aggressivity）、生产力和社会参与度的强调看作是对这个愿望进行的部分防御。然而，尽管他意识到了这种幼稚的愿望是梅希纳库男性意识形态形成中的要素，但在我看来，他没能赋予它足够的因果关系权重。原因在于，他否定了退行拥有与阉割焦虑相同而自主的、本体的地位，后者照常将其他因素挤出了分析阶段。在这里我必须得稍稍岔开话题来思考一下格雷戈尔的论点，因为它预示着我后面的结论。

这里首先要承认的是，逃避成人责任而退行至与母亲重聚，这是一种不同于阉割焦虑的心灵层面的秩序。就个体性心理发展及其文化含义而论，这一区分是正确的。正如不少精神分析学家定义的那样（比如 Freud，A.，1963；Arlow and Brenner，1963），退行是一种前俄狄浦斯本能，涉及情感依附和获得营养的愿望。根据弗洛伊德的观点，阉割焦虑在俄狄浦斯阶段得以发展，并基于性欲本能和攻击本能的混合。格雷戈尔和

其他很多学者在研究中将男性气概的价值狭隘地归因于俄狄浦斯式创伤，他们解释的软弱是阉割焦虑与退行这两种本能力量的合成。也就是说，他们没能在俄狄浦斯幻想与前俄狄浦斯幻想以及它们的衍生物之间作出区分。这两种现象不仅是本体论意义上的本能，而且由于它们基于不同的本 94
能愿望，还代表了发展中的自我带来的不同的调适层面的问题。如果必须要防御的潜意识愿望是退行至与母亲共生（格雷戈尔承认了这一点），那么，与标准的弗洛伊德式观点相一致的是，格雷戈尔是把这个愿望看作唤醒前俄狄浦斯阶段的女性身份认同，进而，此即那种反应酝酿的所在——造成俄狄浦斯情结引发的对阉割的恐惧。那就是说，与母亲“一体”（at one）意味着和母亲“一样”（the same），这就意味着成为女性，没有阴茎。因此，在梅希纳库社会中，退行不像愿望或恐惧那样拥有独立的地位，而是仅仅被看作更加重要的阉割恐惧的催化剂。

这一观点在具体案例中兴许有可取之处，但是作为一种普遍的解释则不得要领。更简明的解释是把主要的现象，退行，及其与男性气质角色表现的负相关性看作经济调适（economic adaptation）的一个方面。这一观点把心灵上的优先地位赋予退行，将其视为男性气质发展过程中（是所有人的发展过程中都一样，男性和女性）的离散因子。这一观点还认为，退行至原初的自恋状态是不能接受的，因为其本身就是对成人功能发挥（adult functioning）的威胁。也就是说，退行的愿望在因果关系上独立于在发育上随后出现的阉割恐惧，而且整体来说，这些愿望比在发育上随后出现的阉割恐惧有更重大的社会意义。这也意味着，梅希纳库人的表演伦理（performance ethic）不仅仅是一种共享的神经官能症的心灵投射，而这种神经官能症源自有其心灵起源的俄狄浦斯式过渡，这种表演伦理还是对非常现实的环境所需要的反应——这些需要因社会的不同而不同。下面举一个例子来表明我说的是什么，且让我们看看格雷戈尔用来证明他关于梅希纳库阉割情结的观点所呈现的神话之一（Gregor，1985：178—179）。这是非常发人深省的貘[1]女（Tapir Woman）神话。

一个神话

格雷戈尔提供了大量生动的传说和神话。其中有一些表明，梅希纳
95 库男孩畏惧的是他们自己的愿望，即通过回到幻想出来的乌托邦式童年，一块没有烦恼的田园，以逃离男性角色的严苛要求，彼时所有要求都得到了满足，并且没对他们提出什么要求。他们害怕这种无意识的逃离愿望，因为它标志着一种被动而依附的状态，后者对通往社会层面与繁衍层面的成功的成年生活中必不可少的冒险和自信来说是不合宜的。用格雷戈尔恰当的术语来说，放弃这一冲突性成熟（conflictive maturity）的愿望阐明了男性“与母亲的共生结合，以及与她分离的创伤”。但是在这里，格雷戈尔补充道，“我们的研究进入了一个男性必须捍卫的领域。倒退回去与母亲融合在一起，以及享受婴儿期的愉悦，象征着*退行与阉割*。任何迟迟不消退的想要回到这个时期的诱惑，都会因为它唤醒的（阉割）焦虑而遭到歪曲变形”（同上：178，强调斜体系本书所加）。因此，在他看来，退行的愿望是男性自发的想法，但在不知不觉中成了更骇人的阉割恐惧的先例；这些恐惧一旦被唤醒，就会导致激励男性气概形象的反应－形成的妥协方案。

格雷戈尔认为“貘女”神话证明了他的论点。就像格雷戈尔的著作中讲述的那样（同上：178—179），在这个神话中，一个孩子被独自留在了家中。由于孤独和害怕被遗弃，他哭了，此时一个曼妙的女性生物，貘女，前来安抚他：“难道你不认识我吗？我就跟你的妈妈一样。别哭。”

① 貘，一种主要生活在中美洲和南美洲的长鼻猪形动物。——译者注

然后，她坚持让男孩将他的手臂伸进她的直肠，当他勉为其难这样做的时候，她把他吸到肩膀上，并带着他逃到森林中。这个与世隔绝的小男孩开心地暴食出自貘女直肠中的水果。最终重获自由的他，手臂已经皱缩得又瘦又小，无法使用。这个男孩过早地失去了成熟男人的角色，故而断送了作为一个男人的前程，因为他再也不能狩猎、捕鱼、耕种——或同等重要的，摔跤。这里要记住的一点是，尽管是自愿的，但这个男孩不可思议地逃脱了现实生活的严酷，以便沉湎于那个神秘的母亲般的丰饶女神提供的 96
饭来张口的待遇，她会把食物排便式地排出。再没有比这更清楚的表现源源不断的乳汁（以错位的形式）的方式了。

格雷戈尔欣赏这个神话中丰富的口腔意象，也认同之。根据他的观点，使得貘女的召唤让这个小男孩如此无法抗拒的，是“与母亲的融合，回到被动而温暖的状态，直到最近这都是这个孩子每天的特权”（同上：179）。在某种意义上，这个梅希纳库神话反映了一种普遍的欲望，即通过回到与母亲幸福的统一状态逃离严酷的现实，海因茨·科胡特（Heinz Kohut）称其为“婴儿期遗忘”（infantile amnesia）的推力（Kohut，1977：181）。这个神话还呈现出一种隐藏的愿望，即希望能被她“带走”（也就是说，从生活的恐怖中获得解救，进入宁静而原初的统一状态），同时不费吹灰之力得到抚养。在这里，我和格雷戈尔都完全同意这个神话拥有的无意识的象征化含义。

但是在其引申义上，我们的观点不同。对格雷戈尔来说，自然而然的情况是，那个男孩皱缩的手臂代表阉割，它缩水的状态就像残缺的阴茎。虽然这一阐释丰富了我们对其中涉及的精神动态过程的理解，但是，它对理解将一种强调健壮的男性气质作制度化的反神话处理来说并非完全必要。这则故事是一个神话，一种公众显现（public manifestation），而不只是个体幻想的投射；因此，它还包含了一则与部落的工作标准相一致的道德信息，因为无论它们还可能是其他的什么，神话都是正确行动的指南或章程。貘女神话告诫人们的，是不能怀有这样的欲望，即通过退缩，在婴儿式地黏着母亲并被她怀抱的状态中寻找慰藉，以逃避社会成员（也就是劳动的社会组织中的男性角色）每天的责任。从这种观点来看，萎缩的手臂可以象征对具有男性气质的经济功能的抛弃，以及劳动能力的弱化，就像是残缺的阴茎。他丢失了的不仅是阴茎，还有这个男人之于社会的工作潜力，这是难以承受的损失。手臂是生产食物的女性器官的功能性对
97 等物。

无用的手臂象征着消费性功能代替了生产性功能，这在文化上是不可接受的，而且必须用道德约束力将其撤销。文化形态会回应特定的文化需要，不仅仅是精神上的需要，而且神话是一种集体的而非个体的幻想。在这里，社会的要求就是我们熟悉的对男性气质形象的要求：冒风险和经济生产力。幼稚、依赖，抑或懒散——弗洛伊德（Freud，1930：34）所说的“人类对工作天然的厌恶”——正是梅希纳库人用其男性气概神话而不仅仅是阉割焦虑来与之作战的对象。

这种对男性力量的迷恋使梅希纳库印第安人成为男性气概形象研究中的典型案例。这些案例的重要性，不仅来源于格雷戈尔用极好的民族志数据得出的事实，而且是因为它们最为清晰地彰显了男性气概是一种矛盾的观点，是一种基于群体需要的文化构想，这遮盖了并且抵消了一种犹豫不决的反抗本性。这些案例表明，男性气概姿态是对逃离工作文化之严酷（rigors of work-culture）的反社会愿望的社会性否定。因此，就像格雷戈尔给其作所起的书名所示，梅希纳库男性的愉悦是“焦虑的愉悦”（anxious pleasures），因为它们充斥着疑虑，并贯穿着与之相对抗的欲望。在很多方面，由于这种紧张的、动态的矛盾，由于这种社会需要与自我放任之间的冲突，梅希纳库人是受到重重压力的男性气概的典型代表。为了更

好地通过比较理解他们，且让我们去审视一番世界其他地方某种类似的男
性气概形象。 98

第五章　插曲：别的男人，别的男性气概

啊！旧日的长篇传说是怎样在我的体内流动哦！

——赫尔曼·麦尔维尔，《玛迪》

梅希纳库人、特鲁克人，以及西班牙人都有“男性气质的深层结构”吗？（Tolson，1977：56）格雷戈尔（Gregor，1985：9）说，“在男性经验中存在着普遍性”，他是正确的吗？或许是吧。我们已经在遥远的特鲁克岛上见识到了部分地中海民族的男性气质崇拜的回声，还在巴西一个部落中目睹了性迷恋的再次出现。其中的联系并非单单是我们称作有大男子气概的自吹自擂的一种男性虚荣，因为这些文化并不都是可以称作有大男子气概的。在好斗或肢体意义上的攻击性方面，梅希纳库人当然不像特鲁克人那般具有大男子气概。这暗示着，男性气概之大男子主义版本是某个出现得更广泛的潜在现象的强化变体。我已经部分深入地审视了三个特定的文化，现在想要采用一个更为全景式的视角来审视我们一直在思考的主题分布得到底如何广泛。

如果我们从巴西出发，一路向西，越过半个地球，我们将会来到另一个男性气概在其中经受剧烈考验的角斗场。这就是新几内亚岛，民族志学

者们数十年来都在那里记录男性在取得一种由文化层面界定的男性气质的纯粹（purity of masculinity）方面受到的压力。研究这些新几内亚男性气概的信仰与实践是值得的，其中一部分在西方的视角下显得特别离奇，那些高地上的偏远文化格外如此，它们一直都是人类学很感兴趣的主题，而且解释了作为一个普遍现象的男性气概的意义。 99

新几内亚："老大哥"与"垃圾男"

新几内亚中央的高山峡谷，一块密集分布着仍处于新石器时代的诸部落的地区，首次与西方文明接触还是在20世纪40年代，至今还保留着很多土著实践。在传统的新几内亚高地，一个著名的社会固定身份（social fixture）就是"老大哥"（Big Man）角色（此为该地区的通用洋泾浜英语的说法），因为他有不同凡响的品质，还是当地具有男性气概的理想的化身。因政治上的领导地位和作为其所在村庄和地区的资助者这一慈善家角色，"老大哥"的个人魅力达到了顶峰，他在新几内亚的地位，就像梅希纳库人的摔跤冠军，抑或特鲁克人的周末战士。就那一点而言，他像极了其他任何白手起家的男性冠军（male champion），从都市美国的黑帮教父（mafia godfather，*uomo di rispetto*[1]），到凭借个人权力和政治悟性实行统治的封建军阀，他们全都爬到了各自文化中的最高地位。当然，他们登上受人尊敬的顶峰的细节各不相同，但是慷慨的新几内亚"老大哥"那个受人尊敬的形象，与其他这些具有男性气质的权力典范非常相似。他扮演的角色，虽然看起来自私自利，却是新石器时代社会结构的支柱。

论及新几内亚的"老大哥"的文献汗牛充栋。这些文献取得的重要成就令人印象深刻，而且各式各样，但很少有突出的共性。高地"老大哥"

① 此为意大利语，意即黑帮教父。——译者注

（Highland Big Man）首先是一个魅力型的当地领袖，他通过支撑他所在的村庄或部落的个人英勇的戏剧化行动获得了而非继承了领导角色。他通
100 过大量实际手段赢得了突出地位，这些手段取决于时间和空间上的急切需要。如果战争是当地一个特别关切的事务的话，他则作为战争中的一名领袖行动。如果部落遭到威胁，他就成了一名军事战略家，通过指挥打了就跑式的（hit-and-run）反击战来保卫他的群体，拒敌于门外。他就像任何有能力的指挥官，领导自己的部队参与战斗，英勇地视箭云矛雨为无物，树立起了一个典范。其特殊性在于，他的地位是非正式的，没有勋章或制服；但没有他“负责”管理，村庄就会变得无组织，进而在致命的偷袭攻击前显得无比脆弱。

在亲自参与的领导过程当中，“老大哥”做的事不止是打斗、阻挡敌人，以及为易受影响的男孩和有志气的青年树立起战士理想的典范：他为他所在的村庄和地区的人们建立起人为的社会凝聚力。这种统一功能（unifying function）是必要的，因为追随他的人往往有着混杂的祖先，模糊的亲属关系（这在高地民族当中常见）。血缘纽带无力将他们联系起来，他们由他的保护性安全网（protective safety net）聚到一起，以构成能独立生存的社区，建立一个政治的而非家世谱系的单元，没有他的带领，这个单元或许永远无法结成一体。通过他的示范，通过他的行为所具有的指挥权威，他把他周围没有联系的家族联合起来，弥补了高地谱系的根本不足。比如，在古鲁朗姆巴人（Gururumba）当中（Newman，1965：44），“老大哥”的权力源自他们“吸引来其直系亲属圈子以外的追随者的能力”。实际上，他的下属对这种能聚集众人的吸引力有着清醒的认识。很多当地人都承认这一点，并公开评论道，当地的“老大哥”几乎是凭一己之力将群体聚在一起，赋予它所需的力量和统一，没有他就没有这个群体（Strathern，1971：190—191）。

除这些关键的军事和社会政治方面的功能之外，“老大哥”还是一股不可或缺的经济力量，一台生产的“引擎”，驱动着他的追随者们，并让他们富裕起来。在耕作与放牧过程中，他是村庄的非正式管理者，勉 101
励人们生产、辛勤劳作，以及保持节约。为了回报他们的忠诚，他负责收集、储存，然后再分配大量不会腐烂的东西和食物，就像一位原始的银行家或资本家般行事，让生产有经济效益，集中起来，并准许赊欠。但不同于他在西方的同等人物，人们期望他归还货物，算上利息，让他的贸易伙伴富裕起来，而非他自己。真正的“老大哥”的标志在于，他是一个大规模的净生产者（net producer），总是给出“多于他收到的东西”（同上：217）。为了获得“老大哥”的地位，他可能聚集食物与货物，但只是为了稍后在仪式与宴会中将其分配出去（Godelier，1986：175）。一位研究新几内亚高地的专家，保拉·布朗（Brown，1979：195）总结道，“（‘老大哥’的）财富在宴会上的分配中消耗殆尽；它无法被聚集起来”。最重要的是，“老大哥”必须是一个“优秀的管理者”（Strathern，1971：221），一位货物负责人，通过积累资本、巩固交易网络，以及把群体的精力从消费转移到再投资，从而使村庄富裕起来。显然，他提供了社会所需的凝聚力的向心源（同上：224—225）。这一切让他在自己人眼中既充满魅力，又具备男性气概（Brown，1979：195）。

因为“老大哥”的出现是对其依附者对囤积物资视情况而变动的需求的回应，所以它就像变色龙那般，会随着时间而变，以适应情势。在一个例子中，聚焦哈根山（Mount Hagen）地区的A. 斯特拉森（Strathern，1971）追踪了远离澳大利亚殖民者禁止战争之后数十年里“老大哥”美德（Big Man virtues）的历史变化，这些美德朝着更为和平的政治与经济功能发展，以适应新情况。正如他写到的那样，哈根山的“老大哥”地位是一项服务于短暂便利需求的社会功能，是一个进行调适的实用过程，而非一处办公场所或职位。因此，遍及岛屿各处的情况是，当战争减少时，正如哈根山上那般，“老大哥”便会凭借熟练地管理产品、收集金融资源、
102 抓住现代化提供的新机会，以及再分配金钱和其他形式的新通货取得其卓越地位。以这种方式，“老大哥”工作起来就像一位西方投资经纪人或商品交易商，一个有创新精神的冒险企业家，他总在时刻注意着大获全胜的机会。就像一位必须在市场上成功“通过考验”，不然就会灭亡的美国资本家（Stearns，1979：112），“老大哥”操控猪、甘薯和贝壳货币的无常的金融市场，进而促进资本积累，通过抓住飞逝的机遇大大地促进公共财富。为了保持自己的卓越地位，他必须做出决定性的举动、进行创新、冒重大风险，以及最终提供货物。他成功的标志是物质利益，这些利益总是可见的，且能够夸耀卖弄、成堆成堆地戏剧化地展现出来，然后赠送出去（P. Wilson，1988：84—85）。他什么都不藏着掖着：他的利益在于公共财产，在于其部众的骄傲与荣誉。他就像安达卢西亚人或梅希纳库人那般在中心舞台上行动着。

成为一个“老大哥”或“大男人”（Great Man，戈德利耶，1986）要经历一场区分性比赛，它只青睐敏捷勇敢者。新几内亚的“阿尔法男性”（Alpha male，带着歉意从灵长类研究那里借的一个术语[①]）只能在同其他有着相似意图的男人的竞争中实现自己的卓越；在意志和毅力的激烈竞赛中，他战胜了其他人；在无止境的创造、演讲，以及军事能力等方面的竞争中，他挫败了对手们（Strathern，1971：217）。为了取得这一崇高地位，他和他的竞争者必须比其他人更为努力地劳作，而且必须努力奋斗，优于其他人。他们还必须拥有创新精神，能够即兴发挥，以便增强他

① 在灵长类研究中有南方古猿阿尔法种，后者的命名是因为这些南方古猿的发现地位于埃塞俄比亚阿尔法峡谷，其中最著名的一具化石为“露西”（标本AL 288-1的通称），她有“人类祖母”之称。有的学者认为，南方古猿阿尔法种既是非洲南方古猿的祖先，又是早期能人的祖先。——译者注

们的村庄相对于其他社区来说的财富、力量，以及技术方面的专业知识。货物——由食物、贝壳货币和其他有价值的、神奇的、神圣的私人物品，以及诸如此类的东西组成——最终聚集了起来，被一堆一堆地展示，有时重达好几吨（Newman，1965：54），然后它们被随意分出去，整个社会都受益。正如萨林斯（Sahlins，1984：281）所言，“重要的是，不只他自己的地位，而且他族人的生存乃至军事安全都有赖于‘老大哥在公共分配中的成就”。在玩自我强化的游戏过程中，“老大哥”在这个比其他很 103
多原始社会更加流变而混乱的环境中创造出了秩序，因此为他的同胞们创造出了一个有结构的、可预测的宇宙。

就像总会发生的那样，有些男人败下阵来。总存在没有男性气概的男人这样“恶劣”的例子，这样的男人会在这些追求中蹒跚难前，或是从考验中退出，在黑暗的角落里畏畏缩缩，后者更经常出现。拒绝扮演理想化男性角色的男人会被嘲弄成低下、脆弱者，不过更伤人的是，他会被夺走他的男性气质与基本的体面。以其不充分的生产力来衡量的话，他的主要特征在于，缺乏对社会的贡献到了令人震惊的地步。一个在新几内亚会遭到谴责的卑微农民，消费掉的东西多过他生产出的东西；他是一个冷漠而胆怯的战士，在战场上不可信任。他在食物生产过程中没有冒任何风险。他是个无力的演讲者，在村落会议上保持沉默，没有贡献任何闪光的点子，也没有任何改进建议。人们把这个怯懦者唤作无名人士，不育者，一个毫无价值的东西，无用的人，一个由垃圾构成的“垃圾男”（Rubbish Man）。他们说他女里女气，“就像一个女人”（Strathern，1981：183）。可悲而怯弱的他被比作一个“任性”的孩子。

在哈根山，正如在男人们有着“强健的思想”的特鲁克岛，富有成效的“老大哥”长着“强大的脑袋”（strong heads）；“垃圾男”则有着如婴儿一般的“虚弱的”脑袋。“垃圾男”是“虚弱而卑微的”

（Strathern，1971：217）。他给人瞧见在女人聚集的地方鬼鬼祟祟地四处走动，偷偷摸摸地穿行其中，回到家里和炉边。他被动而虚弱，是一只寄生虫。他的同胞埋怨道，他“吃了”土地的油脂却不曾生产（Strathern，1981：183）。锁定其命运的是，他在性方面也败下阵来。他没有几个妻子和孩子。他在一切具有男性气质的建设性的追求中全都败下阵来：他没有提供任何给养，不能保护自己的亲属免受攻击，不太容易使女人受孕，在提供对经济、宗教或技术来说是新奇而有用的事物方面也贡献甚少。所有成年男人都因害怕而避开被投进“无用的‘垃圾男’这一女性化模子”
104 中（Herdt，1981：52）。

性义务

在新几内亚，性在男性气概的评价方面也很重要，因为它是一个男人的预期表现的一部分。但是，对一个几乎是迷恋于增长和生殖力的社会来说，它再次被看作是对该社会的贡献。正如在我们已经审视过的特鲁克人和地中海社会当中那般，在新几内亚备受尊敬的男人必须传播自己的精液并繁殖。虽然这些男人就像梅希纳库人那样，出于各种神奇的理由带着焦虑看待性关系，但是在性方面，人们还是期待他们能克服这些对性的抑制，繁衍后代，恰如人们鼓励他们从事经济生产和进行军事行动，并在贸易和演讲当中承担一个指挥性的角色。繁殖不仅是一种私人的愉悦；它还非常有意识地被视为一项社会义务，以及优秀公民的一项衡量标准。鉴于高地生活存在的种种危险，尤其是潜在的军事威胁，这个社会需要后代以持续。这个社会需要更多女孩成为母亲，并生下更多的孩子，后者将会长大，并做出贡献。这个社会需要更多男人来劳作，来战斗，尤其需要更多“老大哥”组织防御和生产。村庄越大，它在军事上就越安全：无人胆敢进犯有众多武装的所在。人们相当清楚这一等式，孩子们因此成了一种关键的集体资源，意味着安全和幸福。为了枝繁叶茂而加诸生殖的压力，作为一项公民义务给男孩们留下了深刻印象。

比方说，在阿瓦（Awa）部落当中（Newman and Boyd，1982：284），青年们被非常严肃地告知他们参与性交及繁育后代的“责任”。在桑比亚人（Sambia）中，正如赫特提到的那般，男孩在履行性“义务”对由人进行指导。对一个桑比亚男人来说，他第一个孩子的出生是一桩重要的事件；它“在法律上是男性气概的维持”（Herdt，1982：53）。为了变得“彻底具有男性气质”，一个桑比亚男人“不仅必须结婚，而且还得养育好几个孩子”（Herdt，1981：176）。有很多孩子是构成了与一种文化能力（cultural competence）有关的观念的诸多社会功能之一，它直 105
接促进了群体的安全。在让妻子受孕的过程中，一个桑比亚男人“已经证明自己有能力”发挥社会功用（同上：176）。在并不那么遥远的安加（Anga）领土上的巴鲁雅人（Baruya）当中，一个男人每次成功地当了父亲都会获得名望，“直到他‘真正’成为一个男人，也即至少四个孩子的父亲”（Godelier，1986：85）。巴鲁雅“老大哥”是“一夫多妻的，拥有很多妻子儿女”（同上：175）。所有这些男性气质化的表现联合起来就成了男性对稳定、安全，以及集体力量做的贡献。而依赖这些模式、形象以及约束所具有的激发魔力，氏族可以依靠那些努力对这样的魔力做出回应的人而得以发展和扩大（Meggitt，1967：32）。

男人是被创造出来的，而非天生的[①]

男性特质满足了这么多的社会需要，新几内亚人要取得它可谓要经历一场复杂的冒险，一趟漫长而难以驾驭的旅程，并非所有男人都能完成。除了繁殖力（fecundity），这里还需要讨论其他方面。最引人注目的是一种强大的信仰，即男性气质是一种经人诱导出来的地位，只有通过考验和委心的指导才能实现。真男人并非只是随着时间流逝自然而然地如蝴蝶一般从幼稚孩童的茧中挣脱出现；他们必须被人勤勉地从少年时期这层壳中哄诱出来，得到形塑教化，获得建议，被刺激着走向男性气概。比方说，在伊拉希塔阿拉佩什人（Ilahita Arapesh）当中，自然而然地、不受协助地获得男性价值与能力被“设想为是不可能的”（Tuzin，1982：341）。不像通过生理成熟自然而然到来的女性气质，男性气质的实现不会在阿瓦人中“自然而然出现”（Newman and Boyed，1982：282—283）。通常说来，在整个高地，人们都认为，若没有文化上的巧计的干预，男人们无法满足具有男性气质的角色所包含的期待。男性（male gender）是“被创造出来的”，而非“自然生成的”（Keesing，1982：5）。罗杰·基辛（Roger Keesing）总结道：“成长与力量、勇气与男性气概都是通过一连
106 串的与世隔绝和严峻考验获得的。”在新几内亚，“一个男孩是经过锻造而成为男人的”（同上：8，9）。

类似情形？

男性气概必须通过有力的干预诱导出来，这个观念不应该让我们意

① 法国哲学家波伏娃在《第二性》中有个著名的观点：女人是形成的，而非天生的。波伏娃认为，历史中，男人被目为自然，女人是男人的对立面，是其相反属性的集合。本书作者通过人类学的研究扭转或修正了男人是自然形成的观点。——译者注

外。如果我们忽视了新几内亚男性气概的仪式和大量神奇用具，那么，这种男性气概的一切同美国那标准的、浸透了焦虑的男性气质概念是何等相近！首先，在美国，性方面的表现也与具有男性气概的状态紧密联系着。这种对表现、对通过考验，以及对达成期待的坚持，在这里几乎不需要再提及了。正如心理学家格雷戈里·罗克林所评论的那样（Rochlin，1980：23），“我们将会想起，在一个男孩成长的表现中，其在性别方面很早就被确认为是具有男性气质的。他的阴茎就是一个表现器官。它标志着一个男孩具有男性气质，能够将他与表现联系起来”。美国的男孩也会在这个方面经受考验，但方式不同——通过操场上或更衣室里的闲聊与讽刺，而非通过公开的村间嘲弄。有关性的表现焦虑（performance anxiety）在迈希纳库人或安达卢西亚人中同等重要，主要出于相同的社会地位方面的原因；阳痿和性无能都是对男性气概的否定，同时也会使其丧失社会尊严，这是广泛令人畏惧的。

新几内亚的“老大哥”身份对努力工作和竞争性的、不断增长的生产力的强调，在工作场所中的美国男性那里反复出现，而其工作场所成了获得具有男性气质的形象的象征性角斗场。在美国，对男性气质的定义“与对工作的定义连在一起”（Tolson，1977：72）。男人们被驱使着愈发努力起来，要在创造利润、完成工作、积累货物方面取得成功，它们并不是以堆积的形式陈列出来，而是积累成地位的象征和日用消费品。与此相关的考验、男性气概的不确定性等主题，也在我们的社会中反复出现。比方说，在评论现代小说中表达出来的美国文化的性别观念（gender ideas）时，文学评论家阿尔弗雷德·哈贝格（Alfred Habegger）评论道，男性气 107
质“拥有一种不确定、而且模棱两可的地位。它是某样需要凭借一场斗争、一个痛苦的启蒙，或一个漫长、有时还带有羞辱意味的学徒期才能获得”（Habegger，1982：199）的东西。但是，就像新几内亚的“老大哥”，不管是赢是输，个体必须参与这场游戏。最恶劣的罪过并非诚实的败北，而是懦夫一般的退缩。

这种道德上的情形不只是某个假设出来的盎格鲁－萨克逊原型，类似的情形对几乎所有美国族群亚变种（ethnic subvariants）来说都是如此。在他们对当代美国男性形象的调查中，社会学家迈克尔·奇科内（Michael Cicone）和戴安·鲁贝尔（Diane Ruble）总结道，所有张扬男性气质的族群亚文化（ethnic subcultures）具备的“共同特征”是“一种整体上对生活有追求的、生气勃勃的态度，在这种生活中有着取得世俗成就的可能”（Cicone and Ruble，1978：11）。除了这种有追求的生气，及其对物质成功的强调外，泛美洲另一个与美拉尼西亚的相似之处是一种信念，即成功所需要的内心资源和决心，并非自然而然在场的，而是必须经过谆谆教导，或借助一段压力重重的灌输时期，或哈贝格所说的“学徒期”，在这个男孩身上人为地引导出来的。在书写有关美国的男性气概观念时，斯特恩斯提到，“男性气概是一个庄严的事物。它并非纯粹是自然而然的，就像一个文明社会的多数属性，它必须人为教授”（Stearns，1979：196）。（此处“文明”一词是多么不必要啊！）

比方说，在现代美国小说中，读者会一而再再而三地邂逅这一焦虑观念。读者不仅会在海明威及其追随者的作品中发现它，而且会在弗兰克·康罗伊（Frank Conroy）[①]、菲利普·罗斯（Philip Roth）、杰弗里（Geoffrey）和托拜厄斯·沃尔夫（Tobias Wolff），以及其他当代男性小说家的笔下找到，他们总在学习（或教授）如何成为一个男人，以及述说对男孩来说选择正确的道路是何等艰难。读者亦能在19世纪的浪漫主义作家的作品中找到它，比如霍桑、惠特曼，以及爱默生，他们关心的是具有

① 弗兰克·康罗伊（1936—2005），美国作家，作品有《肉身与灵魂》（*Body and Soul: A Novel*）、《半空中》（*Midair*）等。——译者注

企业家精神的“有力量者”（Leverenz，1989），但它在赫尔曼·麦尔维尔的海上冒险中得到了格外彰显。麦尔维尔笔下的一直在旅行中寻求着什么的主人公，往往体现了对自我定义和男性确认（male validation）的具有男性气质色彩的追求，这一点远超同时期其他小说中的主人公。最近，有不少评论家辩称，麦尔维尔的航海故事，包括自传性的和想象的，都反 108
映了一个没有得到解决的冲突，冲突一方是对这种具有男性气概的自信（manly assertiveness）的需求，以特别精力充沛的、物质主义的美式风格呈现，另一方则是根深蒂固于其性格中的“对被动性和依赖性的嗜好”（Haberstroh，1980：31）。读者可以很容易就看出航海与成人仪式之间的隐喻联系，而成人仪式则为诸如康拉德和吉卜林这样的西方作家笔下非常常见的主题，但它也见诸很多尚无文字记录的古老社会，正如玛丽·赫尔姆斯（Mary Helms）在其作《尤利西斯的航行》（*Ulysses's Sail*）中用了大量的民族志细节所描绘的那样（Helms，1988：88—91）。

对鸿篇巨制的航海小说来说确实如此，但是关于这种矛盾心理的主题在麦尔维尔的短篇故事《书记员巴特尔比》（“Bartleby the Scrivener”）中也得到了格外凸显，而小说的背景设置在华尔街。这个怪异的、几乎是超现实的幻想故事的主人公是消极的书记员巴特尔比，一个沉默寡言的男人。小说追溯了他不断加重的萎缩症，在此过程中，巴特尔比拒绝工作或是关心自己，并逐渐形销骨立，令他的股票经纪人雇主恐惧不已，此人带着持续增加的不耐烦，最后是阴郁的绝望，叙述了这个故事。终于，尽管雇主表达了所有理性的恳求，但是，巴特尔比还是死于累积而达致命程度的饥饿，死在一个叫作“坟墓”（“The Tombs”）的隐蔽的地方。当有人提供机会可以让他挣得些许钱财挽救自己时，他总是回复道，“我宁愿不”，后来，他撤回至消极的沉默。虽然这个狄更斯式的寓言总是被解读成是对美国资本主义的批判（M. Gilmore，1985：132—45），但它实际上最有可能反映了麦尔维尔有意识的意图。在我看来，这个强大的无意识的退行主题更锐利，也更影响深远。坟墓（子宫？）显然是对幼稚化（infantilization）的隐喻，而小说则成了对回到婴儿期的无助，以及最后的被动消极状态——死亡的幻想。

男性气概指数

虽然要谨慎行事，避免将这些例子普遍化，但世界范围内的男人们看
109 似都在分享同样的观念，麦尔维尔在其小说中是这般矛盾地表达它们。对努力工作和高效的事业心，以及一个相似的信仰的强调持续重现，而那个信仰就是，这一工作伦理必须人为地在犹豫不决的或被动的男人身上予以谆谆教导，那些男人内心深处就像巴特尔比一样，“宁愿不”奋斗。

另一个将我们一直在讨论的诸文化结合起来的显而易见的老生常谈，则与硕大（bigness）相关——以肌肉组织、成就，或财产的多寡衡量。这种规模与生殖力之间的关联，可能是普遍的，证明了作为生产出有价值东西的诱因的男性气概形象的有用性。恰好就像洋泾浜语词语“老大哥”那样激发出了一个雄伟的形象，它具有真正的男性气质，是居高临下的存在，它暗示着庞大的阴茎尺寸和身体力量，因此，在我们自己的文化当中，“在‘百万富翁’，甚或是‘镇子里最富有的人’这样的措辞中，存在着难以用言语表达的男性气质”（David and Brannon，1976：19）。任何工业社会当中的“老大哥”同时也都是该地区最富有的男人，最成功，最有能力，他拥有社会需要或希冀的多数东西。我们还会把有权有势的企业家和政客称作“老大哥”，因为他们在权力或成就的意义上首屈一指。在很多社会中，从尚无文字的社会到后工业社会，财富或地位都意味着创造的或操控的权力，而这个权力标志着男性气质；其中只不过细节有异罢

了。这种男性的硕大（male bigness）可以在物品或货币、现金或家牛等方面得到衡量；它也可以通过堆积起来的优先股、美丽的宝石，官僚荫庇（bureaucratic patronage），或简历上的信用进行评判。

潜藏在这一切下面的，是通过居高临下的、自信的行动取得个人成就的意识，而行动则成了一样能够衡量的东西。在这些社会中，要认识一个男人，要评判作为一个男人的他，你就必须看看他是否从事有益的工作；你就必须知道他作为一个工人、一个生产者、一个建设者拥有的精力指数。工作定义男性气概，但并非只是作为精力耗费出去的工作，还包括作为养活生命的劳动，建设性的劳动。社会学家费迪南德·茨威格（Zweig，1961：79）援引其信息提供者，一个蓝领工人的话说："要想成为男人，一个男人得工作，并维持生计。"美国的诗人们表达了相似的 110
观点，威廉·卡洛斯·威廉斯（William Carlos Williams）曾经写出下列信条："如果你想了解一个男人，如果你发现他卓越非常，那你必须与他一起做点什么。你得工作。"［《帕加尼游记》（*A Voyage to Pagany*），转引自Tolson，1977：47］。

东非的"老大哥"

这种务实的生产力指数在很多不同的环境中都出现过。随机举出一个第三世界的例子，我们可以暂时转向东非。在那里，乌干达北部的多多斯（Dodoth）部落就提供了一个与我们刚才一直在讨论的情形对应的典型事物。这些多多斯人是牧牛者、战士，最重要的是，他们全部都是有名的、令人生畏的偷牛贼。正如伊丽莎白·马歇尔·托马斯（Thomas，1965：39—40）写到的那样，在他们当中，一个男人在他能够声称拥有男性气概、娶上一个妻子前，必须证明自己作为一名战士兼偷牛贼的价值。

托马斯向我们讲述了一个拒绝长大的多多斯男孩的故事——一个东非的彼得·潘。他无视自己那带有男性气质的成年人责任，其中就包括危险的抢牛活动。只要他在参与活动面前退缩，他的同族中人便会视他为弃儿（outcast），质疑其男性气概。最后，因为无法继续忍受，他攒足勇气并成功地进行了一次抢牛活动。在各式各样的冒险和灾祸过后，他终于成功杀死一名敌人，该行为使其获得了一头肥公牛。他志得意满，立刻屠宰了他的奖品，并且奉献给部落。根据托马斯的描述（同上），在到达这个成功巅峰以前，他在其族人眼里不过是个区区男孩而已；此后，设法获得了肉食的他，在当地人那里变成了一个男人，也被当作男人对待。他被允许娶妻成家。他已经成为一位父亲了：他的“工作”使其成为一个男人。

就像新几内亚的高地人，在这些多多斯人那里也存在制度化的“老大哥”地位，以便庆祝这样的成就。托马斯为我们描述了这样一个可敬的“老大哥”，此人叫作洛科里摩（Lokorimoe）。作为一个拥有大家庭、
111 富有而备受尊敬的多多斯长者，洛科里摩是一位典型的多多斯领导人。他杀死过许多敌人，积攒了不少良种牛的头颅。他在世俗物品方面可谓殷实，其人身体强壮，甚是慷慨。族人们说，在取得这些殊荣以前，他是个“无名人士”，根本不是男人，是一个没用的东西。“一个男人”，多多斯人说道，是“一个有牛的人”（同上：146）。他们艳羡地说，洛科里摩是一个男人中的男人，一个真男人：他对自己的财富颇为慷慨。多多斯人的男性气概有赖于两项成就——抢牛和战争，它们既涉及风险和危险，又促进了群体的福祉（同上：147）。但是，成功在这里还不够：一个真男人不仅要勇敢，而且得富裕且慷慨，就像洛科里摩那样——一个名副其实的人形丰饶角（human cornucopia）①。在披露一则涉及两个男人，拉波

① 丰饶角，亦作丰饶羊角，起源于古希腊和罗马的神话，因装满了果实和鲜花，羊角被视为丰收的象征。——译者注

里（Lapore）和雷米（Remi）的故事时，托马斯给我们提供了又一个有关多多斯人在行动中展现的男性气质价值观的例子。这两个男人围绕一次抢牛活动争吵不休。拉波里是个得到证实的战士、有所成就的偷牛贼；雷米则是个差劲而懦弱的表现不佳者（ne'er-do-well），他虽然身体强健，但其表现从未达到受到期待的高度。某天，由于对自己的从属地位感到厌倦，声名狼藉的雷米决定组织一场由他自己领导的偷牛聚会。他大声吹嘘着他的计划，引导其他男人跟着自己进入灌木丛。但是，当他聚集了一定数量的、接受了其提议的潜在偷牛贼后，他在最后一分钟临阵退缩，选择放弃，抛下了他处于困境中的追随者。这对拉波里来说可谓良好机遇，他带着愈发强烈的怀疑看着这一切。他愤愤不平地直面这个装模作样者，指责他既懦弱又能力不足。但他最有效的羞辱则是质疑雷米的男性气概。他对他说，“你以为自己是一个男人，可你并不是”（同上）。因为无法驳回这一攻击，失去男性气质的雷米选择开溜，私下舔舐自己心灵上的伤口。一个真男人在追求财富和荣誉时永远不会犹豫。

男性气概与创造力

诚然，存在着除了偷牛和暴力之外的其他语境，在这些语境里，男
性气概与进取心相联系。这种联系，及其导致的实际影响，在西方文学 112
中是个常见的主题；在世界上多数文化的神话中，解决集体问题这一主题都扮演着该文化中英雄神话之基础的角色（Campbell[①]，1968）。但是，这样的观念不只是在工人或原住民当中统治着性别态度和性别理想。在学者、文学批评家，以及诗人那里，这种英雄的智谋与男性气概之间的联

① 约瑟夫·坎贝尔（Joseph Campbell，1904—1987），美国著名神话学家，著有《千面英雄》《神话的力量》等作。——译者注

系，也时常得到赞美，只要是以假设的措辞呈现。举例而言，有一种可敬的文学传统，它认为男性气质与艺术创造行为是一致的，而艺术创造是一个从坚硬的原材料中锻造出美的过程。在跟随这一观念的人士看来，男性气质的定义是被有目的地建构（purposive construction）出来的。男性气概被看作不同的诸要素连接成的一个有序的整体，是强加在混乱之上的形式（Schwenger，1984：8）——显然是母亲身份（motherhood）在美学上对应的虚构物。在对有效性的强调方面，在给社会增加了美或知识的思想家的男性气质与以更粗略的物质上的进取心得到衡量的工人或农民的男性气质之间，存在着一种特定的、不可避免的相似性。在这个方面，没有谁能比19世纪的英国散文家、唯美主义者沃尔特·佩特（Walter Pater）说得更好。根据佩特所言（Pater，1910：280—281），艺术中的男性气质与“坚韧的直觉和随之而来的不屈不挠的意志，以及与实际上不连贯或就要土崩瓦解的事物相对立的建构精神”相关。当代的佩特，诗人杰勒德·曼利·霍普金斯（Hopkins，1935：133）写下了相似的句子：“巧妙的执行，是一种男性天赋，并特别地将男人与女人区别开来。”女性主义批评家朱迪丝·费特利称其为“执行意志”（executive will）的男性气质神话（Fetterly，1978：155）。

男性气概与狩猎

自然，这种男性创造力的原材料随地点的不同而有差异，但是，被这些作家描述成不屈不挠的意志或“巧妙的执行”的特殊品质，这一“执
113 行意志”，与作为一种来自于新几内亚或多多斯“老大哥”的具有主动行动力的规定性自我定义，差异甚小。在很多没有文字书写、人们活在边缘状态的原始社会里，这种不屈不挠的意志，以及佩特谈到的锋芒毕露的

建构性，不仅如在新几内亚或非洲那般以战争和物质的积累为中心，而且以生存活动为中心，尤其是狩猎。在原始层面，但不只是在该层面，狩猎实际上是通过把野生动物变成食物从自然那里提取价值的主要手段。由于狩猎有危险和风险，由于它供应了人们所需的蛋白质，所以它具有卓越的供应功能。生存落在男人们的肩膀上是必要的情形，在解剖学上，他们不受怀孕和哺乳所累，因而比女人更适合狩猎，他们拥有必要的机动性（Quinn，1977：187）。在现代西方人的眼里，狩猎十有八九被看成毁灭性的或残忍的事情，基本上是攻击性的或返祖的。相反，在猎人眼里，在其所属的社会看来，狩猎既是建设性的，又是慷慨的。实际上，它甚至被理解为是一种男性培育方式（male nurturing），因为它利用自然提供的原材料来供应食物；它是一项真诚和给予的行为，也是对那些被喂养者进行关怀的声明。狩猎提供的不只是食物；它还提供了工具、衣物，以及仪式和宗教的关键材料，进而既喂养了身体，又滋养了精神。

举例来说，在新几内亚的桑比亚人中，出于很多原因，狩猎是一项“社会必需事项”（social necessity）。它不仅是桑比亚人唯一的肉食供应来源（Herdt，1981：138），而且提供了仪式和审美目的需要的皮和毛。因为是这样一项重要的事业，所以狩猎提供的是一种“实现并衡量男性气质的个人视角”（同上）。狩猎往往危险重重，总是一项挑战；但狩猎活动必须完成，正如赫特所描述的桑比亚人那样（同上：140），这里面总是存在对带有男性气质色彩的勇猛（masculine prowess）的严格标准。 114

狩猎时的勇猛并不只在像桑比亚这样暴力的社会里是一种男性气概的衡量方式。举例来说，刚果地区就存在完全非暴力的穆步提俾格米人（Mbuti Pygmy），科林·特恩布尔（Colin Turnbull）对他们进行了描述（Turnbull，1981）。在这些和和气气的俾格米人当中，男孩必须学会必不可少的具有男性气质的技巧（masculine skills），特别是捕得大型猎物，比方说大象。狩猎为部落提供的不仅有所需的营养，而且有皮和骨头这类不可或缺的材料，以及仪式用具。任何在狩猎活动中落后的男人，其男性气概都会遭到质疑，并将被纳入男女不分的“小丑”范畴（Turnbull，1981：207）。非洲西南部卡拉哈里（Kalahari）沙漠中得到深入研究的昆族布须曼人也与此相似。就像穆布提人，这些温和的狩猎采集者常常被人类学家们拿来作为社会和谐的模范。男人和女人在多数事情上平等，而男人不得在他们的妻子身上施行令人不快的勇猛。但是，穆布提人也拥有难以捉摸的男性气概形象，在这里，它也直接同男性在为群体保障获得食物、衣物，以及有法力的物品的能力相联系。比方说，在马歇尔—托马斯（Marshall-Thomas）家族所研究的布须曼人当中，狩猎技巧与男性的性权力相关（Marshall，1976：270）。一个男孩，只有当他成功地杀死了一只羚羊，才会被看作一个男人，才可获准娶妻。伊丽莎白・马歇尔・托马斯讲述了男孩们在其青少年末期是如何被教导“进入了具有男性气概的阶段，即他们首次击毙了一只公羚羊”（Thomas，1959：170）。

在更近一点的对布须曼人的研究当中，理查德・李（Lee，1979：235）确认了把使用弯弓的技巧与使用阴茎的技巧等同起来的做法。具有男性气质色彩的经济功能和生育功能的象征性统一，在不少笑话里头夸张地得到表达：“弯弓……可谓阴茎的猥亵隐喻。当一个男人开玩笑说‘我没有弯弓’（*mi kwara n!au*），他是在暗示自己在性方面不知所措。”（同上：206）正如在其他地方那样，在布须曼人中，这一男性气质既充满矛盾，又脆弱不堪；它是会失去的。它必须凭借禁忌得到卫护。比方说，如果一个男人在他的妻子产下一个婴儿后，跨过了分娩留下的残余物，那么，他就会丢掉自己的男性气质，同时被剥夺自己狩猎的权
115 力（Thomas，1959：161）。狩猎与男性气概之间的联系不仅仅是对暴力倾向的确认或是攻击性的宣泄口。相反，正如欧内斯廷・弗里德尔所示

（Friedl，1975：12—32），它是对社会的贡献，同时拥有不可或缺的经济与精神价值。它是一项创造性的，甚至是和善的活动，是在服务他人的过程中一次实用性的胜利——它确实算是一种间接的滋养或培育。最重要的是，它是一次文化上的转变：通过劳作从不屈的自然那里挪用其价值。正如斯特恩斯评论的那样（Stearns，1979：111—112），“男性气概在劳作与狩猎的类比中首次得到了支撑”。

狩猎作为进入男性气概的初始阶段的隐喻，在现代西方文化的各国文学中当然也是一个常见的主题。读者只须想想海明威的故事《弗朗西斯·麦康博短暂的幸福生活》（“The Short Happy Life of Francis Macomber”）即可。主人公于非洲狩猎远征之旅中取得了男性气概，彼时，他勇敢地面对着一头向前冲的狮子。他的胜利，对他那有阉割倾向的妻子来说可谓过了头，后者在一场表面看来算是事故的事件中将其击毙了。还有福克纳的《老人》（“The Old People”），在这个故事中，男孩昆汀（Quentin）被赋予了一项杀死一头公鹿的任务，“而鹿血将开始让他进入具有男性气概的阶段”（Schwenger，1984：97）；读者还可以想到诸如詹姆斯·迪基（James Dickey）的《解救》（*Deliverance*），诺曼·梅勒的《我们为何会在越南》（*Why Are We in Vietnam*），以及罗伯特·F. 斯通（Robert F. Stone）的《流血的运动》（*Blood Sport*）这样的长篇小说，它们全都回归到同一原型男性（archetypical male）的主题。同样的观念在西米诺[①]的《猎鹿人》（*The Deer Hunter*），以及其他数不胜数的影片中都能找到回声。在这类追求娱乐目的的猎人当中，狩猎也是男性气概的隐喻，因为它彰显了坚韧不拔的精神，据说它能反映在一个竞争激烈的世界中男性取得成功所需要的性格特征。

① 迈克尔·西米诺（Michael Cimino，1939—2016），美国著名导演，其思考越南战争的作品《猎鹿人》获第51届奥斯卡金像奖最佳影片。——译者注

相似的是，把狩猎认同为男性的性成熟的做法，在对自然拥有控制权的形象中非常显著，而该做法在西方的民间传说和文学中同样常见。一个经典的例子就是威廉·戈尔丁（William Golding）的长篇小说《蝇王》（*Lord of the Flies*），在这部小说中，那些被抛弃的英国男孩杀死了一头野生的母猪，彼时，他们首次体验到了情色的感觉和男性气概的暗示。首次杀生由具有攻击性的杰克（Jack）和他的喽啰罗杰（Roger）领导，它
116 既是一场成人礼仪式，同时在隐喻的意义上，又是男性最初征服自然的娱乐——这是双重意义上的成年：“杰克骑在猪背上，用刀子往下猛捅。罗杰发现猪身上有块地方空着，他用长矛猛戳，并用力地往里推，直把自己身体的全部重量都压在长矛上。长矛渐渐地往里扎，野猪恐怖的尖叫变成了尖锐的哀鸣。接着杰克找到了猪的喉咙，一刀下去，热血喷到了他的手上。在孩子们的重压之下老母猪垮掉了，野猪身上叠满猎手。”[1]（Golding，1964：125）。这其中的暗示显然是情色的，尽管男孩们体验到的“满足”也可以阐释为成功地克服了对杀生的抑制。男孩们已经表明自己是成功的（尽管就戈尔丁的目的来说，可谓麻木不仁的）杀手。他们已经建立起对自然的统治；他们已经让动物世界臣服于自己的意志，并为饥饿的弃儿们提供了肉食。

戈尔丁的目的是要明确地运用普遍性的主题和冲动，把“原始的”和“西方的”等同起来。这么做的时候，他采取了些许艺术家的手法，但他用心理学术语描绘出来的起始行动（an act of initiation），在不少狩猎族群的诸多仪式中得到了具体的反映，而这些族群既有原始的又有文明的。正如诺思洛普·弗莱（Frye，1976：104）所言，“追猎通常是一个与男性色情有关的形象，是追逐的运动和直线冲刺，这对被追逐的猎物还有性的弦

① 译文引自威廉·戈尔丁著《蝇王》，龚志成译，上海：上海译文出版社，2009年，第198—199页。——译者注

外之音”[①]。在狩猎主题中，男性气概的所有变量——经济水平、技巧、强壮程度、性欲——都以最直接、最戏剧化的方式聚焦到一起，这其中有象征层面的，也有养家糊口这种现实层面的。我再次认为，这个带有攻击性或返祖意味的主题在这一切当中一直在被夸大。同样重要的是生殖驱动力；而生殖技巧和哺育下一代跟杀戮欲一样，都在扮演激励性的角色。

女人作为养家者

自始至终，我一直在强调男人养家糊口的角色是其男性气概的衡量标准。但这无可否认地忽略了女性对家庭经济的贡献。女人们为她们的家庭 117
提供了什么？近来的研究表明，在人类学和社会学的文献中，女性对食物采购（不只是加工、烹饪，或是招待）的贡献一直被忽略，或是被不公正地贬低了。女人们也是食物的提供者，有时与男人们同等重要，甚至超过了他们。比如，最近一本由弗朗西丝·达尔贝格（Dahlberg，1981）主编的、题为《采集者女人》（*Woman the Gatherer*）的书表明，就连在狩猎社会当中，收集野生植物的女人们都可能提供重量等于或多于其男性同胞提供的食物。虽然她们自己不狩猎，但是她们可能通过撒网、设下陷阱，或击打灌木以赶出猎物等方式协助男人狩猎。在世界范围内，根据计算，从最原始的文明到现代文明的各种各样的社会中，女人们贡献出了生存所需品的百分之三四十（Sanday，1973：1690）。

但女人们是否曾经自己狩猎呢？她们狩猎大型动物吗？她们进而会跟男人们一样承担相同的风险吗？只有一个实证案例被报道过，在这个案例当中，女人们真的会自己动手杀死大型动物。这个案例就是关于阿格

① 译文引自诺思洛普·弗莱著《世俗的经典：传奇故事结构研究》，孟祥春译，上海：上海人民出版社，2010年，第113页。——译者注

塔人（Agta），吕宋岛东北部的尼格利陀人（Negrito people）的一支（见 Estioko-Griffin and Griffin，1981）。这个案例证明狩猎恰恰可以成为一种女性的职业，一如其之于男人。鉴于阿格塔人对以上的讨论提供了方向，这个例子值得一观。

对已经呈现出来的证据做出的更为仔细的考察表明，阿格塔女性狩猎的特例或多或少被夸大了。从事这项研究的不少作者写道，大多数当地女人只是在“极端情形”下才全天候狩猎，而且每日都狩猎的那些女人会遭到来自临近族群男女两性的嘲笑（同上：128）。此外，阿格塔女人在怀孕或哺乳时不会狩猎，因此，他们一般还是把狩猎强调为男性扮演的角色。阿格塔人说，狩猎是一项“男性的活动”（同上：132—133），是某样与男人们松散地联系在一起的事物，某样男人们更加擅长的事物。

更进一步地说，我们必须指出，阿格塔人对生存的调适非同寻常。
118 这些人实际上不收集蔬菜，因为他们偏好用肉从从事耕作的邻居那里换来种植的庄稼。这是一个相对较近的发展，它淘汰了传统上女性扮演的食物收集者的角色，或许可以解释其异常的女性狩猎特例（同上：124）。最终，专攻阿格塔人研究的作者们承认，他们进入该领域太“短暂”，以至于无法对女性狩猎给出定量的概括（同上：129）。阿格塔人只是具有男性气质的狩猎规则（rule of masculine hunting）的“某种”例外——一个非常脆弱的例外。

虽然女人们很少狩猎危险的猎物，但她们的确参与了主要的食物获取活动：她们会采集，帮助耕作，收集柴火，甚或协助放牧。重要的是，在任何给定的社会中，女人们为获取食物做出直接贡献的程度，似乎同男性气概得到强调的程度相关——一个似乎可以支持我在此处的论点的发现。佩吉·桑迪（Sanday，1973）在对多项经济活动的跨文化调查中指出，女性贡献最小的情形出现在地中海地区，正如我们所见，这里是男子汉的家园；女性贡献最多的情形出现在西非，正如罗伯特・莱文指出的那样，那里对传统的男性气质的兴趣寥寥无几（也有些许例外：参见后面的第八章）。然而，部分人类学家对桑迪就女性参与谋生活动的程度得出的结论表示质疑，因为她的数据来自世界诸多文化中一个相对较小的样本。比方说，在关于狩猎采集者的案例中，卡罗尔・恩贝尔（Ember，1978：441）用上了乔治・默多克（George Murdock）的《民族志图谱》（*Ethnographical Atlas*）一书中的全部例子，她发现，在这样的社会中，男人为主要的生存活动做出了远比女人要多的贡献。她的数据表明，男人占据83%的贡献，而女人只占据8%的贡献，剩下的则模棱两可。马丁・怀特（Whyte，1978）也用上了《民族志图谱》，他认为在三分之二的各类社会中，男人为获得主要的食物（假设不是全部食物），做出了最多贡献。

然而，我并不认为，劳动的性别分工及其文化后果能够从这一定量的观点得到有益处理。显然，女人也是养家者，而且她们的工作同等重要。 119
重要的是性别任务（sex assignments）在性质上存在巨大差异。男人总会被赋予获取动物蛋白，阻挡捕食者，以及打仗的任务。就像战争，狩猎包含的不仅有危险，还有风险（既对身体，又对名誉），因为狩猎是意志的竞赛，在这些竞赛中总有胜者和输家。男人要设法杀死比他自己还机动得多的动物；他的猎物用上自己所有的狡猾和力量逃跑，而且它可能比猎人更大，更有力量。正是男性角色的这个具有挑战性、具备战斗色彩、赢家通吃的方面，要求男性具有坚韧性和自主性，而这需要特别的激励。女人们的贡献以其自己的方式做出，也是同等重要的。兴许要求极端的耐心和灵巧，但她们通常不会被卷入个人的风险、同自然的斗争，或是死于危险的敌手之中。树根和浆果不会反击，不会跑掉。分娩是痛苦的，是一场毅力的竞赛，但它不是一场女人们会因为逃跑而“输掉”的竞赛。

此外，男人们从事的狩猎和捕鱼活动往往会涉及穿越艰苦或危险的地带的远距离行程，比如梅希纳库和特鲁克的男人们的活动。女人们则在靠近家的地方从事大多数活动，在那里，她们可以得到男人们的保护，而且还可以与孩子们一起工作（Brown，1970：1074）。因为男性的任务经常涉及各式竞赛与流血，而非温和与耐心，还因为其结果非赢即输（win-or-lose）的性质，这些任务往往会是对他们表现的严苛评估。如果女人没能收来菜蔬，人们兴许会饿上一小段时间。如果男人在战场上因恐惧而退缩，或是他们停止狩猎，那么，部落或许会面临毁灭的境地。同理，在性和生殖方面，男人们都必须“有所表现”。男人们必须发起求爱，必须插入并让女性怀孕。在生理学的意义上，在性活动中只有男人会有羞辱性的“失败”的风险，一如其扮演经济和军事上的角色时的作为。

除此以外，男人们总是独自负责军事防御——这是一个不可低估的
120 事实。虽然有部分女人，比如阿格塔女人，兴许会狩猎，但是据我所知，没有哪个社会主要由女性充当战士，即便是偶尔如此。就连在以色列，也只有男人们会被派去作战赴死。[①]与很多关于男人有着好战天性的神话相反，这些男人当中大多数都不是优秀的士兵。大多数男人不得不被鼓舞起来去战斗；如果那样还不行的话，他们就不得不面对其指挥官的枪口。许多研究表明，普通的士兵在战场上极其胆怯，他会撤退，会在敌方的火力下反应“消极”（Bednarik，1970：134）。显然，因为男性角色常常要履行一项军事义务，所以它往往需要特定种类的纪律或教导，以便让心不甘情不愿的青年能够拥有合宜的思维框架。

这种防御性的（有潜在致命性的）角色超出了战争范畴，还包括抵御自然的毁灭性力量：与野生动物战斗，控制火，消除自然灾难，搭建庇护

① 与很多东、西方国家不同，自1948年建国，以色列便在独立宣言中保障了女性的权利，声称：“以色列国家……将保证所有居民的社会、政治权利的完全平等，不论宗教、种族或性别。”——译者注

所，以及诸如此类的事项。因为男人们天生具有更强的上半身力量，而且因为男人们不必分娩或哺乳，所以，群体以这种可牺牲消耗的使用方式来用上他们既合乎逻辑，又富有效率，正如弗里德尔有说服力地论述的那样（Friedl，1975）。简言之：出于生理原因，“相较女人的减少，男人的减少对人口维续的影响更小”（同上：135）。实际上，正是对这种特定消耗性（expendablity）的接受常常构成了男性气概的衡量方式，这个情况或许有助于解释为何人们会持续不断地强调冒险是男性气概的证明。因此，如果考虑到在提供食物和必需品，以及在保护方面内含于男性角色的危险性，那么，显而易见的是，在大多数社会中男人们会面对在性质上不同于女人们所面对的危险，这样的差异既存在于处理危机的方式之中，又存在于冒险行为体现出个人声誉这一暗示之中。

再次强调一下，不可夸大性别方面的差异。所有人都体验过危险：女人在分娩时面对严峻的风险，她们还不得不符合严格的、有时带有惩罚意味的群体标准。说得更确切些，女人会面对包含恐怖和羞辱在内的性虐待甚或强奸这样无法预测的危险。但是，不像战争抑或运动这样的男性 121
竞赛，强奸很少会被目为一项高贵的竞赛，女性在其中被期待证明其战斗力。几乎没有社会积极地鼓励女人找出潜在的强奸犯，以证明她们在肢体打斗上的勇敢。相反，多数社会视强奸为一项罪行，或者是在某些例子中那样，当作一种对道德越界行为的惩罚，人们期待女人在其中驯顺地服从。在前述的例子中，逃离强奸犯不带有任何社会层面的耻辱，而且实际上还是普遍得到认可的策略。无论如何，蓄意强奸的受害者的女性身份（womanhood）很少会遭到质疑，尽管她可能会因其他理由而遭到不公平的批评。再次强调一下，我无意暗示女人可以比男人更为轻松地经受强奸，而是说，会有不同的标准评判她们的表现，这些标准会激发不同的性别理想。主要的差异似乎在于，人们期待男人找出危险并对抗之，以此充当展示勇猛的方式，但多数时候他们则期待女人避开这样的情形。我认为可以稳妥地补充一点，即男人们并不“天生”比女人们勇敢，他们寻求风险的反应是在反抗恐惧，而且也要经过文化层面上（而不是生理上的）的调适。这一角色差异颇为重要，而且解释了很多有关男性气概崇拜与形象的内容。

但如今，是时候回到我们的扩展案例研究上了。在接下来的两章，我们将审视部落社会，在这些社会当中，男性气概通过按时间顺序排列的各个阶段和仪式得到标示。我们的第一个例子是桑布鲁人，一个东非的族群；在考察完他们，外加其他几个为了比较而列出的仪式化的例子之后，
122 我们将回到新几内亚，深入地审视东部高地上的桑比亚人。

第六章　男性气概的标识：桑布鲁

神话和仪式的一个主要作用就是提供能够引领人类心灵前进的象征，与那些不断将心灵向后拖的人类幻想是对立的。[①]

——约瑟夫·坎贝尔，《千面英雄》

特鲁克斗士、梅希纳库摔跤手、美洲“男子汉”和西班牙的“大男人”生活在不同的大陆，追求着不一样的目标，除了对彰显男性气概的热忱关切之外，他们少有共同点。但是，他们在另一种意义上又是相像的：他们都给没有清晰路标的男性气概指出了一条明路。为了达到目的，他们反复试错，缓缓前进，遵循着他们的文化脚本规定的、但时而模糊的指令。用坎贝尔的话来说，即一路上他们必须躲开将他们捆绑回童年的种种陷阱和诱惑。

于是，他们通往男性气概的旅行像极了埃里克·埃里克森在《童年与社会》（*Childhood and Society*，1950）一书中提到的心理社会发展（psychosocial development）的表观遗传阶段（epigenetic stages）。他指的是成长循序渐进的顺序，这些顺序从横向来看同时赋予了个体以自我同一性

① 译文引自约瑟夫·坎贝尔著《千面英雄》，黄珏萍译，浙江人民出版社，2016年，第7页。——译者注

123 （ego-identity），或自我意识（sense of self），以及与他或她的时间及空间相合宜的文化认同（cultural identity）。正如埃里克森通过比较形形色色的文化所示，每一个社会都会提供自己独特的物质和奖赏，从而鼓励进一步的行动。这个过程总是以同样的方式结束，但是过程中的细节则大有不同。

许多传统社会在它们对两性成年期（adulthood）的认可方式上都高度结构化，比方说，它们会用庆典或仪式的方式，加上魔咒和圣物，划分出严格的时序界限。其他社会则更多变些，比如西方工业社会，对成长概念几乎没有组织起些许公共认知，当然更不存在巫术了。正如埃里克森所展现的现代美国的情形，有些社会为男性在生命的每个阶段设立含混的选项，导致散乱、矛盾的问题产生——“左右为难”（Rochlin，1980；Kamarovsky，1976）或“男性气质危机”（Habegger，1982），也即男性必须用他们自己的方式，下定决心完成其所在文化的目标。在当代美国，其结果往往是一种“权宜的男性气概”（Raphael，1988）。

大量原始社会都会举行集体通过仪式，而这些仪式会引领年轻人通过相继的各个阶段，抵达毫不含糊的男性气概。此类仪式包括了种种象征，并在等同于男性气概的一种男性地位的仪式性授予中达到顶峰，从而将具有男性气质的转变‘戏剧化’（Young，1965）。阿诺德·凡·盖内普（Arnold van Gennep）很久以前就在其首版于1908年的经典著作《通过仪式》（*The Rites of Passage*，1960）一书中描述了阐释这些男性启蒙仪式（rituals of initiation）的基本框架。根据范·盖内普的说法，这种通过仪式隐含的主题是地位和身份的变化：男孩“死去”，男人“重生”，每个阶段都伴随着对应的符号表现（symbolization）。对范·盖内普而言，通过仪式代表着童年的终结。他宣称，这种死亡－重生的主题呈现为三个阶段：分离（separation）、转变（transition）、结合（incorporation）。

在第一阶段，男孩往往会通过宣布放弃母亲，或是被人用武力带离母亲身 124
边，从而实质性地脱离了与童年的关系。在转变阶段，他会被送到丛林里的一处陌生地，或在其他方面被隔离开来，在那里他处于一种灵薄状态，一种"阈限"（或转变）的状态，既不是一个男孩，又不是一个男人，而是介于二者之间。最后，他会通过诸如我们在此将会研究的那些充满活力的告别仪式（exit ceremonies），呈现为一个"男人"的模样。

此类漫长的、集体的通过仪式主要见诸原始的（或尚无文字的）社会。农民和城市人群很少会用精心组织的或庄严的仪式化活动来庆祝任一性别的成年，他们通常选择对个体的成长予以心照不宣的默认。正如我们已经看到的那样，地中海和中东地区的族群尤其普遍地任他们自行其是，现代美国人和其他大多数西方人也是如此。犹太人是一类例外（如果犹太人实际上可以这么归类的话），他们是仪式戏剧化（ritual dramatization）方面一个有趣的例子。在我们讨论仪式化的男性气概问题时，让我们暂且看看犹太人的案例吧。

众所周知，犹太人的受诫礼（Bar Mitzvah）会赋予一种正式的男性气概地位，而这通常发生在犹太男子13岁那一年。作为宗教和道德认同的核心部分，它既是一种时间标识，又是一种成年仪式，会在公开场合得以戏剧化展现。这个仪式是个人的，而非集体的，但是往往所有会众都会参与，从而添上了一些共同体的味道。由于犹太文化在美国为人熟知，所以在这里，受诫礼一直不是社会学研究很感兴趣的主题，尤其是因为在当代世俗的犹太裔美国人的文化中，这种仪式更像是放纵的聚会，缺乏深度。尽管如此，对这种仪式的观察能够告诉我们很多关于在发达的、一神论的、受过教育的条件下，那种男性气质转变的本质信息，因为在这一切的背后是获取男性权力的传统过程。

受诫礼在当代仪式庸俗化（vulgarization of ceremony）的过程中经常

会被人遗忘的一个特征是，它让对新手的精神考验成为必需。在会众和一位仪式专家或拉比面前，这位青年必须记住并且用希伯来语公开背诵《托
125 拉》中的重要篇目，而仪式专家或拉比会引导他并见证他的表现。新手在这个过程中可能成功，也可能失败；整个流程的成败取决于他在公众面前的表现。这样的考验甚至存在于被简化了的改革派[①]仪式之中，在这些仪式中，马戏团般的娱乐活动让宗教目标蒙上了一层阴影。但是，这不可思议的背诵行为怎么会变成考验文化能力（cultural competence）的一种方式呢？这种记忆并背诵神圣文本的行为能与我们讨论过的其他族群的身体考验相比较吗？

表面上，这与特鲁克周末拳击手的“强健的思想”有着微弱的相似性，而“强健的思想”也暗含一种男性“思考”能力，而且当然包括了公开露面的风险。然而，更深层次的同源性被两者在表达方式上、在教义上（而非身体上）的结果的表面区别混淆了。这种相似性存在于一种考验形式中，它衡量着文化适应性（cultural fitness），并使个体准备好为具体的、从历史上看有效的群体目标做出贡献。

对犹太男孩的考验是关于记忆和理解的，也即成功掌握神圣文本；但是，其所衡量的能力明显是某种特殊的智力技能，尤其是学术潜力。比方说，在我个人的经历中——典型的美国东北部世俗的郊区文化——这个过程相当于一次纯粹学术意义上的表现，就像是在学校参加考试，至少对我而言似乎是如此。在这个社会环境下，这种表现构成了个人成就的关键性竞技场，其中包括了随之出现的所有焦虑，以及受到当众羞辱和顺利成功的可能性。正如范·盖内普辩称的那样，男孩在记忆和背诵的过程中处

① 改革派（Reform），犹太教一大派别，也写作Reform Judaism，认为犹太教在发展过程中应当摈弃过时的、不合理性的成分，以适应现代生活的需要，他们在改革中废弃了不少历时已久的习俗，比如女性不得担任拉比。犹太教另外两大派别是正统派（Orthodox Judaism）和保守派（Conservative Judaism）。——译者注

于一种灵薄或过渡的状态；此后，如果成功了，那么他就会作为一个“男人”再次出现，而童年已经逝去，成为男性能力（manly competence）的又一个牺牲品。

不用说，犹太人并未与上文我们讨论过的那些好战族群在阳具方面的故作姿态（phallic posturing）相关联。他们成功的途径总是智力上的，是靠智慧生活。鉴于此，我们可以看到，犹太青年是通过一种用来公开衡量 126
那些技能的方式实现了向一种文化意义上的男性气概的转变，这些技能是犹太群体所擅长的，他们凭借这些技能得以生存和兴旺。这种男性仪式的“族群适宜”（ethnic niche）路径（Barth，1969）让我们看到了在更宽泛的社会关系的语境下，根据一种更宽泛的关于群体的经济调适性的理论得出的男性气概意象。并非所有的挑战都是身体上的，而且并不是所有的成功都能通过外在的对手进行衡量。

除了缺乏好斗的传统外，犹太人的的确确拥有一种男性气概的观念，这种观念与好斗的族群共享着一些特定的特征。就连在世俗的、被同化的犹太裔美国人的文化，这个少见的由女性主导男性的文化之中，都有一种男性气概的观念。对丈夫感到满意的妻子会说，他是个“门施”（“Mensch”）[①]，这个词在意第绪语及德语中都是“真男人”的意思；而她的母亲，男性美德（manly virtues）的最终评判者，甚至可能会表示赞同。身为“门施”，意味着有能力、可依赖、有经济保障，而最重要的是，他对依附者有用、体贴周到。在现代中产阶级犹太文化中，“门施”是一种负责型的人格，是坚定而可靠的顶梁柱。他会生出像样的孩子，给家庭提供经济支撑，满足妻子的所需（或所欲）。

门施的对立面是笨蛋（bungler），是让别人利用自己的失败者。在

① Mensch是个德语词，指的是正直而受人尊敬的人，而很多美国犹太人都是德裔，此处采取音译。

词汇丰富的意第绪语中，他时而被称作schlemiel（白痴）、schnook（笨蛋）、nudnik（傻子）、schmendrick（傻瓜）、schnorrer（二流子），或者最常见的schmuck（指没用的小玩意、笨头笨脑或性无能的）。所有这些近义词［还有很多其他的：putz（笨蛋）、nebbish（胆小鬼）、schmo（傻瓜）、schmeggegie（蠢货）］都传达出一种男性气质上的低劣或耻辱，而其衡量的标准则是在文化层面上被分配的工作和任务中表现出的无能和滑稽笨拙的程度。schlemiel或schmuck在一个“男人应当成为怎样的人”的犹太传统中指的是失败的男人（很少听到用这两个词形容女性）。
127 他是无尽的嘲笑的对象。他的无能让家人失望。他代表着梅希纳库“垃圾场男人”或新几内亚的“垃圾男”在意第绪文化中的对等物：反英雄（antihero）、非男人（nonman）。他没有通过男性气概的考验。

但是，回到更具异域色彩的通过仪式的问题上来，我们将在本章和下一章仔细探索两个迥异的社会，它们通过对男性能力的仪式性考验授予男性气概：东非牧民桑布鲁人和新几内亚高地从事农耕的桑比亚人。两者都不能与郊区犹太人相混淆。首先来看桑布鲁人。

通往男性气概的结构化飞升

从20世纪50年代开始，英国人类学家保罗·斯潘塞（Spencer，1965，1973）对东非桑布鲁部落进行了多年研究。以下描述主要摘自他经典的专著《桑布鲁》（*The Samburu*，1965），以及重要的相关研究《联合起来的游牧者》（*Nomads in Alliance*，1973）。桑布鲁人是尼罗河流域的黑人畜牧民族，他们居住在鲁道夫湖（Lake Rudolf）和肯尼亚北部的瓦索恩吉罗河（Uaso Ngiro river）之间的山地高原上。就像许多邻近的部落，他们在19与20世纪之交遭到英国人的殖民，但不像其他部落那样受到严苛的对待或被迫同化。在语言和文化上，他们与更为出名且丰富多彩的、在历史上与其有关联的马赛部落（Masai或Maasai，我们稍后将会一窥马赛族人），以及东非很多邻近的牧牛部落非常相似，诸如朗迪耶人（Rendille）、吉厄人（Jie）、图尔卡纳人（Turkana）和努尔人（Nuer）。

就像这些其他畜牧部落，桑布鲁人仍然以他们的牛、绵羊、山羊，以及少许驴子为生，一如他们的祖先那样，但他们不蓄养那些尖声嚎叫的动物。尤其是牛的价值，它在传统桑布鲁文化中得到了充分的强调，就像我们此前讨论过的乌干达的多多斯人中间的情形，他们会时不时地排斥小型家畜。在这里，拥有牛群的是有产的男人，也即“老大哥”的标志。他们说，拥有牛群的男人很重要。“他可以拥有很多妻子和儿子来照看他的牛 128
群”（Spencer，1965：3）。牛群既代表着食物的主要来源，又代表着主要的交易物品；除了妻子和孩子之外，它们是核心的文化价值。因此，并不令人意外的是，桑布鲁人的男性气概意象围绕着饲养牛群的能力，就像在多多斯人中间的情形。

在桑布鲁文化中，牛代表着流动的财富（liquid wealth）——一种用来交易，因此是获得其他好东西的通用货币。桑布鲁人对牛这种财富的着迷就像犹太人着迷学习，特鲁克人热衷打斗和囤积消费品，梅希纳库人着迷捕鱼和摔跤。他们最根深蒂固的理想就是每个男人都应该有自己的牛群，并且最终能够独立管好它们，照料它们繁殖这一观念。这个模式中的关键词是“独立”，它指的是经济自由和社会自由：没有欠债，没有地主，没有主人。但除了占有，一个男人还必须完全地、不容妥协地控制着他的牲畜；他必须被看作一个自主的牧群企业家，实施管理控制，身上没有一丝一毫的依赖性。桑布鲁人对这一点十分坚持，他们把独立的畜牧业看作成年男性地位的基础。

通过小心翼翼的、不受阻碍的牲畜繁殖活动积累起来的，经过管理得以增加的，以肉的形式呈现的财富，让男人在这个一夫多妻的社会中可以频繁结婚，通过妻子、财富和孩子的增多，取得人人向往的“有价值的男人”这一地位。一个有很多牛的男人是一个有价值的长者，是一个“值得尊敬的男人”，不过他同时也必须能“大方地自我否定”（同上：26）。也就是说，桑布鲁男性积聚牛群是为了能够自豪地将其分发出去，参与在部落里开展的分配食物给大家的慷慨“竞争”（同上）。为了驾驭这种贪婪的慷慨，一个男人必须能够无拘无束地自主交易、养牛，以及宰牛。

129 过去，在英国人于20世纪初来到这里之前，桑布鲁人就像凶狠的马赛人那样，是勇敢的战士兼畜牧人，但是，自从不列颠治下的和平到来之后，战争就几乎停止了。从前，东非的战争和突袭的一个主要目的是捕获牛群，桑布鲁战士会远征他乡，与强大的马赛部落和强硬的博朗（Boran）部落（桑布鲁人与他们也关系疏远）战斗，突袭之，以便组建起他们自己的牧群。同样，他们也会遭到同样投机取巧的相邻部落的突袭与掠夺。相应地，桑布鲁青年获得认可的主要途径是进行远征，杀死其他部落的人，偷取他们的牲畜以便提升自己的威望，这个过程“没有任何政治正当性”（同上：125）。反过来，他们会被其他部落袭击，因此，人们希望每个桑布鲁男性都成为一个勇敢的战士。部落的生存有赖于此。

斯潘塞的描述似乎表明，战争拥有一种明显的经济诱因和声望诱因。当这一切在英国人强加和平之后突然终止时，桑布鲁人拒绝接受，他们继续进行小规模的战斗，目的主要不是杀牛，而是偷牛，他们的相邻部落也同样如此。由于偷牛是在短时间内最容易、最迅速地得到牲畜并且增加畜群数量的手段，所以它一直是男性社会价值的关键系数。因此，男性气概保留了一种军事特质（military quality），人们期望所有“有价值的”男人都参与到成功的劫掠活动中，因为不然的话他们就无法变得富有，也无法赞助那滋养部落并使之富裕起来的节日活动和盛宴。因此在过去，青年们参与战争是“扮演了一种明确的角色：为部落的生存而战”（同上：149），可如今部落不再处于生死存亡的关头，展现勇气和男性美德的主要语境是靠突袭来积聚牲畜，这是为了达成在宴会和仪式上能够慷慨赠予这一经济目的，而这些宴会和仪式为个人勇气提供了表达的方式。尤其对年轻男性［被称为“青年”（*moran*），这是一个重要的词，我们稍后会再论述］来说，他们几乎没有其他集聚牲畜的机会，突袭和偷盗代表获得男性气概及得到所有社会奖励的主要方式，而这些奖励包括：尊重、荣 130
誉、妻子、孩子。赢得妻子的唯一办法就是展现自己有成为一个牧人和父亲的潜力。

在某些方面，就像埃塞俄比亚的安哈拉人（Amhara），桑布鲁人有一套根深蒂固的性别理想，这些理想非常像我们稍早前已经邂逅的地中海人的理想。除了个人自主和力量之外，他们也有着关于男性气质“荣誉”（*nkanyit*）的强烈观念以及由此而来的一种关于“威望”（桑布鲁语未知）的理想。这些观念是相关的，但不是相同的。作为一个由谱系或姻亲（无论是按血统、氏族、社团，还是按年龄组划分）界定的群体中的一员，达成这个群体的期望，并进而保护其名誉，这就与荣誉产生了联系。在任何特殊的社会群体内部，威望都与个人地位相关（同上：107），因此包含着社会团体内部的竞争这个要素。正如斯潘塞描述的那样，具有男性气质的荣誉意味着符合部落的理想，这不一定会导致部落内部的竞争（同上：107—110）。然而，这两种观念都与展现血气之勇（physical courage）紧密相连，而且两者都暗含了一种无法忍受任何冒犯，并且易怒的男性虚荣（male vanity）。这两种观念还暗含着对自己所在的社会单元的激烈捍卫。显而易见的是，荣誉是由对集体单位的控制程度和保护程度所定义的男性声誉——这与我们已经见过的地中海变体没有结构性差异。

尽管受到现代化和政府的压制，这些传统的男性价值依然生机勃勃。它们像极了简·施耐德（Schneider，1971）和朱利安·皮特－里弗斯（Pitt-Rivers，1965，1977）所讨论的地中海地区的荣誉观念的主要成分。斯潘塞说："如今，名誉和威望仍然是青年身上为人珍视的价值，而且能够解释他们的大部分行为。人们期待一个被人以某种方式侮慢的青年——兴许是被嘲弄了，或是他的情人被勾引了——报复冒犯者，因此，卷入其中的正是他的名誉。但是，当他超出了这些期望，超出所需地证明
131 了自己，这也变成与个人威望相关了。"（Spencer，1965：111）

我们能够预料到，在一个拥有引以为傲的军事传统，可没有首领、政治组织破碎的社会中，对个人威望和群体荣誉的格外强调是一种社会价值。但是，就像安达卢西亚人和其他许多不那么好斗的族群，桑布鲁人用其他与文化能力和性造诣直接相关的男性价值实现了这种群体的"荣誉"。有价值的男人的合成形象包括对经济自给自足和生产力的极大重视。物质上的自我否定和与此相关的"施与者"状态都被提升至道德上的最高权威（moral paramountcy）。桑布鲁人的理想是，一个男性"应该意在增加其牲畜的数量，扩大他建立起的家庭的规模，直到他能够凭本事建立起自己的家园"（同上：12）。换言之，人们期望他靠自己的辛勤劳动再生产出一个部落的基本亲属单位，也即家园，并使之壮大、兴旺，那样的话，它就会自给自足，硕果累累，子孙满堂，就像耶和华告诫以色列人的那样。一个男人必须对繁殖牛和哺育孩子给予同等重视，保护两者不受捕食者和闯入者的危害，而且他必须将其社会精力延伸至经济再投资上而非个人的消费上，后者可能会消耗其家庭宝贵的财产。在这个方面，桑布鲁男性总是处在达到标准的公众压力之下。但是，他的价值不仅来源于积累，而且来源于为盛宴慷慨地提供赠品。在桑布鲁男性意象中，这种捐赠功能比性勇猛（sexual valor）更重要。

一种制度化的部落慷慨竞争激励男人在一种肉夸富宴（potlatching of meat）中胜过彼此。在每一场盛宴上，每个男人都力图给得最多，拿得最少。“比如，在大多数盛宴上，年轻些的男人坚持把最好的肉给他们的长辈，也会以类似的方式对待姻亲。就连在地位平等的同龄人中，都存在礼貌上的持续性较量。在这场较量中，看起来吃得最少并鼓励他的邻居吃得最多的男人是道德上的胜者，是真正有价值的男人。”（同上：26）。一个自私的男人，也即“享用自己牛群者”会被描述成“弱小的” 132
（*laroi*）——在桑布鲁人中间，这个词会被用来指称那些小而微不足道的事物，小于正常水平的或脆弱的物体，以及无法有效使用的工具，比如漏水的水桶，或经常抛锚的路虎汽车。于是乎，弱小的男人就像孩子一般体格矮小、吝啬、有缺陷、浪费成性、低效（同上：27）。他索取的要比付出的多。就像“垃圾场男人”、“垃圾男”、混蛋，他出于这个原因遭人鄙视，而这种厌恶相当于给这个无用之人施加了一道“灾难的无声诅咒”（同上：28）。桑布鲁人的男性气质意识是一种道德上的看不见的手（moral invisible hand），它指引着有自尊的个体朝着累积资本这个集体目的行动起来。其目的是成为部落的赞助者，使别人对自己产生出依赖性，并让自己卷入跟其他人的慷慨较量，在这些较量中每个人都间接受益了（Spencer，1973：39—41）。在这个语境中，服从另一个男人在桑布鲁人看来是“个人荣誉上无法抹去的污点”（Spencer，1965：108—109）。

年龄组

让桑布鲁人在民族志文献中出名的，是他们的年龄组体系（system of age-sets）和丰富多彩的参与者仪式（attendant rituals），这些仪式推动并庆祝着男性生命周期。在这个方面，他们和与之相关的东非部落类似，但是由于斯宾塞出彩的记载，他们充当了普遍共有的一种男性气质仪式化转变的范本。桑布鲁男性必须得经历一系列复杂的年龄组和年龄等级（age-grades）转变，而根据这些年龄组和年龄等级，他们身上所具有的按照部落价值角度评判的成熟度和责任感会得到公认。基本上，存在着三个主要的年龄等级，这三个年龄等级又会细分成大量按时间排序的年龄组。这些主要的等级包括：第一，男孩（boy）；第二，青年（*moran*），或青少年/年轻人（斯宾塞笔下的“青年”既有单数形式，又有复数形式）；第三，长者（elder）。

东非牧牛社会一个著名的特征是，青年这个特殊状态是一个漫长的、
133 持续很久的考验期；它是我在这里最关心的状态。以前，青年期（mora-nhood）是男孩适应环境、准备成为一个坚忍的战士的阶段；如今则是准备好成功偷牛的阶段，它从十四五岁开始，持续大约12年，这段时期又被分成大量年龄组。下文将会描述的割礼程序启动了青年期，开启了分离阶段。

通过了割礼考验之后，新手们会在空间上被隔离出来成为一个个小组，走出村庄的边界，来到灌木丛中事先选好的地方，他们要在那里生活10年左右，完善他们作为长者的技能和功能。另外，在青年期，每个青年都必须参与大量辅助性仪式与考验。其中最重要的是射箭仪式（arrow ceremony）、命名仪式（naming ceremony），以及最终的公牛仪式（bull ceremony），这些仪式全都涉及对技能、忍耐力或能力的考验。在公牛仪式中，男孩首次奉献自己的公牛，并分发公牛肉。这代表着青年期的告别仪式，最终引领年轻的男人成为一个十足的有价值的男人（*lee*，同上：108），而这与凡·盖内普的结合阶段（incorporation stage）相一致。直到杀死了自己的第一头公牛之后，青年才会结婚或生儿育女，因此一切都再次围绕着青年获得并提供肉的能力。男性气概的仪式化在一种预示着未

来成功畜牧的特定行为——“部落慷慨”之中达到高潮，它反映出了这一点。我将仅仅指出这个转变期的主要特征，因为它们与男性气概的意义这个问题相关，而不会详细描述年龄等级所有微不足道的细节，读者能在斯潘塞（Spencer，1965，1973）的经典研究中找到那些细节，它们已经被详细论述过了。

青年期

男孩进入青年期的第一项考验是痛苦的割礼程序。作为对勇气和坚忍的考验，这种手术是非常疼痛的，而且没有使用麻醉剂；也没有缓解新手参与恐惧的措施，这明显也是考验的目的之一。割礼期间，每个被 134
置于其男性亲戚和未来姻亲的注视之下的青年，都必须静止不动、保持安静，这个过程将持续4分钟或更久。哪怕是无意识的抽搐也会被说成恐惧的迹象。这种细小的动作用一个词来形容，即*a-kwet*，字面意义为“逃跑”，斯潘塞将其解释为“退缩”（同上：103）。如果男孩稍有动静或发出一点响声，围观者就会集体表示震惊、失望到屏息；他将永远作为懦夫为人所不齿，而且在迈向成年状态的过程中，他会被排除在他的年龄组外。没有其他新手会想要跟“逃跑”的男孩建立起同庚（age-mate）关系，因为这个男孩的余生将背负着劣等的耻辱。除了自己被残酷地排除在外（Spencer，1973：89），他还给其整个世系带来了永久性的打击。在桑布鲁谚语中，他的所有族人都必须公开“吃掉他们的尊重”（eat their respect）[①]（Spencer，1965：104），因为他们的男孩逃跑了。

此处，这种表达集体羞耻的口腔隐喻有比较上的意义，它不仅让我们想起了新几内亚的“垃圾男”，他们的主要错误是在没有产出的情况下依

① 在这里，“吃掉”（eat）似乎可以理解为“收回”。——译者注

然“吃着”土地，而且让我们想起了口腔或“饥饿”意象的作用，以及在具有男性气质的身份的构建中类似的身体比喻的作用，其他学者在别处写到了这一点（参见Brandes，1980；Herzfeld，1985a）。桑布鲁的比喻创造出了一个常常出现的形象，把威望与给别人食物吃的功能联系起来，在桑布鲁人的情况中，就是与供应牛这一功能相联系。蒙羞的世系成员并没有提供会带来尊重的物品——给别人吃的有价值的肉，也即得到钦慕——而是被迫吞下他们的骄傲（这让他们窒息）。他们因生出了一个“逃跑”的男孩而被当作（象征性地被比作肉的）价值的消费者而非捐赠者，这种价值就是：荣誉。整个世系都会受到这种价值错位的牵连。

与食物有关的话题还在继续，并在青年不准食用肉和牛奶这两种首要食物的禁令中得以具体化。在青年期的早期阶段，年轻的新手必须仪
135 式性地最后一次走过他母亲的屋子。在这戏剧性和风格化的关头，他在母亲和所有济济一堂者面前公开发誓，他再也不会吃“被任何已婚妇女看到的”肉（斯潘塞，1965：87），所谓的已婚妇女也就是与他母亲的社会地位相当的女性。从此以后，这种肉就是*menong'*，也即受人鄙夷的食物。另外，男孩发誓克制自己，不喝村里来的牛奶，而且他会完全放弃喝同他后来可能要娶的女性有关的那些人所产的牛奶。这种自我节制很重要，因为牛奶是桑布鲁人的主要食物来源，无论是纯奶，还是与奶牛的血相混合的。牛奶做成的各种形式的东西非常美味，受桑布鲁人喜爱，自然难以抵挡。放弃它可谓真正的牺牲。这么做彰显着一种决心的成熟，它相当于对依附的象征性否认。

这些令人沮丧的食物禁忌对桑布鲁人而言有着重要的文化意义；他们将这样的饮食节制看作“青年期的决定性标准”（同上：87）。虽然研究兴趣在别处的斯潘塞没有关注到这一点，但在本质上，年轻的新手们通过这些口腔放弃行为（oral renunciation）传递出的是象征性地戒断来自母

亲和姻亲的抚育。这是一种自我节制的行为，通过它，男孩演绎了一场从食物的接受者到供给者的个人转变。禁止喝牛奶传达出两项相关的声明：其一，男孩宣布放弃所有对其母亲的食物性依赖（food dependency）；其二，他宣布放弃在姻亲和年长的女性中寻求替代性的口欲满足的青年期愿望，而他之后必须通过自己的经济活动支撑这些人的生活。这种对母亲抚育（maternal nurturing）的双重放弃同时在仪式和心理动力的层面上再现了断奶的创伤，因为它传达了一种公开的确认，也即他自愿放弃女性的哺乳，而更倾向工作文化（work-culture）带来的迟到的满足。从此以后，所有女人都会被当作食物的接受者，而非给予者对待；男孩将再也不需要呵护。

除了食物和仪式禁忌，青年期的主要理想与获得牛有关，而就像我们已经看到的那样，这是部落财富的主要来源。青年期的大部分时间都被花在学习如何管理牛群及如何获得牛上，因为这项技能让青年有能力创造 136
并维持一个新的家园。男孩很早开始学习农牧：长者带他们走出孤立的灌木居所，并告诫他们："到你们的牛棚里去……到你们的牛群那儿去……这样你们才可能变成富有的长者。"（Spencer，1965：141）对不名一文的青年来说，这主要牵涉劫掠和偷盗，后者反过来要求他们有无畏的勇气和钢铁般的坚韧。正如斯潘塞论述的那样，偷盗家畜，最好是从其他部落偷盗，至今仍然是青年期的一种理想，"而且很多人跃跃欲试"（同上：141）。偷牛贼可能会被抓住、殴打、监禁，甚至杀害，但如果成功的话，偷牛便能授予青年以男性气概。这自然会使他对女孩有吸引力，后者认为这种引人注目的行为有男性气概。女孩们"沉迷于一种观念，也即青年应该在每个方面都有男性气概"（同上：118）。

性吸引力

在性和经济意义上的男性气质（economic masculinity）的交汇点上，存在着真正普遍的东西——它会导致男性求偶风格的短暂偏离。桑布鲁青年通过在异乡土地上冒险来打动其心仪的对象的做法，似乎与差不多是全球性的求偶策略一致。例如，它不仅让我想起了特鲁克人，而且让我想起了西方神话和文学中一些云游英雄，他们通过促进群体根本利益的英雄行为赢得女孩的芳心。一个经典的形象是莎翁笔下最有男性气概的英雄人物，奥瑟罗。

在这部很大程度上与男性荣誉及其性成分有关的悲剧中，这位摩尔人船长从一众次要的追求者中偷走了可人的苔丝狄梦娜。但是，他并非凭借好看的外表或身体上的魅力赢得了她。此外，他还比她大不少岁——批评者们称他为一只“老黑羊”[①]，也就是说长得并不很好看。不过，他使
137 用的爱的魔法则是他用充满爱意而谦逊的态度细致讲述其军事冒险的辉煌历史。在他们私奔之后，恰逢幕布拉开伊始，奥瑟罗出现在了威尼斯公爵面前，以便为他自己辩解并回应小人们的公开指控，这些小人包括伊阿古（Iago）和勃拉班修（Brabantio），他们说他使用邪术勾引苔丝狄梦娜。他们询问道，在更有可能成功的男士们失败的地方，这个粗俗的战士还能怎么获得成功？所以，他肯定是“用邪恶的符咒欺诱她的娇弱的心灵，用药饵丹方迷惑她的知觉”（第一幕第一场）[②]。

总是直率而可敬的奥瑟罗如实声称，在苔丝狄梦娜父亲家中，她从他那儿听到了很多他为了保卫公国而在外征战、冒着种种危险和风险的故事。听到这些“九死一生”的经历的她便爱上了这个无畏的冒险者，希

① 此处与后面的译文皆引自莎士比亚著作《奥瑟罗》，朱生豪译，方平校，人民文学出版社，1994年。——译者注

② 此处有误，应为第一幕第二场。——译者注

望“上天为她造下这样一个男子”。奥瑟罗继续道，“她为了我所经历的种种患难而爱我，我为了她对我所抱的同情而爱她：这就是我的唯一的妖术”（第一幕第三场）。他简单的解释很有说服力，使得自己的名誉得到了恢复，并争取到了听众的支持。他在为公国效力的过程中表现出的勇敢使他变得令人难以抗拒，因而具有男性气质。就像桑布鲁人的情形，在伊丽莎白时代的英国，这种在捍卫基本价值的过程中展现出的“经历患难”（passing danger）的浪漫理想，是每个人都能轻松领会的关于男性气概的著名故事。

作为一种集体表象（collective representation），男性气质经常在荣誉和勇气的“铁匠铺”中锻造出一面保护性的“铁盾”；性吸引力随之而来，仿佛男性气概本身即勇敢地面对危险以救助自己所爱这件事。在斯潘塞对桑布鲁人的求偶和性态的讨论中，男性气概和公民意识之间的联系呈现得清晰而富有戏剧性。让我们回到这些东非的奥瑟罗们身上。

这种英雄主题的语境是桑布鲁人的部落舞蹈。绝妙的娱乐活动将衣着华丽的青年和少女聚在一起，这是调情的重要时光。在这些盛事期间，年轻人迫切地参与其中，为幽会做准备。在一旁围观的迷人的少女，则是 138
唱着欢快的歌曲嘲笑那些没有劫掠过牲畜的青年。身着华服的她们有节奏地反复吟唱，含沙射影地对怯懦者发出令人恼火的讽刺。受女孩的美貌和挑衅的驱使，男孩们进入了一种欲望狂热的状态。他们被驱使着立刻参与偷牛活动，不得耽搁，他们冲动地接受了挑战。斯潘塞观察到：“女孩们的嘲弄帮助维持了这种理想，诱使青年去偷盗，这可以从一位青年的描述中判断出来。‘你在舞会上站着，一个女孩子开始唱歌。她高高地抬起下巴，你看到了她的喉咙。然后你就想离开，为你自己偷一些牛。你开始颤抖。你离开舞会，大步走进黑夜，无所畏惧，脑袋里只有一件事：你要去偷一头牛。’”（Spencer，1965：127）

这位受女孩的嘲弄刺激的年轻情郎决定了，他必须崭露头角，给她留下印象。他卖弄着自己的“无所畏惧”，大步离开居所，踏入危险的黑夜，通过偷盗牛这种财富来证明自己。明确说来，他的目标是经历患难以便获得能赢得一个女人的荣誉。就像奥赛罗及其“可怕的灾祸，海上陆上惊人的奇遇……各次战争、围城和意外的遭遇”（第一幕第三场）的行为。在桑布鲁语中可以识别出偷牛和性征服之间的联系，在斯瓦希里语[1]口语中也是如此，因为有趣的是，当“apurr”（偷）这个词用在女人身上，它意味着“引诱”（同上：148）。

在上面引用的段落中，一笔带过的“颤抖”一词也值得一提。在与外界接触之前的那段时期，准备战斗的东非战士们就会通过传统的肌肉动作来释放紧张，而这种颤抖构成了现代桑布鲁偷牛者男性气概准则的一部分。就像他们的邻居马赛人，桑布鲁青年在说他们“生气了”，或是要做出引人注目的勇敢行为时才会“震动”或颤抖。身体动作表明他们完全没有恐惧，鄙视肉体上的危险，并愿意挥洒热血——甚至付出生命，如果有
139 必要的话。根据斯潘塞的描述（同上：264），桑布鲁人视这种肌肉现象为“男性气概，也即人们期望的一个青年拥有自信这个品质的标示”。因此，当男人“颤抖”时，他们是再次在公开地展现他们面对死亡的勇气及对作为男人的承诺，以便达到他们的文化对他们的要求。在这种文化中，从社会角度衡量，他们恰恰是其成就的总和。颤抖是意图的信号，就像特鲁克人中间的饮酒或是自残行为。

道德形象和性别形象的结合表明，青年必不可少的性格特征——自信、生产能力、无所畏惧——不仅充当着桑布鲁人男性气概的证明，而且更全面地充当着他的价值性（worthiness）和正直性的证明，有人可能也

① 斯瓦希里语（Kiswahili），通行于东非的一种语言，在那里时常作为英语之外的第二语言。——译者注

会说，还充当着他有实际效用的证明。青年的准则还同时创造出了声望和性别认同（gender-identity），这两者在有男性气概的形象中是等同的；因此，让男孩成为男人的仪式周期是一种结构性转变，通过它，孩子变为成年人，自恋的被动（narcissistic passivity）变成了无私的付出，自然的未经加工的原生质[①]化作文化的完成品。在这个方面，受到仪式性表现影响的青年准则，像极了诸如海明威这种20世纪西方小说家创造的关于英勇的自我定义的准则，它是从第一次世界大战之后的幻灭和犬儒主义中建立起道德秩序的一种方式。青年准则以神话般的力量通过从自然界中挪用价值并将之组合起来，虚构出一种男性认同，而在这种力量下，青年准则像极了沃尔特·佩特对具有男性气质的自我创造的艺术行为持有的标准。

作为在重压之下追求优雅的倡导者，没有人比这些具有男性气概的非
洲人更纯粹了。但是，那些没有通过男性气概考验的青年呢？就像那些被
人说成是婴儿般吮吸乳房的堕落的特鲁克人，人们指责这些非洲黑人青年
没能长大，也就是说，人们谴责他们犯下了最严重的恶行，即倒退。斯潘
塞写道，任何没能达到青年行为准则的做法都会立刻遭到指责，就连越轨
或伤风败俗都没有“不成熟”和“举止就像个孩子”那么严重（Spencer， 140
1965：87），后者的情况更糟。这种批评威力十足，能够促成必要的改
变，因为退行的指责是最屈辱的嘲弄。就像在部落舞会上展现歌喉并要求
男性用公牛来回馈其爱慕之心的漂亮女孩子的嘲弄，表现得孩子气这种指
责对青年走向男人地位的进程构成了致命一击，而后者是他长达十年的学
徒期的目标。

① 原生质（protoplasm），细胞内生命物质的总称。——译者注

相似案例：马赛人

正如我先前已经提到的那样，桑布鲁人的经历在一大批东非其他牧牛部落中反复出现。一个丰富多彩的相似案例是马赛人，他们有时被奉为东非牧牛战士情结（cattle-warrior complex）的顶峰。且让我们粗略地比较一下他们的男性气质观念。这里，我用女人类学家梅丽莎·卢埃林—戴维斯（Llewelyn-Davies，1981）提供的数据以规避男性的偏见；另外，我还用上了一个马赛男人特皮里特·奥勒·赛托提（Saitoti，1986）自传中的内容，以避开种族中心主义——有人可能这般指责斯潘塞，尽管在我看来这并未得到证实。

一如桑布鲁人，居住在肯尼亚和坦桑尼亚边境的山上的马赛人，有着相同的年龄组制度和青年转变过程。在这些著名的战士中间，男性气质的品质也是借助通过仪式这种关键性门槛创造出来的，他们称其为“通往男性气概之门”（Saitoti，1986：56）。对马赛人来说，男性气概不是一种自然而然出现的状态，而是通过青年期的一系列考验和证明象征性地构建起来的一种精雕细琢的观念，而这个青年期与桑布鲁人的青年期持续的时间差不多（Llewelyn-Davies，1981：352）。在这个形成期，最重要的就是展现血气之勇，这是马赛人成为战士的必要条件。然而，血气之勇不仅在对付人类敌手时是必需的，而且在对抗自然的破坏性力量时也是必需的，
141 特别是在对抗野生动物和食肉动物，如狮子、犀牛和大象等时，它们在马赛领地上尤其活跃。无论何时，只要有危险，青年都会动员起来，迎难而上：

> 青年首先是战士。在村庄遭遇袭击时，所有健全的男性都会努力保卫村庄。但在这一方面，青年的责任比其他人要重……他们总是第

> 一个被叫去执行危险的任务，比如对付反复袭击居民和家畜的野生动物；的确，捕狮是青年期一个重要而且高度仪式化的特征……因而，青年就与死亡和杀敌（包括敌人和动物）联系在了一起。（同上：345）

因此，作为族人的守护者，马赛青年必须十分勇敢。他们在森林中孤立无援地生活着；他们狩猎狮子，把犀牛吓跑，还要面对突袭带来的死亡威胁。这种信息很早就被讲得清清楚楚了：母亲们经常劝诫她们幼小的儿子要“像个青年般”勇敢（同上：349）。只有在马赛男孩展现出了必要品质的迹象时，接纳他成为青年的过程才开始。在其自传中，特皮里特·奥勒·赛托提（Saitoti，1986）写到了他是如何不断央求自己的父亲让自己开始进入成年男性的角色，但他的父亲只是让他再等等。他谨慎的父亲在这个男孩身上找寻准备就绪的迹象。最后，在一个黑夜，特皮里特勇敢地面对并杀死了一头巨大的雌狮，这头雌狮袭击了他们家的牛群，还威胁到了孩子们的安全。此后，他的父亲终于答应了。“在我杀死了那头雌狮的两个月之后，我的父亲把我们所有人召集到一起。在他所有的孩子面前，他说：‘我们要开启特皮里特成年的日程了。他已经在我们所有人面前证明了他现在能够拯救孩子和牛群。’”（同上：65）

在学徒期，这些男孩要与桑布鲁男孩一样经历痛苦的割礼。他们甚至都不能眨眨眼睛。在成年礼前不久，忧虑的特皮里特被告知：“你不得挪动分毫；不能牵动肌肉，甚或是眨眼。你的脸只能朝着一个方向，直到手术结束。你身上最细微的动作都将意味着你是一个懦夫，是无能的，不配成为马赛男人。”（同上：66）虽然马赛女孩也要接受割礼（切除阴 142
蒂和阴唇），但是，手术过程中是否要表现出勇敢对她们而言并不重要。有很多在手术中大哭甚至想要逃离的女孩，她们不会遭到持续的羞辱。人们不期望女孩勇敢；正如女权主义者卢埃林－戴维斯（Llewelyn-Davies，1981：351）所写的那样，她们的自控“很少有公共意义”。特皮里特再次写道：“在割礼过程中，看见女子哭泣、乱踢是很普遍的。战士们通常会被唤去按住她。”（Saitoti，1986：69）

马赛人的男性气质概念与血气之勇有很大的关系，但是，它还包含着更多内容。事实上，卢埃林－戴维斯辩称，马赛人的男性气概不仅坚固地建立在战士伦理（warrior ethic）之上，而且建立在经济独立的观念之上，此外，马赛人的男性气概是以财产累积为基础的（Llewelyn-Davies，1981：331）。一个青年不仅必须学习战争的艺术，而且必须学会做一个自主的牧人，并创造可支配的财富。他的男性气质潜力建立在财富的累积及其掌控与分配上，就如同它建立在军事技能之上。她辩称，青年期必须被看作一个“没有财产的男孩”变成“男人”的过程，他们采用的方式是获取财产权（rights to property，*in jus*）和分配财产，创造出对依附者的权利（rights over dependents，*in rem*）。相形之下，女人永远且天生“依赖成性”（同上）。正是这种对比定义了两种性别状态。这种对财产和人身具有支配地位的男性特质观念与受到普遍强调的生殖成功及生育力有关。这种所有男人的渴望都被确立为这样一种观念：“无限增殖，不仅是牛群和牲畜，而且包括其依附者的数量”。（同上：334—335）

鉴于这种加诸多产之上的压力，这里存在一种具有男性气概的性要素。性能力对马赛人的男性形象而言很重要。一个男人在求偶过程中必须强势，并且有性交能力。特皮里特讲述了他的朋友，一个青年战士的故事，此人大胆地接近了一个要比他年长很多的女性：

> 他勇敢地挑逗她。起初，女人不敢相信他的意图，或是对他的勇气大为吃惊。这名战士的名字叫恩盖亚（Ngengeiya），或德里泽尔

（Drizzle）。

"德里泽尔，你想要什么？"

"想和你做爱。"

"我都到你妈的年纪了。"

"非她即你。"

这句话让女人大吃一惊。她低估了这样一种说法，"并不存在年轻的战士这样的人"。当你是一个战士时，人们期望你在任何情况下都勇敢地表现。你的年龄和体型都是无关紧要的。

"你的意思是，你实际上可以像一个成年男人般爱我？"

"和我试一试吧，女人。"

他向她逼近。很快，女人开始兴奋地呻吟，大声叫着他的名字。"亲爱的德里泽尔，亲爱的德里泽尔，你是个男人。"她带着呼吸声、断断续续地说，"一个真男人。"

一个真男人在所有危险的处境中都是勇敢的。就像大胆的"亲爱的德里泽尔"，他会在压力下有所表现。

就像在桑布鲁人中间的情形，对生殖能力的普遍强调在人们期望青年开始设法获取食物的人生阶段被仪式性地正式化了（ritually formalized）。一个男孩青年期最有意思的部分是奉献其第一头公牛。接着，肉的主要部分会给男孩的母亲，这个行为会被描述成是对她养育之恩的感谢。这种对他母亲的仪式性赡养象征着男孩地位的反转，也即他从肉的消费者变成了肉的提供者，并因此预示着一种负责任的成年男性气概。青年期的考验因而"对具有男性气质的身份来说至关重要"（同上：352）。然而，作为该部落繁荣昌盛所基于的核心概念，青年期对马赛人来说承载着更多意义："因此，青年期体现的不仅仅是一种抽象的男性气质理想。

它还展现了马赛文化最辉煌的一面；它对该文化的形象非常重要，马赛人将其呈现给他们自己和外面的世界。”（同上：354）就像于桑布鲁人那样，于马赛人而言，男性气概的观念也包含了该部落的一种观念，一种基于献身集体目标的道德勇气的观念。它们对男性气概的构建不仅包括身体
144 力量或勇敢，而且包括一种道德之美（moral beauty），而这种道德之美被人理解成民族认同。它体现了一种核心理解，也即男人只是他取得的成就
145 的总和，而且他取得的成就不多不少，恰恰等于他留下的。

第七章　男性气概的仪式：桑比亚

女性气质自然而然展现，然而男性气质必须凭努力获得；此即男性仪式崇拜立基之处。

——吉尔伯特·赫特，《男性气概的仪式》

在文化和血缘上，以及在仪式和荣誉观念上，桑布鲁人同他们的邻人相似，而他们的做法其实在更广泛的地区也可谓寻常。相同的说法兴许也适用于新几内亚的桑比亚人（Sambia），其涉及社会性别的不少习惯在毗邻的高地邻居中相当具有代表性，尽管由于白人的干涉，或更近些时候来自巴布亚政府的压力，某些人被迫抛弃了它们。

人类学家吉尔伯特·赫特自20世纪70年代晚期始就一直在用引人入胜的大量细节报道他们，由于他坚持不懈的努力，在相对庞大的美拉尼西亚文献范围内，桑比亚人是一个被研究得格外透彻的族群。他们对人类学家来说有着一种不同寻常的吸引力，因为在西方人看来，他们那些带有男性气质色彩的成人仪式，其强度和变态程度非同一般。这些仪式包括同性口交行为，还有更常见的流血和欺凌。鉴于这种仪式性同性恋（ritual homosexuality）的怪异特征，这些仪式成为我们研究男性气概形象的一个重要

146 的考察案例。这种同性恋式通过仪式是如何与我们此前在男性气概行为规范当中见识到的过度异性恋状态（hyper-heterosexuality）相适应的呢？

在第五章，我们已经匆匆瞥过一眼桑比亚人。他们是一个迷恋男性气质的族群，他们认为获取男性气质是困难重重的，要经历艰难的窘境，也是一场苦修。他们就像其他高地人一样，坚信男性气概是一种人为引导出来的状态，必须通过仪式性手段强加至犹豫不决的年轻男孩们的身上。就像桑布鲁人，他们借助一系列过渡仪式让他们的男孩子经历痛苦的、通向男性气概阶段的过程。赫特在两份引人关注的出版物中已经对这些仪式给出了细致入微的描述（Herdt，1981，1982）。使得桑比亚人与众不同，甚至是独特的，是他们那仪式性同性恋阶段，在这个阶段，年轻人被迫给成年男性口交，不是为了愉悦，而是为了摄入他们的精液。然后，这据说能给他们提供不断增多的男性气质所含物质或其“种子”。作为赫特的信息提供者之一，塔利（Tali），一位桑比亚人的仪式专家，指示道：“如果一个男孩不‘吃下’精液，他还会保持小而弱的状态。”（Herdt，1981：1）然而，就像特鲁克人的酒后暴力，这种同性恋的阶段不过是暂时的；它后来会被一种“完完全全的异性恋”成人生活取而代之（同上：3），其中包括婚姻、生殖，以及所有更加寻常的、具有男性气质的美德。因此，这种同性恋是“男性气质化”（masculinization）（同上：205）的通道，但正是这种手段与目的之间看似矛盾的联系让桑比亚人的例子这般有趣而且重要。

文化背景

不像桑布鲁人、特鲁克人，以及梅希纳库人（他们要么是平原人，要么是低地人），桑比亚人的家安在新几内亚高地遥远东部的陡峭的山脉上，那儿如今成了巴布亚新几内亚这个新国家的一部分。桑比亚人对他们的高巢感到自豪，他们喜欢说他们的家是飞得很高的鹰的巢穴，他们钦慕这种动物的独立和力量——他们在男人身上所珍爱的就是这些品质。

他们所处的地势高低不平的高山环境有着激动人心之美。赫特（同 147
上：21—22）把桑比亚人居住的乡村描述成一块到处都郁郁葱葱的土地，有着长满植被的峡谷、令人眩晕的悬崖，往往还被浓雾萦绕着。它也是一块“惊人地与世隔绝”的土地，降水没有止境，云层晦暗，按照当地居民的说法，在一年中的特定时节这会对他们造成影响，会使他们忧郁。桑比亚人习惯了住在高山和陡崖的高处，他们在那里开辟了梯田作为园圃。高耸的山峰环绕并散布在他们的定居点四周，给人一种威严感和封闭感。所有山峰中最高的那座就是几内亚山（Mount Guinea，高达11000英尺），赫特研究的那个村庄就坐落在它巨大的阴影底下。自称“桑比亚”的这个族群，人数相对较少，在20世纪70年代总共也只有大约2000人。族群人口散布在沿着陡峭山坡筑起的彼此相邻的各个定居点，生态上的考量限制了其向更高处进发，也限制了他们的种植实践。桑比亚人是狂热的种植者，主要产物包括典型的高地主食，甘薯，以及其他一些只会在特定海拔高度蓬勃生长的草本作物。此外，桑比亚人还会养猪，他们是老练的猎手，能获取各种各样的肉。以前，他们也是勇敢的战士，同邻族战斗并抢劫之，在偷袭和阵地战中玩无止境的战斗游戏。对一个男人来说，要展现勇气并建立自己的声誉，这是一种至关重要的方式。这一切都被殖民的澳大利亚政府给杜绝了，但是桑比亚男人仍然钟爱讲述那些神话，他们把他们的特定存在与过去部落冲突带来的分裂联系了起来。

其中一则神话讲述了一场惨烈的暴力战役，在该战役中，桑比亚领地的原住居民战败。随后出现了一场食用遇难者的盛宴，之后他们移民至如今的桑比亚中心地带（Herdt，1981：23）。桑比亚人是名副其实的战争

与征服之子；对他们来说，战士即原型英雄，而他们作为一个独立的族群
148 存在正是基于战士的功绩。这份持久的遗产构成其今日男性气概形象的一个鲜活部分，并珍藏在该部落的意识当中。

对男性气概形象来说同样重要的是狩猎能力，这是桑比亚人的文化常识中“最具男性气质的追求”（同上：83）。他们的狩猎活动在肉体层面上并没有太大风险，因为他们的猎物主要是小型动物，但对于他们的地位而言可谓风险重重，因为人们期待男人们成为成功的猎人，如果他们失败了，会遭到嘲弄。只有男人们狩猎，女人们不准参与。狩猎对桑比亚人来说具有特殊的价值，它不仅仅是驯养猪（高地主要的肉食）的数量较少的地区所需蛋白质的来源，而且还有仪式上的原因。桑比亚人丰富的仪式生活与野生负鼠密不可分地联系起来，它们提供的皮毛用于必要的装饰。其他动物提供了同等重要的仪式用品。比方说，与高地其他地区不同的是，桑比亚人“必须狩猎以捕获有袋类动物”（Herdt，1982：88），并用它们的肉来庆祝婚礼、葬礼，特别是男性成年礼。在桑比亚人的宇宙观中，这些动物已经获得了几乎是神话一般的重要性。因此，就像战争一样，狩猎方面的专业知识，也被视为展示男性气概所必需，这不仅仅关乎获取食物，他还要能发起宴会和庆典，在这些场合，食物会被交换。因此，对年轻的男人们来说，每一次杀戮“都会变成一场特别的凯旋”，通过公开的善行和展示，他们走上了证明其个人男性气质之路（同上：141）。

成人男性的地位取决于其他一些特征。正如在桑布鲁人当中，一个没有能力的猎人会被剥夺娶妻的特权；然而，出于我们在第五章已经讨论过的原因，所有男人都期待走入婚姻，他们同样也希望获得父亲身份。孩子们会被视为最有价值的资源，所有人都热切地渴望他们，这部分是因为人口多就意味着安全这一信仰。正如在其他社会中的那样，狩猎的成功通向的不仅是社会名望，而且还有性方面的成功。在这个一夫多妻的社会里，

就像在其他社会中的那样，一个优秀的猎手能够获得很多妻子和情妇；一个差劲的猎手则会遭到女人和潜在的姻亲的蔑视。桑比亚人的狩猎作为一 149
项道德义务，与桑布鲁人的抢牛活动或梅希纳库人的捕鱼活动之间的相似性清晰可见。在所有情况中，这种由文化定义的资源管理方面的能力，直接导向了生殖上的成功。实际上，一个差劲的猎手可能丢掉的，不仅是他的社会地位，而且有他的妻子。她可以正当地离开他，奔向另一个男人，后者是一位比他优秀的猎手（同上：83）。因此，出于以上全部原因，男人们一般会发挥其男性气概的功能，以便通往社会成功，而且，正如赫特所言，“他们必须是那副模样”（同上：203）。他们必须得有男性气概，因为“战争需要它，狩猎需要它，女人盼望它。此即桑比亚人的观点：它是男性气质的仪式得以存在的推动力”（同上）。

桑比亚人的性别理想

在应对此类迫切要求时，桑比亚人对男人们应当是何模样持有两种颇关键的信仰。其一，在总结出一种有关过往的战士和现在的猎人的光荣神话时，他们会赞成一种基于与勇气及毅力相联系的进攻模式的男性气质理想。桑比亚族的男人们会把这类语言编织成“一种特别的男性气概观念”（同上：16），它赞美的是强硬、危险和痛苦都不可穿透的特性、果断行动、旺盛的精力，以及冒险。这些正好是他们预想的理想女性特质的对立面。这个理想的化身就是战时的战争领袖，而此人充当着其他所有男人的楷模。这位战争领袖名副其实地强壮，具有攻击性，而且有男性气概——这是最纯粹的男性形式。“因此，桑比亚人总是专注于一种战士类型的男性气质概念”（同上）。一言以蔽之，这种鼓舞人心的形象与战士的理想的汇合，如今已经部分转变成了具有攻击性的捕捉猎物的游戏，对整个群体来说具有价值，因为他们的生存就有赖于适应战争的英勇和杀戮。不像在美拉尼西亚的其他地方那样，战争对桑比亚人来说绝非儿戏。一个男
150 人（进一步引申的话还有他的村庄），不得不展示出他适合战斗的一面，“否则就面临毁灭”（同上：18）。

赫特承认，桑比亚人与西方传统中其他前工业时代的战士社会存在相似性。他暂时离题讨论起桑比亚人与古代斯巴达人之间的相似性，后者就像彼时其他希腊人，身在战场也会进行一项“带有男性气概的”同性恋行为（比较Vanggaard，1972）。在这两个例子中，战士伦理（warrior ethic）不仅允许，而且鼓励战士与男孩之间暂时的同性恋关系。这样的关系非但不会被男人及其所处社会看作女里女气的，准确地说来，反而会被视为具有男性气质，对战士的决心有所裨益（后面会对此多作阐释）。

虽然必须得指出，在斯巴达和桑比亚这两个例子中，战士总是在性活动当中扮演主动的角色，也即插入方。战士的爱人或伴侣则总是一个地位低下的青年，此人扮演被动的“带有女性气质的”角色。在古代世界，娈童，或男性爱人，比方说，通常是一个年轻的奴隶，他会被一个地位优越于他的成人鸡奸（Verne，1985：32）。相似地，在当代新几内亚，初学者或新手是一个青春期前的男孩，尚未被看作一个“男人”，因此，牵涉其中的同性情色行为，从桑比亚人的视角来看，根本就不是真正的同性恋行为，如果当使用“男人”这个术语时我们指的是知情同意的成人的话。实际上，在桑比亚人当中，从未听闻任何成人的同性恋关系。因为这一切，也因为它们的仪式化和过渡属性，“同性恋的”（homosexual）一词，兴许实际上并非描述桑比亚人的做法最准确的术语。因为口交是达成目的的手段，而非目的本身，故“实现男性气质的仪式”兴许是更为准确（而且不那么种族中心主义）的术语。

其二，关于构成男性气概的事物，桑比亚人另一个重要的信仰便牵

涉到生理的或本体的情形。就像其他我们已经讨论过的族群，桑比亚人相信，男性的成熟并不是与生俱来的生理发展带来的结果，他们认为这种情况不会发生在男人们身上。因此，男性的成熟必须通过文化技巧的干预被 151
逼出来或是予以开启。这样，男性气质的情形便区别于女性气质的情形，后者凭借生理上的成熟得到展现，是与生俱来的生理过程的产物。在这方面，男人们比女人们“更脆弱”，因为他们需要外界的帮助来实现发展；所以就有了煞费苦心的各种仪式，男性气概随这些仪式的进行而到来。

关于桑比亚人的民族科学（ethnoscience）对这个信仰给出了非常细致的描述。桑比亚人在他们的性发展观念上其实持有双重标准。正如赫特记录的那样（Herdt，1982：54），女性气质被看作是女孩与母亲的持续联系的内在发展。另一方面，男性气质则不是男性特质与生俱来的结果；“它是一项不同于天生具有的男性生殖器的成就”（同上）。简而言之，女孩们之所以能自然而然地发展成女人，是因为她们保持着与母亲们的纽带，而男孩们则不得不通过文化手段“长成”男人：“男性气质必须是获得的。”（同上：55）这一切让人想知道，桑比亚人是否一直在阅读新弗洛伊德主义者的书（比较Stoller and Herdt，1982）。

然而，桑比亚人对性成熟所持的二元论观点源于桑比亚人的生理学观念，而非来自学术文献。他们相信，女人们拥有一种特殊的内部器官，它叫作“廷古”（*tingu*），一出生就存在，它会让她们自然而然地慢慢成熟。虽然男孩们在出生时拥有同样的器官，但在这个方面他们体质较差：他们的廷古虚弱，不积极，而且需要精液才能够长大（Herdt，1981：167—172）。桑比亚人相信，男性气质只有通过仪式性的“授精”才能实现，后者会触发那个特定过程，而且此后还得借助长者循序渐进的引导；因此，他们的男性成年仪式才这般重要，而赫特那本著作主要就是关注这些仪式。正如我们将要看到的那样，这一切的关键就在于让男孩远离其母亲的有害影响，以便他的廷古能够受刺激长大，并完成男性气质化的过程。亲近母亲则会妨碍之，把男孩拉回到性别无法确定的幼稚状态（infantilism）。

尽管对新几内亚高地来说可谓极端，但桑比亚人对性别差异（gender
152 differences）所持的信仰并非独一无二。实际上，这样的观念在高地相当常见；它们代表的是针对一种男性特质的人工属性（artificiality）的广泛存在的、热情洋溢的坚持之声的极端版本，它还在附近某些社会当中让人着迷。比方说，根据雷蒙德·凯利（Kelly，1974：16）的描述，在厄托罗（Etoro）、奥纳巴苏鲁（Onabasulu），以及咯鲁里（Kaluli）部落当中，有个共同的信仰，即“由于自然进程，男孩们不会在生理上成熟”。就像桑比亚人，这些族群都相信，“成长和生理成熟的实现，都由成年礼的文化性进程来确定”（同上；还可参看Schieffelin，1982：162）。这些族群都全力以赴来确保男性的发展。

同样，在附近的古鲁朗姆巴部落，男孩不会自然而然地成熟而为男人，而是必须得通过仪式性的激活手段“变成”男人（Newman and Boyed，1982：283—284）。在以上所有例子当中，获取男性气概的仪式都包括同性恋式口交。其他高地部落，比方说高山奥克族（Mountain Ok），对男性气质的弱点持有同样的信仰，但是没有仪式化的同性恋（ritualized homoerocticism；见Barth，1987）。其他族群仍然保留了这样的信仰，但由于澳大利亚政府的义愤而放弃了口交仪式。在所有这些情况中，人们都热切持有这些信仰，它们是持续不断的焦虑的来源。

对高地资料的比较研究显示出了关于男性气质的官能性弱点这一信念的普遍性。比方说，在对新几内亚的男性崇拜的全面研究中，罗杰·基辛一开始就说，他们最与众不同之处就是强调，男性是一个被创造出来的、“而非自然的”成熟状态（1982：5）。他还补充道，在该地区各个

地方，成长和体力，勇气和男性气概，都是凭借人工手段来实现的，它们
通常会包括“一连串的与世隔绝和磨难考验，遵守指令并获得启示”（同
上：8）。在新几内亚原住民当中，他总结说，几乎各处的男孩都必须通
过大量仪式性手段的苦心经营以“变成”男人（同上：9）。甚至在不强
调这类信仰的地方，正如在高山奥克族那里（Barth，1987），男孩在成年
仪式上都被大量注入了确保成熟的成长魔法（growth magic）。在所有的
情况下，男孩们都必须经历重重磨难，它们将检验其对男性理想的献身程 153
度，并且迫使他们走向男性气概，否则的话这种气概将是难以想象的。

桑比亚人的仪式

这一切把我们带回到了仪式性口交的问题上——桑比亚族男性成年仪式的突出特征。正如记录的那样，男孩们需要咽下精液，男性气质的“核”（kernel），目的在于刺激他们的身体，以便实现“男性气质化”。鉴于西方把“健康的”异性恋等同于男性气质，对我们当中某些人来说，这类具有顺势疗法色彩的信仰兴许看似匪夷所思。但除了表达方法外，我认为这个男性气质化的概念不应当太让我们震惊。因为在动机方面，存在着跨越各个文化之界限的潜在相似性，如果不是在实际操作中的话。

此外，正如我们从对古代希腊人的了解中所知（Dover，1978），在西方的主要传统当中，性倒错（sexual inversion）并不会普遍性地与缺乏男性气质相联系，娈童也并不总是女里女气的象征。在希腊和罗马的文本中，以及古典时代的遗物中，充斥着付诸行动的同性恋，“男孩的爱人们和女人的爱人们正好一样繁多”（Veyne，1985：28）。这些希腊和罗马的同性恋者并不一定会放弃自己对男性气质的主张。只要这种同性恋符

合性游戏当中的“男性”（主动的）角色在当时的形象，它一般就完全能与社会中具有男性气质的形象兼容，实际上，它还能支撑后者。其实，就像彼时其他希腊人一样，斯巴达人认为这样的男人是更好的战士，因为他们有爱人并肩作战，这能防止他们变得孤独、抑郁。在对希腊同性恋的研究中，肯尼斯·多弗（Dover，1978：106）深入探索了这个问题，并总结说，在古希腊只有当成年男人接受了性活动中被动的或乐于容纳的（receptive）角色，“抛弃男性气质”才会发生，因为那时他交出了男性的控
154 制或统治特权。对罗马人来说亦复如是，他们相信，“变得积极主动就是变成男性”，无论服从的伴侣是何性别（Veyne，1985：29）。普鲁塔克在其《爱的对话》（*Dialogues on Love*）中评论道，“那些享受扮演被动角色的人，会被看作是下等的，我们对他们没有一丝一毫的尊重和喜爱”（转引自同上：103n）。这种态度同样可见于现代希腊文化，尽管它的来源并不清楚。比方说，彼得·洛伊佐斯（Loizos，1975：286）提到，有很多塞浦路斯希腊人把“男同性恋”（*poushtis*），一个接受性活动当中被动的或女性般角色的男人，与他那在同性性行为中扮演主动角色的伴侣区分开来。“男同性恋”（Campbell，1964：216）严重受到诋毁，但扮演主动角色的伴侣或许不会遭到任何非难，因为他扮演的是男性角色。

在把希腊的例子放到更广阔的欧洲语境内时，多弗其实把这种对短暂的同性恋现象的宽容看成是贯穿西欧，包括北欧国家在内的前工业时代战士社会里一个相当普遍的观念。他提到，比方说，在中世纪的斯堪的纳维亚，受人尊重的男性气概完全能够与同性恋兼容，只要一个男人在性邂逅中保持着主动的角色：“在挪威人的史诗中，‘X把Y当成妻子来用’这个指控对Y来说是难以忍受的羞辱，但对X的道德并不构成任何不利的反映”（Dover，1978：105）。这种具有男性气概的爱在日本的武士群体中也很普遍，而且出于相同的原因同样得到了宽恕。正如伊恩·布鲁玛（Ian

Buruma）提到的那样（Buruma，1984：127—31），在日本，很多世纪里（而且近来也是，就像小说家三岛由纪夫的情况）同性恋不仅得到了容忍，而且实际上还作为一种更为纯粹的爱的形式得到了鼓励。在日本，“就像在斯巴达或普鲁士……男同性恋爱人成就了好战士，或他们希望如此”（同上：128）。其实，20世纪二三十年代的某些德国军国主义者就持有相似的看法，特别是亲纳粹的自由军团[①]，正如克劳斯·特韦莱特（Klaus Theweleit）在其著作《男性幻想》（*Male Fantasies*）中所示，而那本书研究的是德国文化中的大男子主义（masculinism）。

回到新几内亚：将桑比亚人与那些好战的文明区分开来的，就是其
将通往男性气概的过程正式仪式化了，而与它的情色内容无关。就像桑布 155
鲁人的男性气概（moranhood），桑比亚人的仪式性过渡会持续很多年，包含数不胜数的典礼。这些通过仪式局限于男孩们，在7岁或10岁就开始了，并在接下来的10到15年里持续下去。有6次断断续续的成年礼，构成了两套独特的、连续不断地发生的文化系统，并使其形成观念。男孩群体在几个月的时间内集体度过最先3个阶段；最后3个阶段构成第二个部分，它以个体为中心，并不参与到更大的单元中来。男性成年的活动始于男性生命周期中最重要的单一事件：在身体层面把男孩们同他们的母亲分离开来。这是一次戏剧性的决裂，它标志着男性气质化进程的第一步；它与长者们构建全是男性的崇拜居所（cult house）相配合，多数时候男孩们在那居所作为新人度过时光。于是乎，随即出现了大量象征性的和心理上的过渡与引导仪式。

正如在新几内亚其他地方，桑比亚族的男孩被正式从靠近他们母亲

① 自由军团（Freicorps），德国在一战后由退伍老兵组成的军团，拥有较强的装备力量，部分队伍用上了骷髅的标志。1918年德国战败，德皇威廉二世因水兵的起义而逃往荷兰，艾伯特领导的社会民主党上台，不支持苏维埃，左派成立了由红色士兵和学生组成的“斯巴达克同盟”，反对艾伯特；自由军团是支持艾伯特的武装。——译者注

处带离（凡·盖内普体系中的“分离”阶段），并被带至灌木丛中全是男性的场所。在那里，他们会经受大量考验和残忍的欺侮，它们要么涉及击打身体，要么涉及痛苦的流血过程。这些考验中最耸人听闻的，就是著名的流鼻血考验，在这个过程当中，男孩们要让鼻孔源源不断地流出血液。（此前，他们还把结实的竹竿塞到食管里头，让自己流血，因痛苦而呕吐，但是这种做法已经被抛弃了。）赫特把流鼻血描绘（Herdt，1981：224）成最痛苦的一项仪式，可能近似于一种真正的生理与心理创伤。方法很简单：拿坚硬而锋利的草在鼻孔里往上刺，直到血液大量流出，“恐吓”男孩们服从这一自我折磨仪式的成年男人，会对源源不断的流血报以打仗时的咆哮（同上：225）。正如他们后来将在战场上不得不做的那
156 样，男孩们表现出了刚毅，并学会了蔑视自己血液的流出。

这个戏剧性活动既包括军事训练（战争咆哮），还包括随后而来的各种各样的其他仪式，包括摄食和排泄，还有拿庆典用的物件进行的仪式性鞭打。男孩们也被人用棍子、鞭子，或有刚毛的东西击打，直到他们的皮肤被“打开”，血液都流了出来（同上：222）。人们没有做出任何努力来减轻新手的恐惧或疼痛，而实际上让他们克服这样的痛苦似乎是这种仪式的目的所在。赫特提到，这些仪式教会男孩们无视其血液的流出，并展现出一种默默忍耐痛苦的决心。这些经历“明确地”让他们为等待着他们的具有男性气概的坚忍一生做好准备（同上：226—227）。高地其他地方也发生了很多相同的事情（比较Read，1965；Newman and Boyed，1982；Keesing，1982），在那儿，男孩们同样经由身体上的击打变得强硬起来。比方说，菲茨·约翰·普尔（Poole，1982）就频繁提起比明—库斯库斯明人（Bimin-Kus kusmin）当中男性仪式那令人震惊的暴力，他描述了男孩的畏惧和所遭到的恐吓，还描述了那些考验、压力，以及造成的创伤。一名因目睹到西塔阿拉佩什族（Ilhita Arapesh）耸人听闻的活动

而不知所措的民族志学家（Tuzin，1982：325）说这些男性仪式“残忍、野蛮，以及带有施虐狂的色彩”，因作者意识到了其中涉及的价值判断，这些措辞缓和了些许。

另一方面，同性恋式的口交仪式——成年仪式过程的高潮，不涉及任何身体上的疼痛，所要求的仅仅是服从。有趣的是，赫特描述道，桑比亚人太过“规行矩步”，以致不能公开这般行事。这件事得搁私底下在个体之间完成，通常还是在夜色的掩护下。男孩们被迫反复吮吸长者的阴茎，并吞咽精液；摄入的精液在体内抵达不活跃的“精液器官”（semen organ），在那儿被吸收、积聚起来。正如前述，反复授精“创造出一批具有男性特质的人”（pool of maleness）（Herdt，1981：236）。桑比亚人相信，精液事实上可以强化男孩的骨骼，增长肌肉；最终，随着摄入足够多的精液，男孩开始了青春期，面部毛发的出现是其标志。（回想一下第二章讨论过的，某些地中海族群当中胡子具有的象征意义。） 157

多种阐释

正如读者或许能预料的那样，新几内亚的男性崇拜及其带有的戏剧性怪异特征，在人类学家和心理学家当中激起了广泛的兴趣。流血和同性恋式口交，一直以来都被人以大量不同方式从社会学的和心理学的视角进行阐释。比方说，流鼻血就被归因于子宫妒羡（womb envy）和阉割焦虑［参见利兹夫妇（Ruth Lidz and Theodore Lidz）在1977年对这些辩论给出的一份评价］。但是，从赫特的描述与其他大量新几内亚专家收集的数据来看，显而易见的是，实际上这里所进行的是一种努力，在这其中人们对此做了相当有意识的公开声明，以便将男孩同他们的母亲分开，进而终结童年。通过打破这种原始的纽带，桑比亚人的男性气概仪式除掉了男孩们对被动性和依赖性的所有热望，并开启了他们体内愤怒的自主性，从而与高地政治与经济上的紧急情况相匹配。这些仪式具有一种集体的而非个体的功能：它们创造出一个工具性的性格结构（character structure），这一结构与战争和杀戮的一生相适应。这个过程的暴力性与他们同过去的决裂的绝对性相符。

为了说明这一命题，首先请让我们审视流鼻血的情况吧；然后，我们将处理口交仪式的问题。一种对仪式性放血（以及吞咽竹竿导致的仪式性呕吐）所作的相当轻率的心理分析式阐释就是，这类排泄仪式代表的是男性对女性月经的模仿（比较Bettelheim，1955）。在某种程度上，这兴许是所发生的事情的一部分，但是如果我们聆听人们自己所说的话，另一个在社会学上更具说服力的解释就近在手边。在桑比亚人当中，新手流鼻血的意义相当清楚。桑比亚人自己说，它是为了表达多重目的：首先是让男孩为战士的艰苦生涯准备就绪；其次这是让男孩的身体摆脱母亲的影响、
158 为达到成熟而准备的一种泻药。流血的意义特别在于要将母亲的血液和乳汁及其他“有污染的”、带有女性气质的影响从男孩的体内清除，因为母亲的这些影响会抑制男性气质化，进而妨害成年男性的表现。正如赫特所言（Herdt，1981：225），“就像吞咽竹竿，流血是摆脱内在的母亲的影响的一种必然会造成痛苦的方式”。为了解释这一点，赫特利用了当地人的修辞，那是仪式就要结束的时候长者对新手的训词。长者训话道：“你们这些新手一直都跟母亲在一起。她们对你们说了一些‘恶语’（bad words）。她们的说话声进入了你们的鼻子，妨碍你们变得更硕大。你们的皮肤也不好。如今，你们可以成长并且变得好看；我们已经帮助你们做到了这一点。”（同上：226）

对与母亲保持距离，以及同她那妨碍发育的、会让人柔弱的养育方式脱离关系的强调，出现在了仪式性呕吐的例子当中。在关于新几内亚的所

有案例里，其目的明显不是假装来月经或模仿女人们，而是要把母亲的东西从男孩体内剔除，并从作为食物来源地的母亲那儿获得独立：呕吐据说是为了让男孩摆脱任何来自母亲子宫的血（当他在她的子宫里时曾经吞下了那些血），以及摆脱任何危险的、他在无意中“同母亲为他准备的食物一起”摄入的经血（Lidz and Lidz，1977：20）。

在这之中，仪式公然宣称的目的并非模仿女人或她们的功能，或模仿月经或分娩，而是恰好相反，是在抵制母亲，通过洗掉她的乳汁和血液把她从男孩体内连根拔除，是让男孩在心理上断奶，走上自立的道路。“男孩们必须被伤痕累累地分割开来——清空他们体内的女性污染物——这样的话，他们的男性气质或许会得到发展。”（Herdt，1982：55）这个过程因此主要不是模仿，甚或是象征性的性反转（sex-reversal）[①]的过程，而是向具有男性气质的地位过渡的过程。它很大程度上不是一个确立作为男性的自我认同的问题，尽管它也有所涉及，而是一个不断灌输对男性特性来说至关重要的自主性、从而引出行动者模式的问题，其方式即克服贝特尔海姆所谓的对一种未经重建的童年的“前生殖器迷恋”（Bettelheim， 159
1955：124—126）。其他的高地土著，不仅仅是桑比亚人，对其仪式的目的相当了然。比方说，赛因人（Siane）在谈及他们的流鼻血仪式时曾经说过，“他母亲的血液正在被洗掉”（Salisbury，1965：62）。西塔阿拉佩什人则说，这类男性成年仪式的目的在于，“让男性孩童的身体摆脱其母亲的乳汁带来的污染性影响”。他们继续说，“若不这样……就无法保证未来的成长将带他走向合格的男性气概”（Tuzin，1980：37）。在对新几内亚的仪式富有启发性的讨论中，精神分析学家利兹夫妇对此表示同意（Lidz and Lidz，1977：29）。他们认为，新几内亚的廓清仪式（rites of

① 性反转，有功能的雄性或雌性个体转变成有功能的反向性别个体的现象。——译者注

expurgation）有助于“把男孩同他们的母亲分离开来”。

让人好奇的是，一种类似的有关断奶的观念，提供了其与同性恋式的口交仪式统一的解读。在赫特对它所作的描述中最惊人的一点在于，桑比亚人的文化中母亲的乳汁和精液之间有着强大的联系，甚至是等同的。“精液是最接近乳汁的物质，”桑比亚人说道（Herdt，1981：235）。他们自己解释说，精液是一种“男人的乳汁”（同上：186—187），而口交授精通常被“比作母亲的哺乳行为”（同上：234）。在他们自己那儿，新手把精液称作“我们的乳汁”（*neimi aamoonaalyi*），而男孩真正地消耗了精液会被比作是“母亲哺乳了她的婴儿”（*monjapi'u*，同上：235）。相似的是，作为创生性器官（creative organ）的阴茎会被桑比亚人比作乳房，而露兜树（pandanus tree）树根则象征着二者，这种树的树根在被切开口子时会分泌出乳白色的树汁。赫特把这种关系视为“焦点投射”的一种形式，一个象征化的过程。借此，精神所专注于的一个客体的一部分可以用提喻的方式来表达主体的形象或幻象，以及它们的关系。

我们可以据此明确推断说，口交也是一种从母亲那儿断奶，走进自主性的、具有男性特质的阶段的精神强化形式，也是同母亲分离，走向具有男性气质的自我创生（masculine self-creation）的一种文化观念的象征强化，即用阴茎的顺势疗法代替口欲投注（oral cathexis）。正如赫特在书
160 中一带而过的那样（Herdt，1981：235），口交和精液的吸收取代了对母亲的乳汁的依赖，正如消耗露兜树树根代替了吮吸母亲的乳汁。乳汁拥有双重的象征意义：除了它的生殖意义，它还呈现了男孩在营养上依赖母亲这一次要意义。因此我们可以沿着赫特的思路总结道：桑比亚人的仪式并不是特别地关乎阉割焦虑或模仿女性，而是关乎“与母体分离”（同上：279）。

赫特进一步解释了桑比亚文化中同母亲分离这种切身需要。他提出了

一种社会心理学的解释，在我看来它颇有趣，但也画蛇添足。他令人信服地指出，这种被迫分离的必要性在于，桑比亚男孩长期依赖母亲，而且断奶较晚。正如在其他地方那样，男孩依附着他们的母亲，但桑比亚男孩会继续在睡觉时贴近母亲，直到蹒跚学步时为止。孩子们会强烈保持对母亲的依赖，甚至是在产后禁忌时期（postpartam taboos），而男人们会因为害怕看起来“不男人”（unmanly）而躲开孩子们（同上：213），因此，年轻的男孩们是在一个由年长的女人构成的世界里被卓有成效地养育长大的。乳汁一直是婴儿食物和力量的“关键来源”，直到婴儿出生后的第二年，有时甚至是第三年（同上：214）。赫特提到，在困难时期，许多甚至满5岁的男孩都还跑去吮吸母亲的乳房。后来，在很多情况下，母亲的照顾变得枯燥乏味起来，成了一种束缚，并抑制了男孩向一种与男性气质有关的自主状态的转变。男人不禁注意到了孩子是如何“过度依赖”母亲及其乳房（同上：213—214）。显然，他们的总体反应是要让男孩断奶。

这一切看起来很支持约翰·怀廷（John Whiting）及其同事（Whiting，1958）的那个著名的论点，即严酷的或血腥的仪式与婴儿和母亲长久的共生存在着联系。然而，尽管这在这种情况下听起来合理，但是把这种联系作为一般规则并不十分令人信服。类似的仪式见诸各式各样的社会当中，
它们有着不同的养育孩子的方式——比方说，在桑布鲁人那里——而且看 161
起来更有可能的是，桑比亚人凭借其仪式来抗争的退行倾向是普遍的，不是某一文化所特有的。看起来这些仪式之间存在差异的是强度，或程度，这当然与成年男性角色的严酷性或竞争性相关。桑比亚男孩与母亲之间长期的亲密也不是那般非同寻常：迟来的断奶发生在诸多社会当中，那些社会并没有这样的仪式，而且在那里男性气质为人轻视，比方说在马来西亚温和的闪迈人（Semai）当中（参见第九章）。虽然有部分心理人类学家试图把仪式性做法本身与幼儿保育确确实实地联系起来，但这是不可

能的。

总而言之，尽管存在其他差异，但是人们可以认为，桑布鲁人和桑比亚人在各自的男性气概仪式上有着惊人的潜在相似性，这些相似性支撑着一个关于男性气质理想的假设，即这些理想是群体需求的工具性反应。只有当个体完成了那些有助于群体的安全和繁荣的规定性任务，社会才会授予其男性气概。求取男性气概的苦行者得到的，既有社会福祉，又有社会身份——以及女人们的青眼和顾盼。

别的仪式，别的男性气概：吉苏人

直到最近，桑比亚人和桑布鲁人才没有成为战士和劫掠的社会，不再靠长矛决定生死。鉴于战争和战场荣誉在他们的记忆当中还很清晰，其对男性气概的要求显然折射了一种军国主义残余物式的调适（residual militaristic adaptation）。他们在男性意识形态当中共有的这类相似性，也在很多其他种类的社会里出现，在那里，男性仪式变得复杂起来，可战争和劫掠很少付诸实践或是为人所知。这种军国主义与大男子主义之间的关联（比较Divale and Harris，1978；Theweleit，1987）——强有力而公认地出现在两个例子当中——只是部分跨文化的。且让我试着通过参考另一个非洲的社会，东乌干达的吉苏（Gisu）社会来阐述这最后一个声明，让·拉方丹（La Fontaine，1986）和叙泽特·希尔德（Heald，1982）说明了它的
162 情况。

吉苏人住得与桑布鲁人不远，他们主要是个务农的族群。就像他们在东非的邻居，吉苏人也放牧，并为生计从事交易。虽然他们在遥远的过去是战士，但20世纪初在不列颠治下的和平时期放弃了为利益作战（Heald，1982：17）；他们也不再参与抢牛或者其他形式的有组织的暴

力活动。实际上，要求两性自我控制、文明有礼的吉苏人厌恶男人发怒或发脾气，他们拥有一种基于“创造性精力”（creative energy）理想的男性气概观念——它暗示的与其说是体力，不如说是足智多谋，我们将称其为“目标的力量”（同上：18）。显而易见的是，过去的战争体验兴许仍然对他们的男性气概观有着持续性影响，但这种因素不再是一个主要的考量因素。

在这些相对和平的农民当中，男孩们得经受通往男性气概的过渡仪式，它们兴许不那么暴力，但与桑比亚人的和桑布鲁人的那些仪式一样困难重重。这些仪式包括一种同样痛苦的流血仪式，吉苏族认为它是一种“重生”，男孩由此进入了具有男性气质的成熟（masculine maturity）构成的世界。用拉方丹的话说就是（La Fontaine，1986：119），吉苏族的男孩们必须得在成年仪式期间，在被算作男人以前“征服恐惧”，学会“自我控制”。这包括各种各样的生育仪式（fertility rites），在这些仪式当中，男孩们被人用酵母或其他东西摩擦，仪式的核心即割礼仪式。这种仪式被称为“因巴鲁”（*imbalu*），它被明确设计成了一场严酷的考验，男孩们被要求“在极端疼痛的情况下保持最大程度的刚毅”（Heald，1982：17）。

就像桑布鲁男孩，吉苏族的新手们必须保持完全静止，一动不动，而他的包皮会被撕开，接着，皮下的肉会被人从龟头附近缓慢地剥去。在仪式前或仪式后，疼痛的程度永远令人印象深刻，而面对他们所照管的人，长者们会说这种疼痛“猛烈”、“痛苦”、“骇人”。男孩们在18岁到25岁之间时，这个仪式就会降临到他们身上。在仪式前或仪式后展现出一丝一毫的怯懦，甚至是最轻微的犹豫或在切割期间不知不觉地抽搐，都会招致重罚，这不仅包括个人的耻辱，而且还可能会使他的父系彻底覆灭。如 163
果一个男孩颤抖了或逃跑了，那么，他就会被说成是“诅咒了他的亲属”

（同上：17）。在操作之前，没有人做出任何努力来减轻这个男孩的焦虑，或是减轻仪式期间的疼痛（同上：26）。

就像桑布鲁人和桑比亚人，和平的吉苏人钦慕的是男人身上的“独立和竞争力”（La Fontaine，1986：122）。这是基于部落生活的各种现实，而非战争；在部落生活当中，资源稀缺，技术原始。男孩们正在进入一个“与其他男人自由竞争”的成人世界，在这个世界里，他们必须通过让自己的技能和勇猛在跟其他有着同样想法的男人对比时富有竞争力，才能支撑起他的家园。这种竞争力，与其说是在杀戮敌人或掠夺牛群的过程中体现出来的，就像在桑比亚人和桑布鲁人那里，不如说是在物质生产力上得到反映的，就像梅希纳库人那样。创造力和毅力的品质为新手所必需。仪式性的训词强调了责任、节俭、坚韧，以及努力工作的价值，而训词往往还包括命令“生儿子”（La Fontaine，1986：125）。因此，男性的仪式可谓是对男性公民所负有的生殖目标的公开表达，它要求一个男人产出货品，提供服务，以支撑不断壮大的世系（Heald，1982：26）。因此，他们被提升至拥有男性气概的阶段这一过程，是对这些不可或缺的公民美德的公开考验。在其成人仪式中，考验、公开性，以及表现等要素至关重要。正如拉方丹（La Fontaine，1986：124）所言，“在严峻的考验中传达相当公开的、相当重要的表现评价，可谓无比关键”。

割礼以后，吉苏男孩会同村庄与世隔绝，并被禁止联系年长的女人们。他们必须学会在灌木丛中照顾自己。最后，当成年仪式结束，割礼执行者会郑重地走向那些男孩，并授予他们象征其未来工作的工具：火、一
164 根锄头、一把匕首、一根饮水的管子，以及其他成人生活要用到的器具。

吉苏族的成年仪式，虽然并未指向战争和杀戮，但就像桑布鲁人和桑比亚人的成年仪式，它们也围绕着与依附性及独立性相关的主题。它们的目的是逐渐注入男性的力量，这种力量“是负责的、独立的”（同上：

125）。当自力更生的品质逐渐得到注入后，男孩的劳动能力实现了最大化，他同母亲的纽带就必须得打破。吉苏人相信，割礼的严峻考验会唤醒男孩体内的“凶猛”（fierceness），它会让他成为一个不惧任何事物的独立行动者，因为他已经体验过生活能够带来的最大疼痛。简而言之，吉苏族的男性成人仪式是一条类似于通往遥不可及的男性气概的通道，这种男性气概被看作是对群体目标的献身，“因而很明显与考验和接受男性力量相关”（同上：119）。仪式的影响再次被认为是比其内容更加重要的，这种影响也即：在男性生活的各个领域实现生产力的最大化。

超越割礼：门德人的普洛成年

尽管割礼在东非可谓普遍，但是并非所有的非洲男性成人仪式都以它为中心。比方说，这项操作在西非塞拉利昂的门德人（Mende people）那儿就不发挥任何作用（Little，1967）。门德人是一个务农的族群。就像吉苏族，20世纪初他们在英国人治下放弃了战争。在门德人那里，在被算作一位男人、可以娶妻前，一个男孩必须被导引至普洛会（Poro Society）[①]。虽然没有割礼，但普洛成年仪式也是对耐力同样艰难而严酷的检验。门德人相信，在男孩重生成为男人以前，普洛神灵（Poro spirit）必须得“吞下”他。为了确保这一变形，必须在男孩的背上刻下记号，这些痕迹代表着饥饿神灵的牙齿。新手会与同龄人一道被带至灌木丛中的一个地方，在那里，长者们等着实施普洛仪式。

年长的男人挨个抓住每个男孩。他会被脱得全身赤裸，衣服搁在旁 165
边，以便止住就要流下的血液。然后，这位新手会被粗暴地扔在地上，肚

① 普洛会，主要存在于塞拉利昂、利比里亚、几内亚，以及非洲科特迪瓦等地的男性秘密社团，最早由门德人引进，其中，“普洛”一词还可写作Purrah或Purroh。——译者注

子着地；长者们要么用一把能够划开皮肤的钩子，要么就用钝剃刀在男孩的背上做些适当的记号。如果男孩表现出任何的恐惧或试图在这个残忍的仪式期间逃跑，那么，他会遭到长者们的惩罚，他们会把他的头推进一个事先挖好的、正是为了发挥其用的地洞里。

在这个严峻的考验过后，男孩们会被送至灌木丛中，接受生存方面的学徒式的拓展训练。在那里，在没有成人监督带来的有利条件下，人们期望他们能够毫无怨言地忍受艰难和危险，并“逐渐习惯之”（同上：120）。他们不得带有现代设备（就像第一章讨论的爱琴海海绵潜水员[①]），而且他们所有的物质要求，包括食物，都必须由自己提供。在遭到体罚时，虽甚疼痛但是不得哭泣。在拓展训练期间，男孩们必须学会“精通自己选择的手艺”（同上：121）。利特尔认为，门德人的成人礼仪式既是象征性的，又是实用性的：它用更深层的含义，以及“男孩必须表现出一个男人的样子”的规则谆谆教诲之，“目的在于教会男孩自律，以及依靠自己”。

何人得益?

桑比亚族、吉苏族，以及门德族的男孩们，都通过了在战争、经济追求，以及生殖方面表现（这些全都是公民的目标）的严厉考验而成为男人。但是，部分女性主义批评家认为，男性气概仪式，以及它们那以男性为中心的对男性力量的颂扬，实际上是对压迫女性的神秘化过程的合法化，要如何看待她们的论点呢？（Rubin，1975；Ortner，1974）这类仪式以及相关信仰的目的是支持男性的统治，并诋毁女性吗？男孩们得受

① 海绵潜水员（sponge divers），潜水的目的是收集（有着重要的卫生和经济价值的）海绵的潜水员，而第一章谈到的卡林诺斯岛人称“海绵潜水员之岛”。——译者注

苦，因此他们后来可以使女人们遭受痛苦？这个论证方式有一定价值。男性的仪式与崇拜最常出现在父权制社会，在那儿，性别区分显著，并有等级高低。这些仪式往往会赋予男人一定的神秘性，它们让男人比女人“优 166
越”，或者，它们会促进男性的团结，而这反过来能够支撑这种优越感。虽然在把单一特征运用于所有社会的过程中要慎之又慎，但是，读者能够在男人们可以垄断地施行政治控制的意义上，合理地将吉苏人、桑布鲁人、门德人，以及桑比亚人看作以男性为中心的社会。然而，性统治并非这类仪式与信仰的唯一目的或效果。重要的是我们应提及，这般困难重重的男性仪式，并不总是与男性统治、性别压迫或等级制相联系，反而总是涉及生殖力、服务家族，或集体防御。更重要的是，它们也现身于男人们较为温雅、两性间相对平等的很多社会当中。

比方说，我们不妨看看早先讨论过的已经被同化的世俗美国犹太人。在这个温文尔雅的文化当中，女人们倾向于在日常生活以及家庭组织方面统治男人们。然而，即便是在这里，在两性相对平等的情况下，既存在带有男性气质的成年仪式，又不乏关于男性气概的道德禁令，它们都基于相似的证明和评价。正如我们已经看到的那样，犹太人“门施”是一个协助并保护他的女人们的男人，而非统治她们。他是一个温和的人，是一位支持妻子的丈夫，支持女儿的父亲。同样，西班牙人的“男性气概”（hombría）则是基于对妻子和家庭的奉献，而非统治。男性统治有可能会作为男性意识形态或成年的附带现象出现在以上部分例子当中，但我认为，它不能被看成是此类具有男性气质的仪式和意识形态唯一甚或最重要的结果。

欲知男性形象的这种非性歧视方面的另一例，我们可以暂时回到“无害的族群”，博茨瓦纳的昆族布须曼人那里（Thomas，1959）。他们被认为代表着性平等理想，诸如埃莉诺·利科克（Leacock，1978）这样的女性主义者都视其为西方人的榜样。然而，昆族的男孩们也得经受考验，通过这些考验，他们正式成为男人。除了必须杀死一只成年羚羊外，他们
167 还必须经受一种惨痛的欺凌形式，人称“肖玛”（Choma）。就像我们已经审视过的其他仪式，这个布须曼人例子涉及将男孩从其母亲那儿分离开来的举措，在凡·盖内普的类型学当中，这是一个“有阈限的”地位模糊期，以及一种进入男人世界的“重生”。它包括让男孩们为将来他们作为猎人承担的危险任务做好准备。这里发生的事与其他男性经受的严酷磨练相当类似，尽管没有人血流出，没有无端施加的痛苦。然而，折磨人的男性毅力的检验还是会牵涉其中。对肖玛所作的简短描述将会给出解释。

昆族的男孩们在15岁到20岁间会同女人们隔绝数周。他们被迫依靠自己在灌木丛中谋生，他们以后将会来那里打猎。研究昆族多年的玛乔丽·肖斯塔克（Marjorie Shostak）解释说：“在这个强度大而且严格的成人仪式期间，新手会经历饥饿、寒冷、干渴，以及持续跳舞带来的极端疲劳。”（Shostak，1981：239）仪式长达六周，这段时间会被看作神圣的时间。男孩们不得向其母亲发出呼吁，不能得到其父亲的协助，因为他们必须学会自己谋生。在这段神圣时期内，他们实际上也被逼着学习、了解他们的环境：灌木丛的植物群、动物群，以及地形。在他们利用自己的知识杀死一只羚羊，在生存试验中证明了自己的能力以后，男孩会被看成男人；他们可以娶妻，组建一个家庭。自此以后，人们期盼他们充当肉食的提供者，而不是消费者。

布须曼人通往男性气概的成人仪式兴许比其他任何地方都更温和，但它仍然是一场关于文化能力的检验，在手段和目的上都与桑布鲁人及桑比亚人的成人仪式相像。温和的、平等主义的、非性别歧视的布须曼男孩们，都必须经受极端的辛劳；他们必须在成为男人以前就学会对付这些情况，以便成为他们自己和他们的环境的主人。因此，这种成人仪式看起来

不完全与某个论点相一致，那种论点认为，男性成年仪式全部或者主要是与灌输男性统治相关。

谁人得益？每个人。 168

第八章　行动与歧义：东亚和南亚

通往男性气概之路是艰难的。

——伊恩·布鲁玛，《面具背后》

男性气概是对逃离危险的冲动的胜利，这种观念通常可以在一些与我们在前文已经看到的特别夸耀的男性气质无关的文化中找到。虽然该主题并没有得到深入探究——我认为是因为研究者对此缺乏研究兴趣，而不是缺乏民族志的线索，但在亚洲人口众多的诸文明中，存在一些尽管微弱却引人注目的共鸣。在中国、印度和日本社会中，并不存在强烈的个人主义或性夸耀（sexual boastfulness），这些迹象极具启发性。亚洲人关于男性气概的观点值得探究，其中的许多细微差异和对比能够补充我们眼下拥有的混合形象。我们从中国开始讨论，这是个一直以来都得到了深入研究的社会，但从性别的角度得到探究还是近期才开始的。然后，我们会转向印度，最后去往日本。

中国的男子汉

关于中国人的态度的一些信息来自最近对加利福尼亚州奥克兰唐人

街的一项调查。在审视了这些迁移人口的案例后，我们将会考虑文化人类 169
学家们收集的中国的数据。关于美国华裔的资料来源于周京安（Chou，1987）关于老年人中的卫生和医疗实践的博士学位论文。

在奥克兰唐人街，市政卫生工作者因为无法说服社区的男性寻求医疗救助而感到沮丧，尤其是不那么被文化同化的老年男性。周京安描述了这些在文化上保守的年长男性如何愤怒地拒绝就诊，他们将此当作一种光荣的行为。她写道，事实上他们宁愿死去或默默受罪，也不让自己求助于卫生工作者。他们坚持对自己生命的掌控权，诉诸无效但是他们可以操控的传统治疗方法，或是完全不要救助，等待预料之中的结果。为他们的处境感到苦恼的周京安找寻着他们不情不愿的原因。

他们给出的是大家熟悉的理由。他们坚称，寻求医学的帮助就是看起来无助或具有依附性。“男人不需要帮助，”他们说，“只有女人需要。”而且还顺便补充说寻求帮助对小孩子来说是没问题的。向他人求助与他们的男性气质形象不符（同上：176）。周京安没有为我们提供更多关于这种自我形象或它的历史来源的信息，但显而易见的是，一个关键的要素就是避免依附性。这种观念是否在旧世界的先例中有迹可循？

许多西方人认为，比起他们自己，格外重视孝道的传统中国文化不那么关心男性气质的问题。事实上，有些学者指出，很多中国传统，尤其是宗教和艺术，都包含一种中性的特质（参见Ames，1981）。虽然这可能是正确的，但如果仔细观察，我们会发现，对自己是否具有男性气概的担忧确实与这种传统同时存在，正如周京安所示，尤其是在构成了中国移民的大部分的农村人口当中。这种担忧常常比在奉行大男子主义的社会中更不易察觉，这正是因为中国文化排斥个人主义和失礼表现。这当然并不包括做好用暴力应对挑战的准备。但是作为一种特殊的成就类型，拥有自己 170
的语言学标签的男性气概仍然是有着重要公共利益的主题和评论话题，尤其对年轻男女而言。事实上，我们可以将奥克兰美国华裔对男性特质的焦虑追溯至其亚洲的根源。

比方说，历史学家韩起澜（Emily Honig）和人类学家贺萧（Hershatter）的调查团队最近对中国人的性别观念和性别理想展开了一项细致调查（Honing and Hershatter，1988）。她们发现如下特征仍被作为男性形象的理想标准——尽管政府标榜性平等。根据受访者提供的信息，理想型男人必须表现出“勇气、自信”，以及其他人指称的有“男子汉气质”（manly temperament）的特质（同上：101）。这个经常被受访者引用和非正式讨论的词，粗略地讲，同工作场所中的道德勇气和主动性有关。一个“真男人”是自律的、独立的，尤其是不依赖女人。他必须助老、尊老，尤其是对他的父母和年长的哥哥和姐姐。他从来不抱怨、缠人，或是阿谀奉承。

在阐明这些态度时，一位年轻的女性说，她会断然拒绝那种依赖成性的男性追求者或在追求她的过程中忽略了自己工作的男性。这个典型的未婚农民说道：“如果一个男人只会匍匐在女人脚下，那么他就不值得我爱。”（同上，110）其他受调查的女性表示赞同，对那些不成熟或是依赖成性的男人——用她们的话来说，不是真男人——她们表露出同样的鄙夷。这些想法在市区也普遍存在，比如在大城市的产业工人中间。女人类学家卢蕙馨（Wolf，1985）于20世纪80年代早期在中国展开了田野调查，研究性别理想和性别刻板印象。她在北京发现了人们对性别差异持有的根深蒂固的传统观点。她采访了工厂的工人们，问在那里为什么是男人而非
171 女人占据着主导地位，而她得到了如下的回应。一个男工人回复说，男人是更好的工人，因为他们更独立，而且拥有“更多精力”。这个男工人的上级详细解释道：“男人不需要他人在工作上帮助他们，但是女人需要。”作为一名公开承认的女性主义者，卢蕙馨对大多数女性“持有上述

观点”（同上，1988：71–73）感到失望。男人和女人都告诉她，人们期望一个真男人努力工作养家，而这一点对女性来说就不那么重要了。“一个好妻子要对家庭和孩子负起全责，这样她的丈夫可以自如地工作”，女人们如此坚称（同上：73）。

男子汉气质

在大众传媒当中也能找到这种强调努力工作的态度。除了针对性别角色和性别态度的采访之外，韩起澜和贺萧（Honing and Hershatter，1988）还对过去20年出版的中国通俗文学进行了全面回顾。她们发现某种特定的男性形象的脉络贯穿始终。一本讨论了礼仪问题的小册子的作者把“真男人”描绘成具有三种特别的品质。第一种品质是坚定或果断，据说男人比女人更需要它，因为男人仍然在工作中起主要作用。第二种品质是力量——既有身体上的，也有心理上的。这一点据说也是对男人比对女人更重要。第三种品质是热爱工作，它被描述成是真男人身上最具区别性的品质，女人则不怎么需要它，她们的献身精神据说是更应该指向抚养孩子。在所有关于男性与女性之间关系的通俗读物中，“男子汉气质”及与之相关的“男子汉”都会被人再三提到。虽然“男子汉气质”的定义始终都很模糊，但它“在两性中都激起了广泛的社会关注，甚至催生出一本名叫《男子汉》的专门详细解释何为男子汉的杂志。就像人们会告知女人要为 172
了婚姻把自己打扮得漂漂亮亮的，男人也被教导要‘像个男人般行事’”（同上：110）。此外，作者们强调这样的信念是一直以来广受推崇的，不单单是1949年之后才被灌输的。事实上，由于这些信念可以追溯到新中国成立前的往昔，因此它们与共产主义学说并不完全相容。然而，它们几乎未加改变就留存了下来。

心身表现：恐缩症

中国文化中对“男子汉气质”的关注和与之相关的对倒退的焦虑，可以用“恐缩症”（Koro）[①]的这一著名的文化依存症候群（culture-bound syndrome）来解读。这种情况为许多东方精神病学家和世界范围内的心理人类学家所熟知。恐缩症是一种男性失调，有着多种使人衰弱的症状，包括急性焦虑、心悸、心前区不适、颤抖，以及濒死预示。然而，其最引人注目的症状则是病人认为阴茎萎缩了，或是缩入腹内。由于存在这些夸张症状，恐缩症就变成了对男性气概正在逃走的首要恐惧。这里值得离题先讲点别的。

中国南部和东部是恐缩症的高发区，在地理分布上极为广泛。除了在中国大陆的大部分地区出现之外，中国台湾，以及整个东南亚，包括各个群岛，都存在恐缩症。它在印度尼西亚也十分常见，在那里，它侵袭了当地人和中国移民。根据报道，它还传到了泰国和印度。有趣的是，这种疾病并没有随着现代化而消亡；事实上，情况正好相反。根据报道，近期在中国南部的海南省（Tseng et al.，1987）和印度北部的阿萨姆邦（Dutta et al.，1982）出现了恐缩症大肆传播的情况。

对这种疾病的精神病学研究显示，特定类型的男性易受到恐缩症的折磨。常见的病人是性格软弱或拥有依赖性人格的青年或青春期男性，他对
173 其所处的文化给自己设定的严格标准感到焦虑。叶宝明（P. M. Yap），一位研究这种疾病的华裔精神病学家说，“这种综合征通常见于受教育程度低、不成熟、有着依赖性人格的年轻男子身上，他们对自己的男性生殖力（virility）缺乏信心”（Yap，1965：49）。叶宝明描述了以下他在中国

① 恐缩症，亦作缩阳症，一种与文化相关的综合征，是一种急性焦虑反应，患者极度害怕因生殖器等缩入腹内或乳头内缩而死亡，因此常常表现出极度焦虑、紧张、恐惧的情绪。——译者注

香港观察到的部分案例（同上：44）。

有个病人是位年轻男性，年龄大约是22岁。他是同龄女性恶意嘲弄的对象，因为他与她们相处时异常害羞。这个适应不良的个体从外部世界退缩，在生病之后成天跟着他的母亲，这让她“恼羞成怒”，尽管在其他方面她是一个关怀备至的母亲。另一个深受折磨的男人明显受公共场所恐惧症（agoraphobia，对公共空间感到恐惧）之苦，因为他“从来没有不经父亲允许就离开家”。第三个病人稍微年长些，大概32岁，一直高度依赖他的母亲。他是家里唯一活下来的男孩，其他几个都夭折了。无论何时，只要他感觉不安全或受到威胁，都会向母亲寻求紧急援助，跟在她身旁，像个孩子一样需要关注。由于害怕外面的世界，他拒绝出去找工作，变成了家庭的巨大负担。还有一个例子则是一名年龄不详的年轻男子，此人病理性地害怕婚姻，却因为被父母逼迫而结了婚。婚礼当晚，他变得惊慌失措、束手无策，对恐缩症大发牢骚。后来很多年里他都无法圆房。焦虑内向的他也是一个差劲的养家者。

其他研究已经发现了这种不成熟和依赖性的人格与恐缩症症状学之间的关联，并专门以经济学的术语来表达。例如，另一名中国精神病学家林宪（Rin，1953，1965）发现，他研究的案例发生在难以成功进行社会心理调节、无法适应成年生活的年轻男子中间；也就是说，他们是自恋型 174
人格，无法应对供养新家庭成员的挑战。经历着令人气馁的“经济困难”（Rin，1965：11），难以应对或无法取得世俗意义上的成功的他们，更喜欢缩回自身。然后，就像麦尔维尔虚构的巴特尔比一样，他们失去工作，从越来越令人恐惧的现实中逃离，躲进一种固执己见的幻想生活中。之后，这种退行式逃避（regressive withdrawn）在回缩的阴茎和对消亡的精神性恐惧的转换性症状（conversion symptom）[①]中得以象征性地显现。总之，恐缩症是一种男性癔症，它反映了“获得男性气概”的潜在压力（同上），主要发生在中国，也存在于整个东亚和南亚文化之中。

印度：针锋相对

让我们沿着恐缩症的轨迹来到印度次大陆。在这里我们遇到了一些新的主题，它们与我们更熟悉的主题相互交织着。我们在印度见到的五彩斑斓的文化部分反映了这个国家马赛克般复杂的亚文化和宗教，其区域多样性和族裔多样性恐怕比世界上其他任何地方更甚。但是，这种丰富性也要归因于印度教令人难以置信的复杂性，它有着变化多端的神话，而在它的神话中，一切事物同时是它本身又是其对立面。

在南亚的部分地区，有人找到了一种非常像我们之前在其他地方看到的战士传统（*kshatravirya*），这种传统同样灌输进了男性必须具备勇气和高超技能的观念。这样的理想尤其多见于次大陆的北部地区。深受莫卧儿征服者影响的部落区域尤其如此：巴基斯坦、旁遮普（Punjab）、克什米尔、北方邦（Uttar Pradhesh）、西孟加拉（West Bengal），以及孟加拉。这些地方有着关于勇气和成就的强有力的男性行为规范，而这些规范同地中海和中东地区的变体有很多共通之处。这些观念可以用经常听到的一个词来总结，即“伊扎特”（*izzat*）。“伊扎特”是英语中的“honor”（荣誉）一词的阿拉伯语和波斯语说法。这个北方的概念在印度南部或斯里兰
175 卡并没有那么重要，它是对攻击性的男性行为的最终的、不可简化的道德辩护，而且据说比其他任何品质都更能将男性和女性区分开来。

---

① 转换性症状，患者可能在内脏器官和神经系统都没有相应的器质性损害时出现的症状，常常被认为是患者不能解决的内心冲突和愿望具有象征意义的生理转换。——译者注

伊扎特文化在特定的印度社群和种姓中最为明显——主要是在北部，但分散在整个次大陆——这些社群和种姓强调“要用大男子主义来阐述男性气概”，还强调要将他们的女人囿于闺中（*purdah*）（Kakar，1981：134）。这类“有大男子气概的”印度人最好的例子就是拉其普特人（Rajput），一个由地主和商人构成的傲慢种姓。以前，拉其普特人的职业是战士，他们的任务是在印度教正典的范围内捍卫婆罗门精英，后者受种姓限制被禁止携带武器或杀戮。就像他们最著名的典范，尼泊尔廓尔喀人（Gurkhas），拉其普特人保持着对一种行动刚毅而勇敢的男性气概的重视。这个形象构成了“正确行动”或“达摩”（*dharma*）的一部分，总而言之是构成了印度教的传统。事实上，在很多族裔和种姓中都发现了对具有男性气质的形象的关注——他们是印度人、穆斯林或锡克教教徒（Sikh）——他们的职业不是战士。对大多数印度北部和中部地区的男性来说，不管宗教或种姓是什么，荣誉的观念传达了性别认同方面的一个重要主题，代表着一个男人高度看重的品质。

根据帕特里夏·杰弗里（Jeffery，1979：99—10）的说法，在德里印度教皮尔扎达（Hindu Pirzada）部落当中，荣誉是男人终生关注的焦点，是他从他的父亲身上学到的行为规范。要变得光荣并因此具有男性气概，皮尔扎达的男人必须是勇敢的、慷慨的，并且通过冒险和努力工作来保护和供养他的家庭。对巴基斯坦北部的普什图穆斯林人（Muslim Pakhtun）而言，他们关于男性气质荣誉的准则“就是一切”（Lindholm，1982：189）。

在这些巴基斯坦普什图人中，男性荣誉的准则大体上是一种对攻击、报复和自作主张的行为的激励和辩护。它有一层强烈的、几乎是过分的竞争性的隐含意义，这通常会导致斗争和暴力。其理由很简单：一个普什图男人必须强硬、勇敢，才能在非常好斗的环境中生存。学会应对生活中的 176

严酷现实构成了培养普什图男孩的基础：

> 普什图男人习惯于缺乏疼爱，严酷的现实环境让他们坚强起来，并准备好应对一生的斗争、背叛和残酷。为了生存，他们必须努力征服有着同样渴望的同胞……有句谚语清晰表达了养育男孩背后的哲学："鸽子的眼睛很美丽，我的儿，但天空是为鹰而造的。所以，闭上你鸽子般的眼睛，且长出鹰爪来吧。"普什图男人必须呈现给世界以鹰——捕猎之鸟的形象。他必须隐藏的是鸽子——敏感的受害者的形象。而普什图人的自我中心是一种脆弱的表象，掩盖着既与这种表象对立又是其动力的无安全感。

这种受到敌人和内在弱点威胁的令人烦扰的荣誉感，并不总是与攻击性有关，而总是与有力的行动相关，后者抵抗的是林霍尔姆暗示的内在缺乏安全感：荣誉从某种意义上是在"掩盖"可能的耻辱。它也跟核心的公民价值紧密相连，男人必须追求这些价值以便赢得舆论的支持，而舆论会将弱小和消极鄙视为虚弱。正如戴维·曼德尔鲍姆（David Mandelbaum）在他最近关于印度北部的民族志调查中评论的那样（Mandelbaum，1988：20），"伊扎特"指的是一系列复杂的规矩，这些规矩鼓励男性让自己变得刚强，实现群体对具有男性气质的角色的界定。比如，对旁遮普邦信锡克教的贾特人（Jat）来说（Petigrew，1975），"伊扎特"这个概念是一种生活哲学，这种哲学反映了他们对男性力量至上的关心，其中，男性的义务是在捍卫他的家庭时变得强壮起来的。最重要的是，信锡克教的贾特男人必须永远都不屈服于可能降低家庭地位的威胁；如果受到威胁，他必须"至少回敬威胁"（同上：59）。

在这个信锡克教的社会中，一个男人的首要义务是为了家庭冒险。例如，在居于昌迪加尔（Chandigarh）首府的贾特人当中，勇气和"冒险

的意愿”都是男性和男性气概的重要价值（同上）。在这方面，失败的 177
惩罚是即决而严重的；如果一个亲戚的名誉由于外人的威胁行为而受损或丢失，且没有加以回敬，“那么，整个家庭的公共地位亦复如是”（同上：58–59）。在信锡克教的贾特人中间，对一个男人的形象同样重要的是送礼物的行为，也就是持续不断地、炫耀性地分发消费品和食物。这是一种具有男性气质的特权（masculine prerogative）和积累“伊扎特”的另一种重要的方式。如果男性大方、明智、公开地送礼，他就会尤其受人尊重。一个贾特人的乐善好施必须耗资巨大、不遗余力，他才能拥有“伊扎特”。

向南来到印度中部，我们遇到了相似的情况。在印度中部勒克瑙（Lucknow）地区的穆斯林村民当中（Bhattey，1975：32），男性荣誉是通过大量不同种类的有力行动获得的。这样的行动包括无比的虔诚，物质财富的积累，在各种男性竞争中获得成功，战胜对手，保有追随者和依附者，尤其是慷慨地分发礼物。这种对慷慨的强调不仅在勒克瑙穆斯林和贾特锡克教徒中间至高无上，在印度北部和中部地区的所有种姓和教派中也是如此。大体上，根据曼德尔鲍姆（Mandelbaum，1988：24）的阐述，在整个区域内，慷慨是提升“伊扎特”的重要方式，尤其是在不求回报、而礼物能使群体富足并扩大它的力量的情况下送出的礼物。

另一种形象：印度神话中的雌雄同体

在很多方面，勇敢、慷慨，以及保卫家庭这些男性美德都是从邻近的中东文化圈传来的。反过来，这些中东的性别理想像极了地中海地区对荣誉和耻辱的重视（Peristiany，1965）。这种价值上的融合似乎表明，有一种共享的情结在地理上延伸，从葡萄牙蔓延到了孟加拉，对部分历史

学家来说，这可能反映了一种印欧原型（Indo-European archetype，Wyatt-
178 Brown，1982：xiii）。鉴于对具有男性气概的荣誉理想的推崇，这些地区中的大部分都产生出了单一的男性形象，有人可能会说，这是男性气质不可简化的核心，与女性气质互补、对立，但是在印度，它们只是更为多彩的画像的一部分。在印度神话中，有一种与“纯粹的”男性气概相对立的迥然不同的主题，我将其称为性不明（sexual ambiguity）和角色矛盾（role ambivalence）。大量观察家已经对印度性别观念的不确定性给出了评论。

例如，梵语学者温蒂·多尼格尔·奥弗莱厄蒂（Wendy Doniger O’Flaherty）就已经写过多部关于这个话题的著作。在《女人、雌雄同体与其他神兽》（*Women, Androgynes, and Other Mythical Beasts*，1980）一书中，她表明印度神话和图解充斥着雌雄同体的神和生物的形象，而且雌雄同体和性转换在印度教传统中很常见。根据印度精神分析学家苏迪尔·卡卡尔（Sudhir Kakar）的说法（Kakar，1981：110），尽管有拉其普特战士传统，但是，印度教的宇宙观女性化到了其他文明“罕见的程度”。卡卡尔写道，地方崇拜中所敬拜的多数村神都是女性，而且许多强大的印度教神祇都被刻画成了女性——比方说，拉克希米[①]、萨罗斯瓦蒂[②]、帕尔瓦蒂[③]、迦梨女神（Kali）和格刹（Gauri）。（更多关于女神及其心理含义的内容，参见Roland，1988：266—268。）

在他们对这种性不明现象的分析中使用了弗洛伊德的概念后，卡卡尔、奥弗莱厄蒂和罗兰，针对其意义和精神起源达成了基本共识：三者

① 拉克希米（Lakshmi），又称“吉祥天女”或“财富女神”，象征着吉祥、财富和社会繁荣。——译者注

② 萨罗斯瓦蒂（Sarasvati），又称“辩才天女”，象征着辩论、智慧和财富，原文写作Savasvati，似有误。——译者注

③ 帕尔瓦蒂（Parvati），喜马拉雅山的雪山女神，象征着生育、婚姻、孩子和奉献。——译者注

都将它看作印度男性身上未经克服的性身份（sex-identity）冲突的表达。他们解释说，这种男性身份的内在混乱源于其文化中依恋母亲的不寻常力量。就像他们经常援引其临床研究的前辈英裔印度精神分析学家G. 莫里斯·卡斯泰尔斯（Carstairs，1958）那样，他们认为这些母性身份认同（maternal identifications）是印度男性人格的焦点所在和基本特征。根据这四位观察家的说法，印度文化中其实有个强大的、无意识的主题，即对男性气质的性反转（sexual reversal），在这个主题中，印度男性会自愿放弃他们的阴茎身份（phallic identity，Kakar and Ross，1987：99），以便 179
回到与“好母亲”的统一，这是一个普遍的主题，其中既有俄狄浦斯的（乱伦）要素，又有前俄狄浦斯的（退行）要素。（关于印度人的部分观点，参见Roy，1975；Nandy，1980）大多数心理分析观察家辩称，印度文化和人格中的前俄狄浦斯固恋（preoedipal fixations）超过了阉割恐惧：“从临床工作中可知，男性的性焦虑似乎更多地来源于他们对童年时与强大女性共生、感官被她们包围而产生出的一种无意识的恐惧，而非来自俄狄浦斯式的阉割焦虑。”（Roland，1988：262）

奥弗莱厄蒂（O’Flaherty，1980：100—105）将这一观察放进了她对吠陀传统的精彩分析之中。她在印度教对待男性气质的方式中发现了明显的退行倾向，这种倾向在文学、绘画艺术和装饰中以各种各样的伪装形式不断出现。比如，在神圣文本中，她鉴定出了一个被她称为“作为配偶的孩子”（child as consort）的图像学主题。它指涉着大量交媾、结合或共生的形象，而在这些形象中，一个相对较小的男性形象被缩小成一个无助的婴儿的状态，完全受吞没型的女性形象的支配。她把后者解释成普遍的母亲形象，并将这个主题本身解释为对母性祈求（maternal supplication）的一种退行式男性幻想。她补充道，这种将男性婴儿化的心理特征在印度教正典中的很多神话和传奇中都出现过，并在印度教的一个信念中以一种不那么明显的方式呈现着，即丈夫会在他自己的儿子身上再生（同上：105）。

她举出的另一个性心理退行的例子则是对恶魔女神（demon-goddess）迦梨女神的普遍崇拜（同上：110）。在这种在整个印度都十分常见的崇拜中，人们必须以完全默从、谦逊的态度，也就是像个孩子般向这位贪婪而多肢的女神恳求。只有通过这种绝对的男性服从，女神才会褪去其恶魔的特征，并变得善良而温和——像一个善良而大方的母亲。此前，卡斯泰尔斯将迦梨崇拜描绘成纯粹的男性退行："某个人已经放下自己的男性气概，再次变成无助的婴儿。"（Carstairs，1958：159）最近，苏
180 迪尔·卡卡尔与合作者约翰·蒙德·罗斯（Kakar and Ross，1987）试图把印度的资料放在更为广阔的普遍性精神幻想之中。他们将印度的民俗和文学与西方的进行了比较，认为用印度典型的术语表达的顺从或反转反映了男性普遍的愿望，即恢复与"好母亲"的完美统一，他们声称，这简直是"与我们的母亲在一起的普遍性的史前经历"的另一份遗产（同上：99）。无论如何，显而易见的是，印度教的神话放弃了男性气质的主题，并折射出的普遍退行的幻想矛盾地暗示着一种纯粹男性气概的独特模型：如果某样东西能够用这种方式弃掉，那么，它就必须首先作为一个概念范畴而存在；对其否定是一个创造和否定的辩证过程。

在纯粹解剖学的意义上，神圣文本里这种与母亲"幼稚的认同"（Kakar，1981：102）在性反转的故事中可以更清楚地看见，比如《摩诃婆罗多》（*Mahabharata*）中的一些故事。举一个例子，有一个班格斯瓦纳（Bhangaswana）国王的故事，他经历了一次变性。在被因陀罗（Indra）变成了女人之后，他表达了想要留在那种状态之中的渴望，而不是恢复他先前的男性气质。他拒绝了因陀罗将他变回男人的建议，辩称，女性气质要比男性气概更令人愉快，而且更能够满足色欲，而男性气概则

是刚硬的。印度农村的印度教仪式中也有充满生机的异装传统（Spratt，1966），在这些仪式中，男人会打扮成女人的样子，体验被女神或女魔暂时“附身”的感觉——很像摩洛哥女“神妖”（*jinn*）附身的传统，但在印度他们是自愿的。在古吉拉特邦（Gujurat）的德得（Dhed）地区，男人会定期被杜尔迦女神[①]的精神控制住，并获准以一种幼稚到了下流的方式行动（Kakar，1981：102）。印度文化中关于英雄的传说十分常见，这些英雄成功地超越了男性气概，将自己女性化。不妨举出一个令人印象深刻的例子，也就是15世纪的圣人纳西·梅塔（Narsi Mehta），他写道：“在充满爱意的交谈中，我牵起了挤奶女工[②]［克里希那（Krishna）］那位爱人的手……。我忘记了其他的一切。甚至我的男性气概都离我而去。我开始像个女人一样唱歌跳舞……。在这样的时刻，我体验到了无与伦比的甜 181
蜜和快乐的瞬间。”（转引自Alston，1980：24—25）

男性气概焦虑

因此，作为一种与女性气质相分离的状态，男性气概在印度教文化中的地位有待商榷，但它似乎反映了心理和文化的矛盾程度不同寻常。显然，人们强调的男性气概既难以养成，又不易维持，它受到高度赞扬，并伴随着焦虑；同时也有其对立的一面：退回到孩子般的状态，就像神话和艺术作品中详尽但却矛盾的描绘那样。正如在中国的情形，这种张力部分会在心理作用的情况下显露出来。事实上，在印度、斯里兰卡、孟加拉，有很多男性在担忧男性气概——程度与中国一样，甚至比中国更甚。正如我们看到的那样，恐缩症在印度北部地区十分流行。另外，印度男性被描

① 杜尔迦（Durga），又称“难近母”，降魔女神。——译者注

② 挤奶女工（*gopis*），指印度教中神的挤奶女工。——译者注

述为过分担忧他们的性能力，卡斯泰尔斯（Carstairs，1958：167）和其他一些研究者（Edwards，1983）将这一主题称为可鉴定的文化依存性的精神病综合征：“生殖力焦虑”（virility anxiety）。这种对性无能的高度恐惧在整个次大陆都存在，而且据说是印度人特有的（O’Flaherty，1980：108—109）。在有些情况下，男人会接受特殊的规定饮食以便战胜性无能，改善表现。这些饮食往往使用顺势疗法，涉及神奇的药水和精液般的液体的摄入，诸如牛奶或蛋白，甚或是（桑比亚的阴影！）精液本身（同上：51）。对失去男性气概的恐惧催生出的可不止是针对性无能的寻常治疗方案和疗法（真实的或想象的），在印度和斯里兰卡都是如此（同上；Obeyesekere，1976：214）。

男性气质化冲动

在权衡这所有互相矛盾的数据之后，有人可能会得出结论，认为在印度，至少在南部印度教教徒之中，男性气概是一个复杂的主题，它反映出
182 了印度教逻辑囊括一切的包容性。鉴于它们多形态的表达，性别的观念似乎多变而自相矛盾，很像善变的印度教的神祇。然而，印度教形象的主题双重性（thematic dualism）反映了对男性气概的潜在担忧，这种担忧是通过辩证的方式传达的，而不像在其他社会中那样，简化成了僵化而单一的准则。其他文化通过压抑解决的内在性别身份冲突，在印度被赋予了不受阻碍的表达自由，这种冲突可以用许多涉及变换身份和表现的不同办法来解决。尤其是在印度南部，雌雄同体的主题显示了我们在其他地方遭遇过的焦虑，但这些焦虑是以不稳定的形象而非永恒真理呈现的。有趣的是，印度的知识分子和政治领导人对这一矛盾特质通常持否定的态度，他们出于自身的原因，想要强调印度性格更有男性气质的一面。这种贬低的态度

似乎有着与印度民族危机有关的实践上和宗教上的意涵。让我们简单看几个例子。

部分现代印度领导人高度赞扬男性气质，认为它是在争取独立的斗争中塑造民族品格的一种形式，伟大的孟加拉作家班金·钱德拉·查特吉（Bankim Chandra Chatterji）的作品中就有一例。班金是印度独立的一个有力倡导者，20世纪初就开始了写作。在对吠陀神话的影响进行评论时，这位现代主义者（他是孟加拉第一位小说家）表达了对神圣文本，尤其是《牧神赞歌》（*Gitagovinda*）中的性别模糊和退行主题的反感。他抱怨这些作品没有“男性气息”，“像女人一样的”，担心会让印度的青年堕落。查特吉辩称，建立现代国家的第一步是要有具备男性气质的自我形象。他认为，印度的传统造就了顺从的人格，而这种人格阻碍了印度的独立。这样的说法显然在民族主义者的圈子里得到了普遍认可，在这个圈子里，查特吉的观念赢得了广泛的称誉（转引自Kakar and Ross，1987：98）。

查特吉对作为政治理想的男性气概的呼吁，在卡里斯玛型的圣人辨
喜（Vivekananda）身上体现得更为强烈，他是19、20世纪之交的一位圣 183
人兼社会活动家。这位印度教宗教教师（swami）是罗摩克里希那僧侣团（Ramakrishna order of monks）的创始人，在英属印度吸引了众多的追随者，在他的影响下，甘地将会成为一名国家领导人。辨喜［真名叫那兰德拉纳特（Narendranath）］于1863年出生在卡雅斯塔（Kayastha）一个孟加拉家庭中。他是一个矛盾的人，既是传统印度教的热烈拥护者，又是为实现现代化和复兴印度教拼搏的斗士。作为一个活动家型的圣人、内省的诗人，以及激情昂扬的演说家，他的目标是通过将古代印度教传统与当代印度社会的问题紧密关联起来，从而让前者的精华重新发扬光大。因此，他是一个改革者，同时又是一位传统主义者——与后来的圣雄甘地非常像，

后者的非暴力不合作运动也反映了印度教思想中丰富而明显的差异性。

一方面，辨喜是一个坚定的瑜伽修行者，是古代圣人古鲁传统（sage-guru tradition）[①]的精神导师。因此，他规劝他的同伴们忠于达摩规定的超凡脱俗的教规。然而，尽管他对印度沦为殖民地感到沮丧，他还是坚信实际行动会有成效，并致力于社会变革，献身于倡导科学和技术启蒙。他和他的僧侣们属于第一批走进印度农村、参与尘世改造活动的神圣的人（holy men），而尘世改造活动包括盖学校、修水井、建医院，以及在饥荒和流行病时期提供救援物资（Kakar，1981：161）。

像查特吉一样，这位活动家型的僧侣也认为古代文本中的雌雄同体主题是令人懈怠、放荡堕落、娇气阴柔的。但是，在欣赏印度教泛神论的包容性品质时，他在同样的文本中发现了支持其修正主义信仰的证据。他抓住了吠陀教义中潜藏的具有男性气质的一面，用这些教义激励有自尊、对独立有满腔热血的同胞。“谁在乎你的衷心（*bhakti*）和虔诚
184 （*mukti*）？”当他的印度教僧侣同胞批评其激进观念时，他愤慨地反驳道，“谁在乎你的经文说了什么？如果我能唤醒我那些深陷黑暗之中的同胞，让他们独立自主，并成为受业瑜伽（Karma yoga）精神激励的男人，那么，我乐意下千重地狱。”（Vivekananda，1953：128）

一直试着把责任转化为行动的他告诫他们：“别再哭泣，而是要自力更生，做个男人。这是我想要的一种造就男人的宗教。这是我们想要的造就男人的种种观念。我想要力量、男性气概、毗梨耶（*kshatravirya*）或战士的男性气概。”（Vivekananda，1970：3.224）之后他又说道：“啊，宇宙之母，请赐予我男性气概——让我成为一个男人！”（同上：4.143）他思考着自己余生的事业，高声呼喊：“随着年龄的增长，我认

① 古鲁，印度教或锡克教中的宗教导师或领袖，意为“大师”“专家”“权威”。——译者注

为一切愈发在于男性气概。这是我新的福音。”（Vivekananda，1953：151）当然，这个新福音中与日俱增的好战性同印度独立运动——一场纯粹的政治性事件——愈发强大的影响多少有些关系。但是，从我们在前文中讨论的“伊扎特”来看，显而易见的是，这样的主题早就深深扎根于印度人的生活并成为他们的支柱之一，而辨喜的福音也是这种蛰伏的文化主题的复苏。

正如卡卡尔所言（Kakar，1981：174—176），辨喜钦佩英国人的力量和活力，钦佩他们知晓“一个男人的荣光应该是什么”。兴许他特指约翰·钱多斯（Chandos，1984）描写的牛津、剑桥公学精英，他们有着“有用的”男性气概。但是，他对男性气概的着迷并非源自对西方之道的粗俗模仿，它牢牢地扎根于永恒的印度教神话建构的传统，至少在辨喜看来如此，就像我们瞧见的那样，这些神话中充满了雌雄同体的形态，并因此呈现出丰富的本土可能性中的一种选择。这是对他希冀的古老的毗梨耶，也即印度教战士的男性气概传统的一种选择性复兴，而非一种革命的或外来的伦理。这种男性气概已经是印度文化的一部分；古鲁只是因时制
宜——这是民族运动中性别意识形态的有用性的一个清晰例证，就像我们 185
在美国南方的例子中看到的那样。

辨喜的追随者理解这一点。对代表着古鲁追随者的年轻人来说，这种对男性气概的吁求是（正如今天它对很多人而言仍然是）一种无法抵抗的吁求，因为它充满了对民族身份的追寻，这个民族身份有着过去的荣誉和神圣性的证明。卡卡尔辩称（Kakar，1981：175），男性气质化运动的核心触及了“印度社会潜在的好战性和攻击性”的深层涌流。在这里，对独立的渴望既有心理意义，又有民族意义。

这些男性气质化的努力尤其有趣，因为它们强化了这类男性信条（manly doctrines）的实用性和政治性。此处，在这位印度圣人的教诲

中，我们看见了一种经过重新协商和修正以便应对政治危机的文化的例子。兴许我们在班金和辨喜的规劝中看到的是正在形成的男性气概：将本土的元素与男性气概崇拜进行再结合，以便回应当下的政治危急关头，是"发明传统"（invention of tradition）（Hobsbawn and Ranger，1983），或者，在这种情况下，是传统的再创造。

日本文化中的男性气概

于是乎，印度是复杂的，其性别意象（gender imagery）变幻无常，色彩斑斓，其男性气概理想标准则存在着争论。像印度和中国这样人口众多、民族多样的文明竟然呈现出诸多男性气概（和女性气质）的替代观念并不令人意外，因为这两个国家有着繁多的社会角色、宗教和亚文化。此外，正如在印度的情形，历史和政治变迁也可能在唤起有利于民族主义或反殖民斗争的男性形象的过程中使这幅画卷变得复杂化。最后，由于这些古老的文明是如此等级化地被组织起来，因此，它们的人民，尤其是社会经济阶层较低的人，可能会遵循服从、合作和谦逊等僵硬的规范，这些规
186 范会软化甚或替代推崇个人主义的具有男性气概的规范。

相对同质化的日本——少数避免了殖民遭遇的非西方国家之一——又怎么样呢？在涉及民族主义、自我形象和男性气概之间的关系时，缺乏印度（或中国）的多样性亚文化的日本是一个有趣的案例。日本人拥有一种与西方理想存在着共通之处的男性气概的观念；然而，它也有一些印度文化的多态灵活性（polymorphous flexibility）。除此之外，还有塑造了日本人想象他们的社会和文化的方式，其公认的"特殊性"和"唯一性"是一种岛国印记（Smith，1983：110），以及20世纪三四十年代（对亚洲来说）独特的工业扩张主义和军国主义的经历，另外还有他们的武士祖

先。遗憾的是，这一丰富的矿脉尚未得到充分的挖掘。在日本，同样重要的女性气质的话题最近得到了大量关注（Lebra，1985；Lebra and Lebra，1986；Smith and Wiswell，1982），但是，日本的男性气概在很大程度上被学者们忽视了。

就我所知，唯一专门研究日本男人的性别理想主题的著作是伊恩·布鲁玛（Ian Buruma）的《面具背后》（*Behind the Mask*，1984），一本关于日本性习俗和文化英雄的有趣论著。布鲁玛的观点主要建立在流行文化——电影、通俗文学、戏剧等等——之上，他辩称，正如在西方的情形，获得一种由文化定义的男性气概的地位在日本是一种还处于发展中的斗争（developmental struggle），但是，日本文化至少提供了两种传统路径。他将其称为"硬派"（*koha*）和"软派"（*nanpa*）。前者在英雄的或攻击性的行为中得以表达，而那种行为通常是好斗的，可以被认为是"大男子主义"（maschismo，布鲁玛的说法）的一种变体。另一派涉及更平和但总是"有用"的追求，或者更准确地来说，无私的勤勉和道德上的遵从，如今西方人将其与把日本的经济实力推至巅峰的日本"工薪族"的奥秘联系起来。然而，两派都反映了日本文化中潜在的将忠于职守、纪律、集体目标、勤劳和顽强作为主要男性美德的强调。布鲁玛将这种二分法视为日本社会中对个体表现的重视同（与之相反的）服从团队理想和自 187
我轻视之倾向的内在张力的反映。

如果布鲁玛是正确的，那么日本的情形就与西方一样，男性气概是一种需要获取的地位，一种文化技巧，但其有着某些独特的特征，这些特征反映了日本文化对调和公共利益与私人利益的重视。因此，他说，通往男性气概之路，无论是硬的还是软的，都是"一条艰难之路"（Buruma，1984：136）。对日本青年来说，寻求男性气概像在其他任何地方一样"痛苦"，而且一路要经受相似的考验和证明。在日本文化中，男性气概考验是神话和戏剧的无尽来源。根据布鲁玛对日本文化的解读，通过“考验”的要求主要是“盲目的坚忍和心智对身体的胜利”（同上）。让我们看看布鲁玛如何阐述“硬”传统及其对个人成就与遵从的协调；然后我们再看看其他见解。顺便提一句，以下没有一点是应该不加批评就接受的；出于比较的目的，我会在下文提到其他可能更学术的作品，以便正确认识布鲁玛的观点。

武士道先人

为了理解日本文化中的男性气概形象，我们必须从这个国家封建时期的古代战士传统开始。突破重围、知难而上、刚强健壮的英雄在日本是受人敬重的文化模范。它来源于著名的武士规范，或武士道（*bushido*），也即武士之道（warrior’s way）。武士道的主要品质并不单单是自私自利的英雄主义或无端的自夸自擂；相反，这些品质要求武士对君主和家庭的盲目忠诚，以及在此类奉献中“功勋卓著的事迹”，直至死亡（Bellah，1985：97）。虽然武士阶层本身在日本的工业化时期没落了，但是，它的核心价值体系，即对权威不加质疑的忠诚并没有完全消失，而是以现代化
188 的官僚模式留存了下来，被日本不断壮大的资产阶级借来用作构建国家和行政管理中的普遍行为准则。它在日本逐渐普及至其他所有阶级，很像新教伦理在西欧那样，因此截至江户时代晚期，整个国家都多多少少有些“武士道化”（bushido-ized）：“基本上，受儒教和佛教影响的武士阶层的伦理得到了充分的推广，因而得以成为整个民族的伦理。”（同上：183）

截至1990年，这种坚守着盲目而无私的奉献和英勇卓越功勋的武士规范，已经成了日本国民精神的一部分，在20世纪30年代，这种规范的军

事一面占据上风，到了1945年战败才偃旗息鼓。然而，武士道不是一种狭义上的军事规范，其更重要的一面在于它是一种控制行为和态度的道德规范，从军也许只是其中最纯粹和最崇高的表现形式。留存至今的是对服务集体或国家目标的“克己表现”（同上：14），以及对为了集体利益“战胜自我”的强调（Morris，1975：315），而如今这些规范是指向经济发展而非战争的理想。在这个专注于追求集体目标的道德体系中，自私是最大的恶，自私自利、虚伪（日本人眼中最大的恶行，较英语的表达有更强烈的否定含义）的男人也被认为是腐化而“衰弱的”（Buruma，1984：161）。强调个人表现是作为集体成员的一种责任的武士道（及其现代工作伦理的化身），是一种男性荣誉准则，它有着见诸其他很多文化的、具备男性气质的自控和贡献的要素。因此，它与当地的一种与其互补的女性的“廉耻”行为准则相关联，后者强调了性羞怯和标准的家庭美德。虽然存在着一些重要的区别，但作为对正确行动的指引，日本的性别理想有着与部分地中海国家的性别理想相似的特定功能，这些理想强调荣誉和羞耻（Asano-Tamanoi，1987）。就像在安达卢西亚那样（但是更受强调）， 189
在日本，身为一个男人意味着要对其他人履行义务，就像这种规范定义的那样，以社会职责为荣，不顾一切，不计较个人得失。伊凡·莫里斯（Ivan Morris）写了一本精彩的著作——《失败的崇高》（*The Nobility of Failure*，1975），描绘了日本思想对为集体目标血战到底却注定要失败的英雄给出的极端评价。这样的英雄不仅是日本美德理想的化身，而且是日本男性气质理想的化身。

因为莫里斯给我们提供了很多这类对日本的自我形象来说非常宝贵的英雄理想的有用例子，所以在回到布鲁玛对当代流行文化的论述之前，我们可以从他的书中借用一例。我们的范例是武士兼领袖源义经（Yoshitsune Minamoto）。作为镰仓时期（1185—1333）的一个卡里斯玛型人物，源义经是位身材矮小、外表上不引人注意的男人，此人由于自己坚定不移的“真挚情感”（为事业和国家无私奉献）打败了更高大也更强壮的对手。他是一位著名的战略家、战士，帮助日本群岛的各个部分在其相对开化的氏族的统治之下统一了起来，这在短时间内给一个互相残杀、无法无天的国度带来了正义和秩序。作为一名杰出的将军、有着管理能力的奇才，源义经屡战屡胜，直到最后被击败，根据传说，战胜他的不是强大的武力，而是软弱的幕后黑手的变节。正如莫里斯所言，尽管源义经有着虚弱的外表，但是由于他诸多特质中的“强大的男性气质”，如今他被尊为民族的文化英雄（Morris，1975：74）。源义经既通过大量英雄事迹——他的军事才能和敢于在战场上和在用计谋方面冒险——展现出了这一品质，又通过对追随者的慷慨及他“积极的情感生活”表现之（同上：73—74）。

像源义经这样的武士在日本催生出了一个追捧男性气概的传统，后者有着强大的民族主义寓意。在日本演变为一个民族国家的几百年间，这种英雄传统变成了基于体型瘦小的男性反抗强敌的自我形象之上的民族共识的一部分。这些被认为是文化性英雄神话（culture-hero mythology）的组
190 成部分的英勇而积极的特质，被整合进了日本社会对当下男性的品质要求之中，当然，这些要求的标准远比过去要低。这些特质在日本人扩张的军国主义时期被赋予新生，与其相伴的是武士的寓意和对其的大肆发挥。但是，在日本于1945年战败之后，武士道的诸多方面发生转变，指向了经济领域；然而，作为道德理想，它们并没有被消除。让我们看看几个现代日本流行文化中具体而且引人入胜的例子。

日本大男子：部分背景

正如我们在源义经身上看到的那样，现代日本“大男子”有着受人

尊崇的民族地位。让我们再次短暂回溯，把目光投向变迁中的江户时期，那是日本刚从停滞的封建历史中浮现出来的时候。在江户时代早期，因为日本实现了城镇化，所以政府试图通过任命基层的政治长官（political chiefs）——就像村长或区长——来控制不断扩大的城市。这些地方大佬通过个人的卡里斯玛和施惠，以及他们的剑进行控制。因此，他们要在自己控制的人口中引起足够多的畏惧，以便维持秩序。深谙此道的德川幕府经常从以勇敢和忍耐著称的职业中选出长官，比如消防员或建筑工；他们往往是在困难时期没落的、需要工作的武士。这样的长官早就因为大胆的行为和“狂热的独立性”（fierce independence）建立起了名声（布Buruma，1984：167—168）。作为地方的英雄和楷模，他们代表着一种具有传奇色彩的风格，而后者成了根植于日本文化中的男性气概的硬派一面：“强硬、坚忍，具有男性气概，以及大男子主义”（同上：149）。在大众的想象中，这些被称作“侠客”（*kyokyaku*）的当地大男子（同上：168）成了传奇人物，因其保护贫民、援助弱小，以及惩恶扬善而得到了（并不完全相称的）相当于“罗宾汉”的美誉。

后来，这些受“神话”激励的当地长官的社会角色逐渐出现变化。 191
快到江户时代末期时，因为日本社会变得越来越不稳定、腐朽，他们中的许多人开始通过赌博、犯罪和勒索来维持自己的统治，最终与普通的匪徒，或“歹徒”（*yakuza*，日本的黑手党）没有了区别。就像著名的浪人（*ronin*），或在同时期失业的武士，这些局外人中的一部分在城镇失去了根基，沦为游手好闲者和流浪汉——很像荒野西部传说中孤寂的牛仔。除了这一点偏离风度之外，罗宾汉式的形象依然留存在大众想象之中（兴许社会在动荡的阶段就需要这样的人物）。渐渐地，这种传统催生出了漂泊战士（itinerant crusader）的神话，漂泊战士是日本的游侠骑士，他们遵循着基于武士原型的严格的荣誉规范，救助身处危机的贫者弱者。他们神秘莫测，无影无踪，一旦做完了高尚的事，驱散了恶棍，就会神奇地消失。对这些深得人心的英雄的大规模颂扬成了戏剧、诗歌、大众文学，尤其是现代电影无法抗拒的主题。西方观众熟知的一个范例是黑泽明1960年的电影《用心棒》（*Yojimbo*）。在这部影片中，著名电影演员三船敏郎（Toshiro Mifune）饰演的是一个漂泊的浪人，在当地的内战中他凭一己之力恢复了秩序和正义。这种典型的漂泊英雄的情节和《七武士》（也是黑泽明的作品）相似，并在数不胜数的好莱坞史诗电影中重演。

这位公认的日本电影大师令人难忘地呼应了西方硬汉传统的相同主题，这在他的其他作品中有着更深入的表达。且让我们举黑泽明的第一部电影《姿三四郎》（*Sugata Sanshiro*，1943）为例。就像他后来的电影《生之欲》（*Ikiru*）、《天国与地狱》（*High and Low*）、《红胡子》（*Redbeard*），以及他的杰作《乱》（*Ran*，基于《李尔王》改编，其中3个女儿换成了3个儿子），他这第一次努力是关于男孩进入具有男性气概的阶段的精神成长的，是关于“那一场考验”的。就像通俗小说和电影中描绘的其他日本青年，主人公英雄姿三四郎经历了武术——在这部电影中
192 是柔道——的启蒙过程，而这是向成年转变的隐喻。这个不谙世事的青少年拜了武馆馆主为师。姿三四郎天赋异禀，很快变成了一个无敌的战士。但是，这个男孩的性格中缺失了一些东西，他的师父对这个青年的进步并不满意。姿三四郎的优势兴许来得太过容易；他没有遭受过和克服过失败：他没有面对过死亡。意识到自己的训练中有所缺失后，他与师父进行了对质，而他的师父只是故弄玄虚地命令他的学生去“死”！这个年轻人的反应是日本男孩在“成年仪式”中的典型表现（Buruma，1984：141—142）。“姿三四郎连眼睛都不眨一下就跳入寺庙后的池塘，他一整晚都在里头赏月，同时为了宝贵的生命紧紧抓着一根木桩。这是他的成年仪式。黎明时分，他的精神危机结束了：他看到了自然之美的最终真谛。他

异常兴奋，跳出了池塘，把这个好消息告诉了他的师父。他走上了成为一个男人的道路。”

武术英雄是硬派的楷模，在这些楷模的例子中，他们战胜了一系列障碍，展露出强硬而睿智——日本式的真男人。硬派英雄的典型特征是坚忍，动机单纯到了近乎天真（也是“真挚情感”）。他在面对不公时总会暴怒，而最重要的是，他面对死亡不屈不挠。硬派英雄关心自己的男性气概；就像西部牛仔英雄，他“必须在斗争中一次又一次地证明自己的男性气概”（同上：143）。这个身上体现了武士道精神、具有男性气概的孩子，被同化进了日本民族的自我形象之中，成为刻板的爱国者形象的界定性特征和道德基础。这种形象体现的是：身材很小但却有着更加真挚情感的英雄，征服了身材高大的（外来）劲敌。这种硬派是一种并非常常能够实现的英勇理想。

布鲁玛进一步用通俗文学阐释了他的主旨。他给出的一个例子是一本名叫《我是神风特攻队队员》（*I Am a Kamikaze*）的流行的男生漫画。这类漫画杂志在日本男孩和男人中间很受欢迎，比类似作品在美国的受欢迎 193
程度要高。几乎所有此类杂志都充斥着夸张的，以趾高气扬的武士、冒险家或运动员为主的故事（Schodt，1983：87），他们的冒险都是“实实在在的具有男性气概的东西”（Taylor，1983：18）。英雄们大吼大叫的口中经常会说出诸如“韧性”（*shunen*）和“男性气概”（*otoko-rashisa*）这样的词（Schodt，1983：80）。其中一部漫画书是未成年人的标准读物，其主角是一个名叫大和星光（Shinko Yamato）的年轻英雄。这个名字有着象征意义：大和是日本民族的经典名称，是一个往往在侵略主义的意义上使用的古代词语，就像大和魂（Yamato no tamashii），即“日本精神”的情形（同上：143）。这本连环画传达的爱国信息很像美国的《特种部队》（*G.I. Joe*）或《特里和海盗》（*Terry and the Pirates*）传达的信息。

这个故事关于年轻的星光如何借助父亲的教导成为一个真正的男人。这个年轻男性有着硬派日本英雄必不可少的所有品质：他身材矮小，但是，他热切的奉献弥补了他在身材上的不足（又是不可战胜的日本精神！）。他有着年轻人的正直和理想主义。他努力地保持真挚情感。对待错误他易怒而坚忍，感情纯粹，在事业上一心一意。然而，星光本身不是一名自杀式飞行员，因为他出生在战后，这是问题的核心。而他的父亲则是自杀式飞行员。奇怪的是（而且这也解释了这位老年男性强迫性的行为），父亲没有死：他永恒的耻辱是没有坠机死亡。为了弥补这种耻辱，他决定把自己年轻的儿子培养成完美的男人。

接着，故事长篇累牍地讲述了星光接受教育进入具有男性气概的阶段的过程。为了让他做好准备，他的父亲不断重复：“一个日本男人一旦决定了要做什么，就得坚持到底，不计任何代价。”于是乎，这个男孩经受了各种各样的考验。他的父亲会用竹箭猛敲他的头部，让他坚强起来；把他从疾驰的卡车上扔下来；在狂风暴雨时把他拴在墩子上。不过，坚强的小星光经受住了所有的考验。然而，对其勇猛的主要考验则是关于他与当地校园恶霸和田（Wada）的争斗，后者是黑帮大佬的儿子。不幸的是，
194 和田比星光高大得多，也强壮得多，星光输掉了每一场争斗。然而，他完全听取了他的父亲的要求——也承受住了对手的打击——他像个真正的武士一样不屈不挠。末了，在一场最终的巅峰对阵中，这个矮小的男孩用竹箭打败了和田这个折磨者。领悟了通往男性气概的真正途径之后，他并没有杀死这个残酷而愤世嫉俗的对手，而是任其逃之夭夭并悔不当初。一旦证明了自己是个男人并因此证实了日本之道，杀戮就毫无意义了。星光宽宏大量地向仇敌（及易受影响的年轻读者）展现出了“真正的通往男性气概之路”（同上：145）。（更多关于大男子主义的日本漫画书文化，参见Schodt，1983。）

神风特攻队队员

真实的自杀式飞行员——神风特攻队队员（Kamikaze），对坚忍和牺牲的崇敬达到了顶峰，这也是上述漫画书宣扬的主题。因为这个短暂的现象（这个概念直到1944年之后才有）对西方人来说似乎是如此的莫名其妙，所以它成了一些关于动机的研究主题。在他那本关于日本英雄主义的著作中，通过仔细查看书面记录、信件，以及日记，伊凡·莫里斯（Morris，1977）展现了自杀式飞行员和潜水员的动机如何与源于武士道先人，与对权威人物和父母的忠诚或“责任”（*on*）有关的更为极端的日本观念相符。“责任”这个概念在教导他们，人生是一张由无法逃避的双向责任编织而成的网。一个男人生命的全部目的就是偿还他欠下的抚育他成为男人的父母的债，并偿还他欠下的由天皇代表的培育他的集体的债。事实上，除非完全投入对这些重要他者的效力之中，否则，生命注定是没有价值的，不光彩的。因此，终级的代价是一项伟大的荣誉，而这些注定赴死的飞行员对拥有能以如此戏剧性和终结性的方式完成这些责任的机会感到“高兴”。有趣的是，他们对来世的奖励没有多少期待；就像大多数飞行员在信中所言，他们是不可知论者，甚至正如其中一位所写的那样， 195
是“无神论者”（同上：318）。他们在死亡中得到的是身后的荣誉，而非某些宗教派别所说的战场殉道者的天堂。

除了可能一直在进行的各种心理调适，在其生命的最后几小时，这些注定要死亡的年轻男性沉浸其中的奇怪欢欣，也是对男性气概的终极考验的回应。正如我们在前文中例示的情形，这在道德上与其社会角色、社会责任分不开，从而也与爱国主义分不开。例如，一位名叫松尾勲（Isao Matsuo）的英雄特工队（Hero’s Special Attack Unit）的年轻飞行员在1945年写了封信寄回家，表达了选择死亡的巨大荣誉。他声称，这给了他“像个男人一样死去”的机会！当一个自愿去死的年轻水手被他的指挥官问到为什么这么做时，他的回答是“一个男人必须为他的国家竭尽所能”。一个年轻的志愿者因为被选作最终的牺牲者是何其有幸而大声叫喊，他对另一个自杀者说：“你生来即是一个男孩……是多么幸运啊！一个女人就无法拥有这样的冒险奇遇！”（Morris，1975：319—320）这样的情感使人想起了一个日本电影里的英雄，在面对压倒性的外敌时，此人转过身面对自己的死亡命运，大声喊道：“让我们像男人一样，让我们像男人一样死去！”（Buruma，1984：187）这是一种日本传统，它兴许与西方针对男性勇气所持的理想没有太大差别，至少在特定的圈子里如此。

通往男性气概的其他路径

上述这种舍身取义的硬派方式代表了日本文化中的一个主题。还存在一些较为柔和的方式（软派）。在一些其他例子中，日本著名电影主角“寅次郎”（Tora-San）就是软派的典型。系列电影《寅次郎的故事》是关于一个浪迹四方、有和平主义倾向的乐善好施者的故事。这一系列只在日本有观众[①]的电影，是在岛上拥有最多观众的电影。在当代日本，最受欢迎的电影主角是车寅次郎（Torajiro Kuruma），此人作为《寅次郎的故
196 事》的主人公而家喻户晓。他大概是日本电影史上最为人深爱的人物。从1939年开始，寅次郎系列电影全都围绕着同一个典型主题：崇高而温和的冒险家帮助了弱者，解决了问题，并且保持着所有与“良善本性”有关的家庭美德（Buruma，1984：210）。寅次郎并没有公然好斗或表现粗暴，而是性情温和的，最重要的是，他矢志不渝地坚守着传统价值，代表了一

① 本书英文原版出版于1990年，而在作者写作的20世纪80年代，寅次郎电影类型主要还是在日本公映，因此作者认为它们只在日本有观众。——译者注

种腼腆的、惹人爱的经典的父亲形象——教令人喜爱的男孩认识到一种关于内在力量的男性气概。寅次郎系列电影中经常会同与义务、荣誉及诚实相关的负责任的男性气概所遇到的种种困难有关。这种品质在一部又一部电影中被刻画成一种获得重要的真挚情感美德、对事业无私奉献，以及在艰苦的世界中持之以恒的过程。寅次郎系列首部电影名叫《男人真辛苦》（*It's Hard to Be a Man*，同上：210）。这个主题一开始就得到确立，并在后作中不断阐述。

软派还强调了另一个日本人的崇拜对象——义务（*giri*）和社会责任，尤其是孝道，而非残杀和暴力。对当今普通的日本中产阶级来说，这是工薪族或技术专家的道路，一种“尽职尽责”的模式，然而，在日本人的人生规划中总是有着类似的主题。即便如此，对那些拒斥武士的凶猛，转而赞成长辈般的教导或白领式的勤奋的人来说，在群体需求设定的范围内，一种坚忍和可行的权宜手段同样重要。例如，罗伯特·贝拉（Bellah，1985）和乔治·德沃斯（DeVos，1973）在他们对日本文化的经典研究中写道，目标达成（goal-attainment）一直是日本社会的首要关注点，而且日本文化和社会安排的重点一直是使得个人成就与集体目标相一致。

效率和行动主义在日本男性气概的软派中非常重要。除非能以一种在社会上卓有成效的方式得到了表达，否则成就并没有多少分量。在日本文化中，就连学习和博学都被看作达成目的的手段，而非本身即具有价值。贝拉写到了这一点（Bellah，1985：16）：“仅仅博学的男人并不值得尊 197
敬。要学以致用。”值得尊敬的日本男人是接受挑战者，这些挑战促使他“从自己的研究的舒适区转向外部世界的喧嚣”（Morris，1975：216）。无论他选择战场或办公室或是像寅次郎那样浪迹乡间行善，日本男人都是积极投入的团队成员；无论从事什么职业，男性角色在“伦理上”都是“行动主义式的”（Bellah，1985：98）。好男人，即真诚的男人拥有

“对直接行动的盲目投入，以及应对艰难困苦的无限能力”（Buruma，1984：139）。

因此，男性角色立基于一种为人熟悉的关于投入和行动的实践方式，但是带有强烈的民族主义的弦外之音。它要求男人做出对社会有意义的表现，并把团体目标始终放在心上。实际上，在《明治时期日本思想中白手起家的男性》（*The Self-Made Man in Meiji Japanese Thought*，1981）中，厄尔·金蒙斯（Earl Kinmonth）对比了19、20世纪之交日本与西方对企业家精神的看法。他表明，1868年至1914年间的现代化时期，日本沉迷于对世俗成功的强调，但并没有扩展到支持自我膨胀的地步，而后者常见于西方。日本文化尽管同样要求进行学习和艰苦工作，但坚称个人的表现总是应该指向更高的集体目标，指向“国家或社会的目的”（Kinmmoth，1981：234）。财富和荣誉都被看成集体的目标，而非个人的目标，并且重点在于创造力，而不单单是狭隘定义的财富积累上的成功（同上：16）。从明治时代初期（就像如今可能的情形一样）期刊杂志的典型规劝中可以总结出日本对男性成就所持的观念：“一个年轻人只要一开口，就应该坚决主张进取心。”那时的目标就像现在一样，绝对是集体式的：“富国强军”（同上：111）。

在为家庭、公司和国家效力的过程中体现出的进取心具有男性气概；
198 而逃避是软弱的：这是一种将一个男人的道德生活轮廓进行概念化的特殊的日本之道。相较其他很多地方，日本社会中的男性角色似乎更依赖高超的责任感——无论在某个给定的时刻其社会参照是什么：家庭、国家、天皇或商号（Buruma，1984：162）。“像个男人般活着”（同上：181）就是要历经艰苦和牺牲，以及面对其他难题来追寻责任之道。一个真男人会为工作奋战到底，就像漫画书上失败的神风特攻队队员告诉他儿子的那样。对社会命运的接受“是把日本男人与日本男孩区分开来的标志”（同上：184）。

民族志依据

然而，就像我说的那样，将布鲁玛的论点和他所仰仗的流行观点加以普遍化可能会是一个错误。因为布鲁玛不是一个训练有素的人类学家，所以，他的作品可能会犯下种族中心主义或男性偏见的过错，而我们必须警惕这样的歪曲。兴许，对上文引述的其他作者也是如此。我无法评判他们的公正性，但是，布鲁玛的书已经遭到了一些日本学者的批评（Kondo，1984），因为他过分强调日本社会中的古怪事物和异国情调，而且他过多地从通俗小说和电影中展开推论，这些文化载体毕竟只吸引着社会的某些部分（虽然是大部分）人群。不过，最近有些令人尊敬的学者的作品揭示了部分有趣的相似之处，并让我对他的发现不那么持怀疑态度，而这些学者主要是女性。

例如，在对日本儿童教育的研究中，女田野工作者乔伊·亨德利（Joy Hendry）调查了日本人希望在他们的孩子身上灌输的性格特征（Hendry，1986：93）。她费尽心思收集的针对男孩的“愿望清单”强调的是“勇气、坚定、刚毅、责任和男性气概”，所有这些特质都在布鲁玛援引的电影中得到标榜。在对日本的性别态度所做的有趣研究中，人类学家索尼娅·萨拉蒙（Sonya Salamon）发现了日本人的思维中有一种根深蒂固的“男性气概的刻板印象”，它强调男性在经济关系和性关系中扮演主动性角色、足智多谋，以及具有个人的独立性（Salamon，1986：134）。对这种具有男性气质的形象来说，自主和性格的力量是非常重要的。她写
道（同上），在日本文化中，除非一个人“是自由的”，否则“他就不是 199
一个男人”，也就是说，他要能够独立行动，从而迎接挑战（这里指的是

工作中的挑战）。在对女性态度的调查中，本身就是日本人的人类学家莱搏若（Takie Lebra）发现，她采访的未来的新娘们会强调自己希望丈夫有与此相似的男性气质。大多数年轻女性都说她们会避开依赖成性或优柔寡断的弱者。这些弱者不会被视作真男人。女人们都想要“有男性气概的男人”（Lebra，1985：137），一个在措辞上使人想起上文中布鲁玛所提到的理想。

最后，正如我们在封建时期有着“积极的情感生活”的英雄源义经身上看到的那样，在日本，性自信（sexual assertiveness）在男性气质资历的建立当中也很重要。且让我通过民族志意义上的参与式观察再次阐释之。20世纪30年代，当美国人类学家约翰·恩布里（John Embree）即将离开他在日本研究的须惠村（Suye Mura）的时候，村民们对他提出了一个集体要求。他们坚称，在离开日本之前，他应该和一位当地女性上床。或多或少因为他在逗留期间沉默寡言而对他产生反感的村民们认为，这是他“展现自己是个男人”的最后机会（Smith and Wisnell，1982：66）。恩布里礼貌地拒绝了，这给他的声誉造成了永久性的破坏。在日本，通往男性气
200 概之路的的确确是一条艰难的道路。

第九章　例外：塔希提与闪迈

> 每一个男人都是其行动的产儿。
>
> ——塞万提斯，《堂吉诃德》

无论“硬派”还是“软派”，在很多社会当中，男性气概都必须得到证实、维护，以及捍卫。即便模棱两可，正如印度文化中的那般，男性气概也会被体验为一种问题重重的身份—— 一条可以从任一方向跨越过去的、不稳定的分界线。然而，虽然有着相伴而生的焦虑，作为一个文化范畴的男性气质的门槛，却不是普遍的。在有些社会当中，这个概念要么无关紧要，要么干脆缺席。这些实际上男女不分的文化，对有关男性发展过程中的对男性气质的普遍性“需求”提出了问题，而且在我看来，它们还暗示着，在男性气质谜团里头，文化变量或许胜过了自然天性。

在玛格丽特·米德的著作《三个原始部落的性别与气质》（*Sex and Temperament in Three Primitive Societies*，1935）中，我们已经找到这样在性方面模糊不定的文化，而且是好几个著名的例子。米德在这本书中捍卫了文化决定论（cultural determinism），试图通过描述三个在性角色方面异于西方模式的社会，显示出性别角色和形象不受限制的可塑性。我虽然欣赏其在随后的描述中使用的丰富多彩的主色调，但宁愿不用上她的数据，因为她的著作在准确性方面曾引发过争议（Freeman，1983）。我将 201

使用法属波利尼西亚（French Polynesia）塔希提人和马来西亚的闪迈人这两个例子，关于他们的民族志描述不那么富有争议，因而我可以不让自己卷入上述争论。此处，我依赖的是罗伯特·莱维（Robert Levy）有关塔希提人的佳作（Levy，1971，1973）与罗伯特·登坦（Dentan，1979）就马来西亚的闪迈人所著的典范式民族志。首先是塔希提人。

塔希提：跨界

塔希提岛属于社会群岛[①]，后者此前曾经是法属波利尼西亚的一部分。“热带天堂”这个短语几乎是塔希提岛的同义词，在19世纪中叶，欧洲探险者之一，库克船长（Captain Cook）首次接触该岛。从第一批欧洲人的造访开始，塔希提文化，尤其是它对待性别角色的做法，就因为其随意性而激起了欧洲人的好奇心。多数造访者都对该岛上那不同寻常的，以及（根据欧洲的标准）性分化（sex differentiation）和性别角色扮演的奇异缺乏给出过评价。比方说，写到当地性习俗的头一批西方人之一，水手约翰·福斯特（Forster，1778：421—22）就曾提及，塔希提岛上的女人们拥有高到不可思议的地位，她们获准可做男人做的几乎一切事。那儿有握着有效政治权力的女酋长（women chiefs）；部分女性占据统治地位，甚至可以殴打自己的丈夫；任何女人都可以参与男人们的运动，有时甚至是与男性对手进行摔跤；而且大体说来，女人可以“不受任何限制地同每个人”进行交谈。福斯特继续把这一事态与他自己在旅途上造访的其他岛屿的情况进行对比，在那些地方，女人们往往遭到隔离。

后来，在19世纪，美国作家、外交官亨利·亚当斯（Henry Adams）

① 社会群岛（Society Islands），法属波利尼西亚群岛之一，也是其首府和门户。——译者注

在塔希提写信回家，说该地的两性太过相像，不合他的口味。“波利尼西亚群岛上的女人，”他抱怨道，“对我来说太像波利尼西亚群岛上的男人了；两者差异没有大到足以承认他们有不同的情感，只能承认他们身体上的区别。”（Adams，1930：484）同一时期，法国画家保罗·高更则 202
说当地男人“男女不分”，还补充道，“女人的体内有些带男性气概的东西，而男人的体内有些带女性气质的东西”（Gauguin，1957：47）。

20世纪60年代，当罗伯特·莱维在塔希提岛上进行田野调查时，他发现这些对性的不确定性的印象仍然有理有据。他写道，性差异在塔希提人那儿并没有“被人强烈标示出来”，相反，它们“被弄得模糊不清”、“混合了其他东西”（Levy，1973：234—235）。男人并不比女人更具攻击性；女人看起来并不比男人“更柔弱”、更加“母性”。有着相同个性的男人和女人，还扮演着如此相似，以至于几乎不可区分的角色。多数任务都是二者均履行的，并没有文化上的规定为每一性别保留出特定的工作或技能。男人例行公事地烹饪（同上：233），女人几乎会做男人在户外从事的一切工作。此外，那里没有要证明男性气概的压力，没有要求男人以区别于女人和孩子的关键方式进行表现的压力。男人无须害怕以在西方人看来女里女气的方式行事。比方说，在舞蹈期间，成年男性可以在身体亲密接触的情况下共舞，不带任何焦虑地互相摩挲，而多数男人都会频繁拜访那些乡村同性恋，没有一丝一毫的羞耻感［即“玛户”（*mahu*），我们稍后将讨论其仪式化的地位］。

甚至是在性差异被最小化的塔希提人那里，莱维所谓的频繁出现的角色“跨界”，还是发生了，尤其是在男人当中——这个情况在他看来让人意外（同上：234）。当假设自己有个女性身份时，男人不会有任何不适，一个典型的男性信息提供者在阐述一个观点时会说，“假设你是个男人，我是个女人，我们争了起来”。莱维提到，有时候在这样一个例子当中，信息提供者“会假设我是个女人，他自己是个男人”（同上：235）。莱维继续道：

> 男人的角色扮演，还有其他很多短暂的跨界（minute crossovers）的例子。比方说，一位塔希提信息提供者（Teri`i Tui）就曾向我，以及他的孩子们展示传统的分娩方法，他假装自己怀有身孕，并以相应的姿势坐在地板上。他后来要他的长子假装帮助他分娩。其他男人在
> 203 谈到给一个婴儿喂奶时，会把一个想象的婴儿抱到自己的胸脯那儿，以表明如何喂奶。（同上）

这类角色扮演上的男性跨界现象不仅非常频繁，而且没有引发任何焦虑。莱维对这种令人好奇的漠不关心感到震惊，并就这一点持续质问那些男人。但是，这些男人一成不变地说，就性格、想法，以及道德特征，或其生活的困难程度而言，男性与女性之间“没有普遍的差异”（同上：236）。这儿没有“强健的思想”！实际上，“柔弱”（莱维的术语）会被普遍认可为一般而普通的男性个性（同上：133）。带有大男子气概的类型会被看作是异己的、令人讨厌的。就像高更和亚当斯那样，莱维几乎是哀伤地总结道，“男人看起来带了点女性气质，而女人看起来带了点男性气质”（同上：100）。

这种性角色上的模糊在塔希提语中得到了反映，后者的语法没有表达出性别。代词没有表明主语的性别或宾语的性别，而性别在语法的其他方面也不曾发挥任何作用。实际上，我们有可能听某人谈论起此人与另一个人的互动长达数小时，却不知道主语或宾语是男性或女性。此外，塔希提人传统而合宜的名字，多数都可以同样运用在男人和女人身上。虽然有些与之有联系的族群，就像新西兰的毛利人（Maoris），据说在他们的环境中把许多无性物体分成了男性和女性，但是同时代的塔希提人不存在这样

的情况（同上：232—233）。

男性角色

不像保护欲极强的特鲁克人，塔希提人不会竭力保护他们的女人，或抵挡异己入侵。实际上，他们的情况正好相反——西方观察家对此震惊不已且大喜过望。当英国船只“海豚”号（*Dolphin*）于1767年停泊在塔希提岛时，水手们对自己得到的招待感到诧异：当地的女人，该船船长写道，“走了过来，脱得精光，摆出了她们能够做到的各种诱人姿势，以怂 204
恿他们上岸”（转引自Levy，1973：97）。显然，塔希提岛上的男人不仅默许了这一行为，而且实际上给予其支持（同上：126）。后来，法国探险家布干维尔（Bougainville）——此人在“海豚”号造访之旅后再次发现了塔希提岛——对那儿的女人的色情及男人的默许是如此震惊，以至于将该地命名为“新瑟塞岛”（*La Nouvelle Cythére*），即以某些关于美神阿芙洛狄特的故事中她首次从海中出来时所处的那座岛命名。布干维尔写道：“每天，我们的人都会不带武器就走进这座村庄，或只身一人，抑或小组出行。我们受邀进入那些房子当中，享用食物。但并没有什么好吃的，主人的礼貌也就到此为止了。他们把自己的女儿们供给我们。”（Bougainville，1958：128）他还把这一举止同特鲁克人进行了比较！

人们很少会对塔希提岛上的男人提出各种要求。他们不打猎。那里并没有什么危险的或费力的职业会被目为是具有男性气质的。那里没有战争与不和。法国殖民政府相对温和，为穷人提供了福利援助。当地的泻湖提供了丰富的渔业资源，故男人们不需要像在特鲁克岛上那样进行深海探险。耕地资源也颇富饶：每个人要么拥有足够的土地，要么租用“非常少量的”土地（Levy，1973：11—12）。他们驯养的动物同样众多，那里没有极度贫困或经济斗争。经济情况，而非男人之间不断提升的竞争力，促成了一种程度非同寻常的合作，因为家庭会在捕鱼及收获两大主要谷物——香草和芋头时互相帮助。据莱维所言，在男人当中，物质至上的奋斗（materialistic striving）不仅罕见，而且会作为非塔希提的（non-Tahitian）而遭到否定。普通塔希提人“拒绝奋斗”，并满足于基本生存（同上：40）。针对工作的一种放任态度被认为是“传统的、真正塔希提的”（同上）。非塔希提的居民和访客发现那里的男人们可谓懒散。当地人把一种反常的男性类型指给了人类学家。那个人是波利尼西亚人和高加索人的混血，由一位在中国出生的父亲养大，工作努力，也赚了钱。其他村民批评他，因为“他工作太过努力，计划得太过周翔，以至于无法成为一个
205 平凡的塔希提人”（同上：51）。

与这种温和的自我形象相一致的是，人们不仅期望男人消极，而且期望他们无视怠慢。那里没有男性的荣誉概念要捍卫，没有“报复”。男人们共享一种“胆怯”（timidity）的文化价值，它禁止报复，而被激怒的男人们甚至很少动手打架（同上：285）。库克以降的造访者，都会吃惊地注意到这里的男人身上那引人注目的消极性。一名早期的探险家，约翰·特恩布尔（John Turnbull）概括道（Turnbull，1812：339），“他们的性情温和至极……当我在塔希提时，从未见过一个塔希提人发怒”。

禁止侵犯甚至还延伸到了排除报仇的想法，即便是在遭人欺骗的时候。一位法国宪兵曾负责管理塔希提地区，他在20世纪60年代初满意地评价了这一点。他此前在法属几内亚、阿尔及尔，以及摩洛哥工作过。对他来说，相比之下塔希提人就是“羊羔”（转引自Levy，1973：276）。这位法国警察把塔希提人与摩洛哥人进行了对比，后者可谓“暴躁、易怒”。他写道，塔希提人是“世界的另一端”。而最让他诧异的，是他们彻底缺乏一种复仇精神。“哪怕当他们遭到了一位来访者或商人的欺骗，

他们似乎也不会就此表现出任何的怒火，抑或任何报复的需要。”传教士詹姆斯·威尔逊（James Wilson），也有着同样的观察（Wilson，1799：327），他用下列语句描述了塔希提人：“他们的态度友善而迷人；他们的步伐轻松、坚定、优雅；他们的举止随意、没有防备；对彼此、对陌生人的慷慨总是没有边际，他们的脾气温和、文雅，不受外界影响；不轻易生气，很容易便安定下来，而且很少憎恶或仇恨，无论他们被怎样激怒。”

仪式与玛户

针对传统的男性气质，塔希提人没有行为上的判别式或标识物，但是他们的确拥有一个男孩的成人仪式，它包括了阴茎的超切（superincision）。不像其他我们见识过的割礼仪式，这个仪式只是为了“健康”的 206
目的举行，而且没有任何考验的含义。它并不被目为取得男性气概的通道，而是单单被看作一项医疗程序。仪式很简单，而且没有压力。当达到了足够年龄时，男孩就会被带至一处隔绝的场所，在那里，专家将会私下进行简单的操作。那里没有对“表现”的公开评价，没有禁止大声喊叫或表现出恐惧。人们知道很多男孩昏死过去，但根本没有招致任何丑闻（Levy，1973：119—120）。

塔希提文化一个突出的特征就是“玛户”（*mahu*）这个形象，或曰乡村同性恋（village homosexual），此为早先的探险家多次记录下来的一种古老传统。就像北美平原印第安人中著名的“双灵人”（*berdache*，Williams，1986），或维坎（Wikan，1984）最近描述的奥玛尼（Omani）穆斯林中的“赞尼斯”（*Xanith*），玛户显然是一个跨性别者（transsexual），此人选择成为一名光荣的女人。他不只得到宽容，他往往还像双灵人那样高度受人尊重。一位早期来访者，詹姆斯·莫里森（James Morrison），在1789年至1791年间基于观察给出了以下描述：

> 他们有一类男人唤作“玛户”［Mahoo（Mahu）］。这些男人在某些方面就像是印度的宦官，但是没有遭到阉割。他们从不跟女人们同居，而是自行其是过活。他们会拔掉自己的胡子，穿成女人那样，同她们跳舞、歌唱，他们的声音有女人气。他们一般精于制作衣物并擅长给它们染色，他们还会制帽，以及做其他所有女人的活计。通过这种方式，他们被视为是有价值的朋友。（转引自Levy，1973：130）

玛户是身体力行的同性恋者，通过提供肛交和口交来取悦男人和男孩。每个村庄似乎都有这样一个跨性别的人物，而且只有一个，他的同伴们总是接受他而不会咒骂他。当没有女人可得时，大多数塔希提男人会公开与那位玛户交合，而且毫不在意。有趣的是，不像我们审视的其他族群的男人，“正常的”塔希提男人通常会在与那位玛户性交时承担被动角
207 色，而且他们对此并不避讳。莱维（Levy，1973：135）写道，“描述了自己与那位玛户的关系的男性，倾向于强调他们在关系中的被动参与，不扮演主动角色，正如以下引自托尼（Toni，一个信息提供者）的话所示：我在帕皮提[①]被一个玛户‘做了’”。

莱维对他的信息提供者就玛户所持的司空见惯的态度心存疑虑，他发现这个习俗在心理学上问题重重。然而，在他对该问题的调查过程中，他的信息提供者一而再再而三地告诉他，玛户只是一个暂时的性对象，此人除了在必要时替代女人之外，什么都不代表。就像格雷戈尔一样，莱维是一名正统的弗洛伊德主义者，他似乎相信，各地的男人都有因为与生俱来

① 帕皮提（Papeete），法属波利尼西亚首府。——译者注

的、俄狄浦斯式的阉割恐惧导致的男性气质问题。这样看来，变得“具有男性气质”这个需要是与生俱来的，而非社会建构的。因此，在与玛户的联系中，以及更一般地在文化中，当男人们毫无兴趣证明自己的男性气质时，就需要一种解释了。

莱维提出的那类功能性的心理学解释过去在文化与人格学派（culture-and-personality school）当中可谓流行。他说，玛户代表男人男性气质的一种否定模式。在把他们自己与玛户进行比较的过程中，后者可以向他们确保，他们的确是男人：“因为我们不是玛户，所以我们具有男性气概。”他们就是这么告诉自己的，或说些起到相同作用的话。否则，鉴于他们男女不分的文化，这些男人没有确证其男性身份的文化手段　而莱维相信，男性身份在心理学上是必要的。这里面或许有些是事实，但我发现，这个论点既是以种族为中心的，又是被强加的。

首先，根据莱维的描述，绝无证据表明男性气质对塔希提人来说本身就是一个值得高度关注的问题。他们从来没有说过这样的话，如“因为我们不是玛户，所以我们具有男性气概”，无论是直截了当还是委婉道出，而且正如我们已经见到的那样，尽管做了调查，但是莱维在其信息提供者身上从来没有察觉到任何性焦虑。相反，他们似乎很少会用到与女性气质相分离、相对立的男性气质。这个概念对他们而言简直是异己的。那里没 208
有施加给男孩压力，要他们以某种方式冒险证明他们自己，或扮演区别于其母亲和姊妹的角色或人格。因此，我认为，相信塔希提人自己的话与事实（正如莱维呈现的那样）相一致：他们不太在意男性气质，而且正如他们所言，玛户不过是性对象的替代。我们可以总结说，无论出于什么原因［抑制、文化制约、自我理想（ego-ideal）］，在塔希提岛上，男性气概并不是一个重要的象征性的或行为上的范畴。然而，读者兴许会好奇，如果一个塔希提男人的男性气概被人以一种带有敌意的或气人的方式质疑，他会如何反应，抑或男人们是否会用这种方式彼此羞辱。遗憾的是，有关这个问题，我并没有发现可靠的信息来源。

闪迈

现在，我们把目光转至马来西亚中部的闪迈人（Semai）那里，在缺乏“性别图式”（gender schema）这个方面他们与塔希提人有着微妙的相似之处（Bem，1983）。闪迈人是东南亚的原住民之一，目前住在马来半岛上的丘陵和山脉那里。他们也被称为“塞诺闪迈”（Senoi Semai），“塞诺”一词意为“人”，因此“塞诺闪迈”也就是“闪迈人”的意思。人类学家用它来指代那些从事原始农业、操该半岛上一种本土语言的人。这些塞诺语属于澳亚语系（Austro-Asian family），后者包括高棉语族（Cambodian）、缅甸的孟语族（Mon language），以及部分越南山地人使用的各种语言。这些族群都是远亲，可能代表蒙古人到来以前南亚原住民的残余，兴许包括南印度的达罗毗荼人（Dravidians）[1]和澳大利亚的原住民。今日的闪迈人因为地理上的阻隔被划分为两个群体：东闪迈人和西
209 闪迈人。前者更加与世隔绝，过着相对传统的生活；后者与外人接触较多，略微更适应马来西亚的文化。

在人类学术语中，闪迈人被称作“避难人口”（refuge population）。这意味着，他们一度占据着比其目前的居住地更为广大的地理区域，并因为人数更多、更加强大的入侵者而背井离乡，撤退至不受青睐的穷乡僻野（在这个例子中即中央丘陵）。虽然我们实际上对闪迈人和使其背井离乡的入侵的马来人之间早先的接触一无所知，但是人类学家们推测，这次接触对闪迈人来说并不愉快。可以想象的是，在军事上屡屡败在人口稠密、

[1] 达罗毗荼人，亦作德拉维达人。——译者注

技术上更为先进的马来人之手，促使原住民“采取一种逃跑而非战斗的策略”（登坦，1979：2）。这如果是真的，或许有助于解释如今闪迈人强调的非暴力，以及他们那逃避危险、而非保卫自身的倾向。因为正如我们所见，闪迈人是地球上最没有攻击性、最孤僻的人群之一——这是个引人注目的品质，它实际上引出了一大批关于他们是否根本没有任何攻击性冲动的学术推测（参见Robarchek，1977；Paul，1978；Robarchek and Dentan，1987）。

闪迈人身材矮小。多数东闪迈人都不足5英尺。西闪迈人较之几乎平均高了半英尺。一个有趣的特征在于，所有闪迈人在种族上混血的程度都很高，这是数十年与马来人、中国人，以及其他经过其飞地的人随意通婚的产物。有些闪迈人看起来差不多就是中国人，其内眦皮眼褶有些调整；其他人则有小黑人的特征和临近的闪芒人（Semang）的深巧克力色皮肤。很多人皮肤顺滑，没有体毛或体毛很少；其他人则多体毛和面部毛发。有些人在面相上无法同马来人区分开来。他们混血至此，使体质人类学家们（physical anthropologists）要把他们分配至种族名称库中的任何一个都困难重重，只好绝望放弃。这一基因多样性的原因来自他们的非暴力文化。解释如下。 210

普南：禁忌

闪迈人相信，抵抗另一个人的行进（advances），无论是在性方面，还是在其他方面，等同于对此人的攻击。他们称这一攻击行为为“普南”（*punan*）——他们的文化中一个非常重要的概念，大致意为“禁忌”。无论它如何温和，普南是闪迈人表达拒决另一个人或使其受挫的任何行为的用词。闪迈人相信，如果你普南了某人，他或她的“心就会变得沉重”，而这个受影响的人兴许会因此伤害自己，或变得思维混乱，做起不合适的事来或是变得暴力。这将会使整个村庄陷入被神灵惩罚的危险境地，这些神灵禁止不良行为。比方说，如果一个困惑的“被普南者”在迷惑中发出响亮的噪音或伤害到某人，那么，强大的猴神恩库（Enku）兴许会降下雷飑，同时伴有瓢泼大雨、飓风来冲垮这座村庄。为了避免此类灾难，闪迈人总是会温和地应允各种要求及胡搅蛮缠。如果一个男人想同一个女人性交，无论此女是否婚嫁，他都会坦白地告诉她，而她应该不予抗议，躺下身来，张开两腿，将他容纳。反过来亦成立。拒绝一位求婚者是“普南”（Dentan，1979：62）。出于同样的原因，一个男人或女人不可以不正当地持续唠叨或“用甜言蜜语哄骗”另一个人性交，因为那样也带有令人震惊的攻击性色彩。就实物或其他利益提出的要求，亦复如是。显然，闪迈人没有表现出性嫉妒（sexual jealousy），而通奸可谓猖獗。在谈及婚外情时，他们说“那不过是借用”。

这些对伤害他人感情的禁令在大部分情况下都保持了平衡，因此，在闪迈人的村庄里，性行为一般说来是抚慰性质的，为这些文明礼貌的极端规则所引导。然而，对某些更具攻击性的外人来说，尤其是坚持不懈的马来人和中国人，闪迈女人易受欺骗。“马来男人经常通过追求、贿赂或恐吓的手段接触到西闪迈女人”（同上：9）。过去，这种性侵犯偶尔会
211 采取暴力的形式。直到20世纪20年代，马来袭击者都很有可能在任何时候埋伏袭击闪迈人，杀死不予反抗的男人，掳走女人和孩子（登坦给本书作者的信，1988年1月12日）。闪迈男人并没有男性荣誉或父系权利（paternal rights）的概念来鼓舞自己，他们不做任何努力来抵制这种“混血的杂乱”（Dentan，1979：11）。强奸或诱奸而生的后代也并无任何令人不快的结果。任何生于此类婚外关系的孩子都会得到闪迈男人的喜爱，并受到良好对待，因为后者无法“忍受看着孩子们被人忽视”（同上：9）。简

言之，闪迈男人并不担心荣誉、父权，或者社会界限，而外人时常发现闪迈女人既有吸引力，又驯顺无比。尽管听起来古怪，但这就是他们的文化运行的方式。

要让“普南”这个概念起作用，闪迈人必须培养这种被动的、非竞争性的特征，而那种不加质疑的顺从便基于该特征。闪迈人的个性建立在普遍而严格的非暴力的自我形象基础上。但是，正如登坦所指出的那般，这一极端的和平主义者的自我形象并不仅仅充当人们追求的理想。作为自我理想的一个无意识要素，它被吸收融合进了人格结构（personality structure）当中。因此，闪迈人不会说“发怒不好”；他们断言道，“我们从不发怒”，而且一个明显发怒的男人会断然否认自己的情绪（同上：55）。闪迈人不会说，“遭到威胁时逃跑是对的”；他们说，“我们遭到威胁就会逃跑”。他们从不会彼此殴打或吵架，就连聒噪的争论都被禁止，因为噪声“会吓到人”。如果一个男人因为另一个男人的行为而感到不满，他会径直走开或生闷气。如果争吵无法不带怨恨地得到解决，那么，争吵的一方会离开村庄。

这种坚定的非进攻的形象是闪迈人呈现给外界的表象。实际上他们在马来半岛（和人类学家当中）因过度的、将近受虐狂程度的胆怯而闻名。住在他们当中的西方人总是会用诸如“虚弱”、“胆怯”这样的形容词来描述他们（同上：56）。闪迈人经常在同更强大的族群，比方说马来人的比较中，谈到自己的卑下和怯懦。在与非闪迈人谈及自己时，他们所用 212
的词是马来语“Sakai”，指的是像“野蛮的土著”或“奴隶”这样的事物（同上：1）。当外人粗暴地同他们说话时，他们会通过说自己不过是“愚笨的野蛮人”，并无恶意，从而试图消除对抗的危险。虽然这种语言上的自贬可能掩盖了更深层次的憎恶感，这在某些遭压迫的族群中的确如此，但是，我们没有证据表明这一点，而闪迈人否认自己怀有任何愤怒情绪。无论何时，只要问题出现，他们要么立刻认输，要么转而消失在森林当中。东闪迈人害怕陌生人，以至于他们有时候一听到摩托艇的声音传至他们的领地就作鸟兽散了（同上：43）。

并不让人意外的是，闪迈人没有任何运动竞赛或比赛，因为这可能会导致一个人输掉比赛并感觉不佳的情况。没有人会给另一个人下达命令，因为这么做会让那个人“沮丧”。孩子们也不会被管教。在这里，“博德”（*bood*）这个有趣的概念开始起作用。“博德”大致意为“不想做某件事”。如果一位家长告诉他的孩子去做某件事，而孩子回复道，“我博德”，那么，事情就结束了。给孩子施加压力是“普南”，因而是不可接受的。正如登坦（一位保守陈述的大师）所言，“闪迈人溺爱他们的宝贝”（同上：59）。那里并没有任何竞争激烈的或暴力的儿童游戏。那里没有加诸男孩身上要他们表现得强壮或强硬的压力。那么做对闪迈人来说是不可思议的。

闪迈人并不对男性的公共领域和女性的私人领域进行区分。那里没有隔离女性、保护女性的努力（正如我们已经见识到的那样），而西方人的“隐私”（privacy）、“家庭的”（domestic）等概念在那里了无影踪。比方说，拒绝某人进入你家是个带有极端敌意的行为，因而是“普南”。对登坦来说，适应这一点颇有困难：

> 面对寻求隐私是带有攻击性的这种观念，我和我的妻子适应起来难度极大。比方说，东闪迈人经常晚间很早便去睡觉了。因此，我们
> 213 的家相对来说是空的，我们便利用晚上时间把田野笔记打出来。问题
> 在于，清晨5点左右，有些睡眠充分的闪迈人就决定顺便拜访。他们兴许只是坐下，哼上一段小调，或翻找我们的物品，希望出现有趣的东西。（同上：29）

闪迈人并不认可这方面的社会界限，因而也就没有最微乎其微的“保护你的物品”的观念，因为“你的物品”这个概念对他们来说毫无意义。

经济

闪迈人很少强调个人财产、个人主义，或物质上的野心。他们的经济是基于自给自足的刀耕火种式的农业。他们主要的作物是苋菜（叶子煮熟而成稀粥）、玉米、水稻，以及南瓜。那里的土地相对肥沃，闪迈人似乎并没有面临增加产量或使用现代化收割工具的压力。他们的农业实践是合作型的，而非竞争式的。无论是针对土地还是指向消费性物品，那里都没有私人所有制（private ownership）。如果一个男人无地可耕，那么，他可以直接向一位朋友或男性亲属求取一部分土地。拒绝这一请求可谓“普南”，因此人们愉快地把土地拱手相让了（同上：43）。工具和其他可移动的物品亦复如是。

不像塔希提人，闪迈人喜欢狩猎。只有男人狩猎。主要的武器是一根长七八英尺的吹管。这种吹管由两根竹管制成，其中一根套在另一根里面，这样的话，这种武器就不会因为自身的重量而弯曲。男人们从这个吹管里射出不附着羽毛的小飞镖，而小飞镖的尖头涂上了黏黏的毒药，后者提取自马钱子藤蔓，并混入了其他毒药。飞镖的尾部被割开了口子，这样的话，带着毒药的镖头就会断裂开来，留在逃跑的动物体内。狩猎绝非一项艰苦而危险的事。他们只会俘获小型动物，而其中最大的动物是小猪。男人不会深入丛林狩猎，通常截至正午，也即，在天变得太热以前就回村了。在水果成熟的时节，多数猎手会躺在水果树下，等猎物来到自己跟前。如果他们遇到了危险就会逃跑，并毫无羞耻感地、一刻也不犹豫地躲 214

起来。

此外，狩猎并非必要：它提供的动物蛋白很少，实际上没带来任何仪式要用到的物什。更多猎物是通过陷阱捕获的，在这方面闪迈人堪称行家里手（同上：32）。闪迈人会驯养的动物，主要是鸡，但是他们不忍宰掉它们，因此，当鸡完完全全长大了，他们就会同马来或中国的交易者以物易物或卖掉它们。闪迈人知道，这些交易者将宰掉这些“宠物”，但他们宁愿不去想此事。这种令人起敬的对待动物的态度，决定着闪迈人对危险的四足动物和捕食者的反应，包括该地区常见的大象和老虎。当看到了这类动物时，闪迈人不会像马赛人那样与其对抗，而是一起恐惧地挤在他们的长屋里，任由动物们掠夺。若是被困在户外，闪迈人的反应是逃跑、躲藏。只有当动物们离开了，人们才会重新忙活自己被打乱的杂务。不友好的人或危险的动物，都不会遭到挑战。那就是“普南”。

临溪而渔对闪迈人的饮食来说也很重要。男人和女人都捕鱼，男人们用的是鱼梁（weirs），女人们用的是篮子。用手捕鱼，有时候还来点温和的对鱼有效的毒药，那是孩子们的游戏（同上：33）。有时候，男人和女人会合作捕鱼。比方说，一个男人和他的妻子会用岩石或其他碎片筑坝拦住一条小溪，留下一道窄窄的开口，他们在那里布上一张网。接着，他们会拍打小溪在临时水坝上方的一块区域，然后抓住他们的捕获物，接着跑到上游重复该过程。

性别

正如读者可能根据以上内容预计的那样，无论是在分配社会角色方面，还是在评估性情方面，闪迈人都认为性差异的重要性微乎其微。然

215 而，不像塔希提人，他们的语言的的确确在“男性”（*kraal*）和“女性”

（*krdoor*）之间作了区分，而性别是闪迈人亲属称谓（kinship terminology）的一个重要特征，其区别作用仅次于年龄。但是，除了把所有的圆形突起物称作“乳房”外，闪迈人在其讲话中很少用到性别区分，而且他们没有性别方案（gender scheme）。女人参与政治性事务跟男人一样多，尽管她们担任首领的频率少于后者。男人也很少充当助产士，但那里并无成为助产士的社会责任。那里的男人与女人之间没有“令人讨厌而不公正的对比”（登坦的信，1988年1月12日）。很少有特征会被刻意区分为是“具有男性气质的”或“具有女性气质的”。劳动的性分工是优先选择型的（preferential），而非规定的（prescriptive）或禁止的（proscriptive，Williams-Hunt，1952：51）。也就是说，那里没有死板的规则，男人和女人都可以选择做他们感觉合宜的任何事，而不会招致批评。然而，人们会作此预料：某人一旦精通一项通常异性偏好的活动，他会格外擅长于这方面。比如，男性助产士尤其才华横溢，而女性首领则异常强大（同上）。性别之间公认的差异是如此之少，以至于一个明显的服装上的差异竟有着经典格言的地位：“男人的缠腰带长，女人的缠腰带短。”在其他方面，男人和女人大体相同。这里没有男性气概！

尽管存在这一性重叠（sexual overlap）现象，但是，登坦的书中一则含义隐晦的声明还是值得评论。男人们十分关心他们的吹管。其他的占有物“在情感层面上”都无法同吹管竞争（Dentan，1979：31）。他们在制作一根吹管上浪费了比建一座房屋更多的时间；而且在制管成功以后，他们还会耗掉更多时间给它磨光并装饰之。登坦提到（同上），闪迈人“把他们的吹管当作男性气概的象征来对待”。显然（没有给出其他证据），男人担心其性能力，而吹管是阴茎的象征。布须曼人和其他此类温和族群所赞美的“武器=阴茎”主题，似乎是普遍的，只要那里的男人狩猎。除了这个象征之外，闪迈人似乎还遵循着巴特尔比（“我宁愿不”）那派

216 的男性气质。更确切地说，用他们最喜欢的表达方式，即他们宁愿“逃开”所有的挑战。作为勇敢行为的诱因，男性气概在他们的参考系中用处甚少，任何种类的冒险都同他们的道德体系相对立。要铭记的是，吹管从未被用来对抗人，闪迈人也不会引人反感且不公正地评判狩猎上的英勇。

小结

读者必须小心，不能让这两个孤例一般化。首先，这两个例子都不是非黑即白的。登坦告诉我们，胆怯的闪迈男人把自己的吹管看作是男性气概的象征，这值得三思。它们是否有潜力与更宽泛意义上的男性气质概念相等同，这仍然存在争议。莱维提到，非常带有女性气质的塔希提男孩，兴许会听到某人温和的、关于他即将成为下一个玛户的戏弄。不过，社会也不会划分出一个带有限制性准入条款的“真男人”范畴。塔希提人和闪迈人看起来只不过是对男性气概不很在意罢了。

尽管数据稀少，但是关于这两个社会中缺乏男性气概崇拜的部分合情合理的推论还是可以通过比较得出的。就道德规范、情态人格[①]，以及物质环境而言，它们之间还是有着明显的相似点。在这两个社会中，男人们都被免于通过冒险来证明自己。那里不缺乏自然资源，因此没有要奋斗或竞争的动机，没有竞争精神，没有技能的公开市场。因为那里的经济是合作型的，所以进取心的价值遭到降低。那里没有严重的来自外界的（即人们期待男人对其进行抵御的）伤害，闪迈人逃离危险的动物和外人，而不是同他们作战。两个社会都没有感觉到入侵者的威胁；它们都没有参与战

① 情态人格（modal personality），美国人类学家科拉·杜波依斯（Cora Alice DuBois，1903—1991）提出的概念，指全人类共同享有的一种可能是由生理因素决定的心理亚结构。——译者注

争。那里很少会有对取得世俗成功的压力。那里没有男人必须保护的、属于女人和孩子的不受打扰的私人领域的概念。男人没有兴趣把自己定义为不同于或优越于女人，或定位成她们的守卫者。简言之，那里很少有激励 217
男人们在压力下表现或捍卫界限的男性气概意识形态的基础。

尽管意识形态和物质环境之间的关联看似清晰，但是，我们在判断两者的因果关系时必须慎之又慎。作为给定的前提，这两类数据，客观的（或物质的）和主观的（或意识形态的），都能让我们陷入“先有鸡还是先有蛋”的难题：哪个最先出现，经济还是男女不分？此外，如果我们自动地把合乎逻辑的或随意的优先性归于看似符合主导性的意识形态的物质和经济条件，那么，我们将会犯下目的论推理（teleological reasoning）的错误（Giddens，1987：68—69）。虽然我在上面已经清晰说明了，我赞成唯物主义的立场，认为环境和基础性的经济在因果关系上是优先的，但是，没有办法证明这一立场是正确的。所有形式的唯物主义仍然都是理论，而非事实，我们不能诉诸理论来证明一个假设。比方说，从唯心主义的视角来看，我们有理由认为，消极性的意识形态（ideology of passivity）导致了经济竞争的缺乏，而非相反。然而，抛开对起源的徒劳求索，人们至少可以假设一种反馈关系，在这种关系里，意识形态一旦形成，就会助力环境的匹配适应过程并强化之。如果某种特定的反应有益于群体生存，同时还能协调群体与个人的需求，那么，我们可以假设会有保持这种反应的选择压力[①]。因此，特性的关联（trait correlations）不能以任何线性的方式证明因果关系，而是表明了产生关联的第三方因素的存在（同上：69）。

在与西方人，以及其他同样勤劳的文明所作的比较中，塔希提人和

① 选择压力（selective pressures），也作“进化压力”（evolutionary pressures），指外界施加的生物进化过程的压力，从而改变该过程的前进方向。——译者注

闪迈人都一直都被描述成“幼稚的”。兴许是因为没有一个典型的男性气概意识形态，那里的人们允许男人拥有保持被动性和依附性这种不常有的状态，格外像石器时代的“彼得·潘”。因为我们拥有的、关于他们的内心想法和幻想的信息并不完整，所以，我们无法确知这些本地人的脑海里
218 正在进行的是怎样的心理过程。但在这两种文化（以及其他与之相像的文化）当中，看起来的确少有或没有要“表现得像男人”的压力，而男人们也没有感觉到要表现得有男性气概这一驱策性的“内在”需要。这有力地支持了女性主义者的观念，即性别规范是“后天归结的”（ascribed），而非“与生俱来的”（innate）。

最后，我们在这里可以把目光投向生理学上的刺激/反应这更宏大的画卷以便寻求部分指导。在遭遇危险时，所有哺乳动物，包括人在内，都会分泌出肾上腺素（Konner，1982）。这会让他们为合适的生存–优化反应（survival-enhancing response）做好准备。虽然这种分泌激素以做好准备的过程从化学的视角来看完全相同，但是，行为的结果因物种的不同而有着悬殊的区别。低级哺乳动物的反应很大程度上由遗传印记（genetic imprinting）决定，也就是本能。进化的压力预先让某些动物打斗，让其他动物逃跑［有时这被称为“战斗或逃跑综合征”（fight/flight syndrome）］。在人类当中，行为上的反应并非以本能，而是以习得（learning）为条件的。那些拥有显著的男性气概意识形态的文化，似乎就是选择以战斗作为生存策略的文化。在没有遗传印记的情况下，那些文化中的男人们必须被调节为变得勇敢，以适应战斗。不管是出于什么历史原因，塔希提人和闪迈人，都选择了避开对抗的策略。这或许是对他们缺乏一种
219 男性气概意识形态的解释：他们总是逃之夭夭。

第十章　结语

一个男人不能赤条条来又赤条条去，本；一个男人必须做出些什么来！

——阿瑟·米勒，《推销员之死》

既然我们已经对大致上全世界每一个角落的男性扮演活动（manplaying）进行了描述，那么，我们能否回答最初的问题呢？是否存在一种男性气概的深层结构？是否存在一种全球性的男性气概原型？虽然我在开始这项研究时怀疑答案会是肯定的，但是现在我没那么确定了。在回顾了最后两个案例之后，我认为就这个问题而言，没有一个确凿的答案。或许我应该给读者一个“确定的可能”，就像漫画家沃尔特·凯利（Walt Kelly）过去常常针对非常重大的问题所言。

前文的数据证实了不少观点。我们已经看到，很多社会拥护成就型的男性气概（manhood-of-achievement）；其他社会，比如闪迈和塔希提，则满足于让男人们处于放松、被动的状态。我也确定存在男女不分的现象，其他人类学家对此也有所知，我也将很快听闻相关信息。另外，给男性气概施加重重压力的类型似乎更频繁出现。男性气概在很多社会是一种考验，而且毫无疑问的是，这个统计上的频繁性意味着一些事情。很明显，对男性气概的崇拜与要求男性角色顽强和自律的程度直接相关。或许 220

这种频繁性只是简单地表明了由于大部分地方的生活都是艰辛而高要求的，以及由于其解剖学的构造，男性通常会被赋予“危险的”活计，他们不得不采取行动。男性气概意识形态迫使男性接受剥夺其身份的惩罚，这显然是比死亡还要糟糕的威胁。除非有人能提出存在这样一个社会，在这个社会中，男性角色是艰苦的，但是没有男性气概意识形态，否则我们只能总结说，男性气概与男性角色受到的压力直接相关。其中的因果关系依然是难以厘清的，妄加猜测则是不明智的。然而，我们可以有把握地说：在男人习惯战斗的地方，男性气概是重要的；在男人习惯逃避的地方，男性气概则不重要。为何大部分社会会选择战斗则在本研究范围之外，但是，原因可能与资源的普遍稀缺性，以及大部分社会的人口难以逃脱至开阔的荒地（如闪迈人那样）有关。

我们可能要对上述结论给出直接推论式的，尽管也是不确定的评论。这关乎对男性气概的需求，而非对男性气概的激励。当然，在某些方面，女性和男性并没有什么不同。女性也必定被迫做出经常是自我牺牲的行为。她们也需要学会自我控制和自律，有时要付出巨大的个人代价。区别在于：女性通常处于男性的控制之下。男性通常行使着政治或法律的权威，因为他们更高大、更强壮，所以如果传统道德无法达到目的，他们通常会用武力或威胁使女性服从。而男性则并非总是在他人的支配下，尤其是在原子化的社会背景下，因此在社会层面上看更难控制。可能正是因为存在这样一种差异，社会需要一种特殊的道德体系（“真正的男性气概”）以确保男性自愿接受恰当的行为。也可能是出于这个原因，在桑布鲁、安达卢西亚、特鲁克、桑比亚，以及其他男性在其中需要为稀缺资源
221 进行斗争的竞争性的平等主义社会中，男性气概意识形态得到了强调：当形式上的外部限制条件缺席时，内化的规范就必须起到作用，以便确保“表现”。

还有一项观察：像闪迈那样真正中性或男女不分的文化在全球范围内相对罕见。这可能指向社会调适的某种进化法则，也即战斗对社会群体而言是一种更成功的生存策略，或某些类似的结论。但是，这些男女不分的文化不只是一道不可改变的法则的例外。我们面对的并非庞大而单一、非此即彼的准则，相反，我们似乎面对着男性形象和准则的连续体，一个变化的刻度范围或一种多变的谱系。大男子主义代表了刻度上的一个极端。显然，特鲁克、西班牙、桑布鲁、安哈拉（Amhara）、桑比亚，以及其他一些诸如拉吉普特人和美国牛仔的特殊亚群体，都落在这个刻度的大男子主义一端。梅希纳库人、中国人、日本人和现代美国城市人则在刻度中间。或许，对男性气概关注度很低的闪迈人，以及有着玛户的塔希提人，都代表着相反的极端。印度人则拒绝待在一个地方。作为一种意识形态的男性气概经常会卷入民族主义的或其他的政治运动中，这些运动会暂时性地强化其情感力量。但有时候，顺从于等级制的规则却会妨碍刚毅的男性气质规范，就像在日本和中国那样，由此，情况就愈加复杂了。但我们仍然可以对这种男性气概连续体及其结果得出一些初步的结论。

一方面，无论出于什么原因，在“真正的”男性气概得到强调的地方，哪怕只是稍加强调，三大道德律令就会频繁得到关注。这种三位一体的诫律呈现出不同的程度，但是足够普遍至表明男性气概是对特定的结构性缺陷和心理缺陷的回应。这些心理缺陷由于劳动的性别分工而得以成型，而劳动性别分工本身也是对环境的调适。我们首先在地中海地区碰到了这三大律令，在那里它们表现得非常明显。在大部分我们审视的社会中，要成为一个男人，你必须让女人怀孕，保护依附者免于危险，以及 222
为亲属和家人供应食物。因此，虽然可能没有“普遍的男性”，但是，我们也许可以谈及基于这些表现标准的“无处不在的男性”（Ubiquitous Male）。我们可能会把这种准全球性的重要人物称作“男人—授精者—保护者—提供者”（Man-the-Impregnator-Protector-Provider）。显而易见的是，这副三重形象是男性进行角色扮演的标准功能，但是这些论证表明，男性角色或多或少比西方社会养家之人的简单神话要复杂些。人们期望“真正的”男人驯服自然，以便重建和强化其所在社会基本的亲属关系单位；亦即，通过意志来重新塑造社会秩序并使其永存，从虚无中创造出有价值的东西。男性气概是一种男性的生殖（male procreation）；它的英雄主义特质在于其自我引导和自律，在于其绝对的自立——简言之，其行动层面的自主性。攻击性的性态（aggressive sexuality）在这里是重要的，因此不能将这种男性气质说成是纯粹的文化创造，而完全将其与“自然”分开甚至对立起来，就像谢丽·奥特纳（Ortner，1974）的图式——男性/文化，女性/自然。事实要比这更复杂些。

在大多数社会，这三项男性律令要么是危险的，要么是极具竞争性的。它们将男性置于战场、打猎或与同伴的对抗的风险中。因为普遍存在的逃离危险的冲动，我们可以将“真正的”男性气概视为在为稀缺资源而进行的社会争斗中的高效能（high performance）诱因，或一种通过克服内在阻力来推动集体利益的行为准则。在完成其义务的过程中，男人一定会有所失——这是将他们与女人及男孩区别开来的悬在心头上的威胁。他们会失去他们的名誉或他们的生命；然而，如果群体要生存下去、繁荣发展，男人们就必须完成规定的任务。因为男孩必须让自己刚强起来，以参与这些斗争，所以他们必须经历千锤百炼做好准备。最重要的是，要成为男人，他们必须接受一个事实：他们是可牺牲的。对可牺牲性（expendability）的这种接受构成了我们在各地遭遇的男性姿态的基础；而单单的
223 顺从则无法做到这点。从社会意义上讲，男孩必须对拥有男性气概表现出热情，以及坚忍的决心或者“风度”。他必须公开展现积极的选择，甚至在痛苦中也要欢呼，因为这代表着一种突破万难捍卫社会及其核心价值的

道德承诺。因此，男性气概是对幼稚自恋的战胜，后者不仅与成人角色不同，而且与之相对立。

以上所有观点都不是非常新颖：很多作者，既有学院的又有通俗的，此前已经通过使用学术成果或是借助直觉指出了这些观点。不过，男性气概形象与其更为广泛的社会心理含义之间的潜在联系尚未在关于性别的学术文献中有所呈现。我认为原因之一在于，大多数心理学观察者都是从方法论个体主义的角度去解决性别谜团，也就是说，他们聚焦于个体的自我认同或仅仅关注内在过程，没有注意个体行为与社会环境之间的关系。如果我们从性别意识形态是社会事实，是迫使人们以特定的方式行事的集体表象（这些方式常常是约束性的或具有牺牲性的，但是通常会出现存在间接适应性的结构性结果，尤其在男性的例子中，会存在捍卫界限的情形）这样的观点出发，那么我们的看法会略有不同。在这个意义上，我们不仅可以把男性气概的脚本看作个人强化或心理发展的途径，而且可以将之视为——这一点更重要——让男人融入其所在社会的模式，让其归属一个艰难而且往往充满威胁的世界的一员的准则。

虽然具有象征意味，但男性气概准则似乎是衍生出来的，而非随意生成的。数据显示，生产的社会组织和男性形象的程度之间有着强大的联系。那就是说，男性气概意识形态是对社会环境的调适，而不仅仅是自主的精神投射或放大了的心理幻想。环境越残酷，资源越稀缺，男性气概就越会作为行为动机和目标而得到强调。这种相互关系再清晰、确切和令人信服不过了；虽然它没有证明任何因果关系，但是它的确表明了一种系统 224
性关系，在这种关系中，性别意识形态反映了生活的物质条件。要解答起源问题，显然需要进一步研究这样的问题。

为了存续，所有的社会都面临两个基本的正式要求：生产和再生产，也就是经济和生殖。一个群体要想长时间维持下来，人们必须拥有最低数量的孩童，也必须恰当地让他们社会化——这不是一项简单的任务，正如任何一个拥有孩子、了解孩子或记得自己孩童时期的人所知道的那样。与此同时，一个男人必须供养和保护自己的孩子与他们的母亲，否则，孩子及其母亲也要忙着打猎或进行战斗（Friedl，1975）。出于解剖结构或其他原因，大部分社会中的女性主要负责再生产，而男性负责生产（以及防卫）。在很大程度上，女性和男性的角色都指向复制社会结构，而非通过某种在社会层面中立或微不足道的路径来完成个人的自我实现。社会是一架精妙的永动机，它依赖于其主要结构的复制，尤其是家庭这个结构，因为如果没有家庭，那么就没有了让儿童社会化的语境，进而不会有使文化长存的语境。这要求有足够数量的人做出某种最低限度的牺牲和贡献。

在大多数社会，这一基本的连续性总是受到威胁，无论是直接地还是间接地。它以两种方式遭到威胁：内在方面，是简单熵（simplc cntropy）的威胁，也就是物质分解成自由的能量、自行“破裂”的过程；外在方面，则遭到大体上人类（和动物）生命中固有的危险（掠夺者、荒野自然、有限的资源）的威胁。正如人类学家们几十年来所辩称的那样，文化是人类调适的工具。文化的道德准则和规范鼓励人们（有时候通过心理的而不是物质的奖惩）在追随他们自己的个人欲望时，也要追求社会目标。这是文化的本领：使个体与群体目标相一致。在这一点上，日本文化是当
225 今工业文明中最显著的代表，但所有依然存在并繁荣着的文化都在不同程度上做到了这一点。

我认为，这样一来，用沃尔特·佩特的话来说，我们可以将男性气概刻画成一种神话虚构，这种虚构使男性的建构（male constructivity）神圣化。其关键门槛在于，男孩所生产的比他消耗的多，给予的比获取的多。男性气概是一面社会屏障，社会必须将其竖立起来以对抗熵、人类敌人、自然的力量、时间，以及所有会危及群体生活的人类弱点。我意识到，这

一观点可以从方法论的角度进行批评，因为在反驳一种狭隘的分析个体主义（analytical individualism）时，它几乎滑入了其对立面——方法论整体主义（methodological holism），或者社会中心论（sociocentrism）。不过，正如史蒂文·卢克斯（Steven Lukes，1973），以及近来安东尼·吉登斯（1987）所辩称的那样，完全没有必要认为这些方法是互斥的，并且穷尽了分析上的一切可能性。正如卢克斯（Lukes，1973：117）所言，“就像关于社会现象的事实要依关于个体的事实而定，反之亦然”。而且，我们可以将男性气概观念无处不在的现状视为人类策略的结果，而这些人类策略总的说来在大部分现存环境下都很奏效；于是，那些明显相异的案例，比如塔希提人和闪迈人，变得更加可以理解，而不是更加难以理解了。本书的一个隐含主题是：互惠共生（mutualism），或反馈关系存在于一个社会的物质背景与其意识形态之间，也存在于个体能动性与结构性约束之间，而且在理解“秩序的问题”时，从认识论层面说，其作为因果关系并不比协同作用或多重因素的联合作用更有用。

最后，此时此刻，我可能通过引证辩证功能主义（dialectical functionalism）的优点回到我最初的理论陈述。不过，尽管接受了这种多因功能主义（multicausal functionalism），但我认为有人可以从另外一个角度进行辩论，说我的观点是“有些”马克思主义式的，而且就马克思主义而言，这也是准功能主义的（quasi-functional）。在我选择来描述我的分析框架的辩证标签中，没有太多与马克思有密切关系，也没有太多社会存在决定 226
社会意识的论述。虽然我赞成这样的唯物主义基本原则，但是，我更多视它们为问题而非答案——这是一种认识论上的暧昧，当今有很多久经世故的马克思主义者可能会将其看成一个经验问题，认为需要通过经验研究来解释每种情况。

相反，还有一个更微妙的理由让我们可以把这种观点称作马克思主义式的，或者至少是与马克思主义传统相符的。这一观点基于一种接近马克思劳动价值论的文化观念。在其社会学杰作《哥达纲领批判》（*Critique of the Gotha Program*，1978）中，马克思特别有力地辩称，所有的社会价值都是人类针对自然原料的劳动的成果。我认为，我在此处是支持这种劳动价值论，或者说文化价值的劳动理论的，尽管是经过了修订的。我认为任何持续的社会形成（social formation）都不是一个给定的过程，而是因为其连续性和不断的进展而依赖于一种保持一定水准的工作，依赖于人类不断从自然的变迁中得出秩序和意义的努力。作为一种支持社会价值的组织，文化不过就是身体上和精神上的工作：人类的努力，不断地再生使其诞生的种种条件。要让这种工作有价值，它就必须在社会层面上有意义；也就是说，它必须对这种普遍性的建构做出贡献。男性气概的理想迫使男性克服了他们内在的惰性和恐惧，而去“工作”，这既消耗了他们的能量，也显示出了效率和“有用性”。

但是我们也要承认，就像意识形态，工作本身不单独发挥作用；因为就人类劳动而言，身为人类，在文化上也是有条件的。我想给马克思的劳动价值论补充的是一种呼吁，请大家考虑到作为“物质”环境的一部分的文化的方方面面，有表达上的和道德上的，也有经济的和政治方面的。文化的这些方方面面也通过文化人类学家如今所称的“表演”（“performance”，Bauman，1977），或更准确的说法“表演性”［performativi-
227 ty，一如赫茨菲尔德（1985a）在希腊的案例中如此戏剧性地展示的地中海民族的卓越表演］将原因和结果联系了起来。

除了意识形态和环境之外，这种心理学维度还提供了男性气概体系中必要的第三个因素。心理退行是人类劳动的表演性的重大障碍，是对这种表演性的男性建构的主要妨碍；因此，也就有了一种无所不能的、对抗恐惧的男性气质的反应－形成机制（reaction-formation）。退行是一种回到发育的早先状态及逃避现实的趋势。逃离、躲避危险，在母亲身边寻求安慰的愿望可能是人类普遍的倾向。它存在于所有人中，无论男女老少。弗洛伊德将心灵在发展上的“复归”（involution）——退行——看成是所有形式的性格结构和心理功能的一个元素（Freud，1905：208）。在他后来带有形而上沉思性质的作品中，比如《超越快乐原则》（*Beyond the Pleasure Principle*），弗洛伊德甚至将退行提升到驱动力（drive）的本体论层面，后者与他的死亡冲动（death wish）的观念相一致。对弗洛伊德来说，死亡冲动的恒常目的是退行，也就是从现在的状态回到一个之前存在过的阶段——归根到底就是相当于死亡的生理心理平静（Balint，1968：122）。在临床层面上，安娜·弗洛伊德将退行列于其防御机制的第一位；压抑排在第二位（A.Freud，1936）。她补充道，所有的孩子在受到威胁时都倾向于“退行”，“在共生式的和与母亲的前俄狄浦斯关系中”寻找庇护（A.Freud，1963：139）。这种幼稚的倾向在成年人身上“从未完全缺席”（同上：138）。尽管大部分当代精神分析学家都狭隘地聚焦于退行、阉割焦虑，以及阳具妒羡上，但是他们承认，退行是所有心理过程中一个主要的因素，即便不是唯一一个重要的因素；而且是所有精神生活的一个“普遍”或“无所不在”的倾向（Arlow and Brenner，1963：16）。

事实上，承认幼稚性的自我复归之重要性催生出了一个完整而全新的精神分析领域，其研究对象是婴儿期自恋（infantile narcissism），就像海因茨·科胡特在关于“双极自体”（bipolar self）的著作中所示，他在这项研究中提供了对弗洛伊德俄狄浦斯情结的另一种解释。根据科胡特 228
的观点，自体的一极源自“母性自体－客体”（maternal self-object），也就是说与母亲共生；另一端则是“承载着具有男性气质的理想的一极”（Kohut，1977：179，206）。于是，在这些科胡特式的术语中，男性气概可以被看成是社会劝诱人们朝着进步的一极成长，并且在成长中用现实原则代替快乐原则，也即要接受工作的责任。因而，对美国式男性气概的攻击的主要途径（至少从不受传统思想束缚的人的来看）是反对锋芒毕露的职业道德也就不足为奇了（Tolson，1977：48；Ochberg，1987）。

沿着这些为具有男性气质的贡献定性的思路，我还得出了另一个观察意见。这个观察可能会让一些更为激进的女性主义者感到意外（甚至愤慨），但我认为数据表明它是真的。当我开始进行本书的研究时，我准备好了再次发现一些陈旧的说法，也即传统的女性气质是养育性的（nurturing）和被动的，男性气质则是自私自利的、自我本位的，以及冷漠无情的。但是我没有找到。我在这里的一项发现是，男性气概意识形态总是包含着无私慷慨的原则，甚至到了自我牺牲的程度。我们一次又一次发现，“真正的”男人是那些付出多于索取的人；他们服务于他人。真正的男人慷慨，甚至能不计前嫌，就像梅希纳库的渔夫、桑布鲁的牧牛人，或桑比亚人或多多斯的“老大哥”那样。“非男人”常常是那些被打上了吝啬、无后烙印的男人。因此，如果我们将男性气概定义为给予的、资助的或利他的，那么它也是一个养育性的概念。这种男性给予区别于女性给予，而且没有那么外露，更加默默无闻，这一点千真万确。

养育的形式也有所不同。女性直接养育他人。她们用自己的身体、乳汁和爱做到这一点。这非常具有牺牲精神，而且慷慨。但令人意外的是，“真正的”男人也养育他人，尽管他们听到这种说法可能会不高兴。他们
229 的支持是间接的，因而不那么容易概念化。男性通过挥洒热血和汗水，提供精子，带食物给家里的孩子和母亲，生孩子，如有必要的话还要前往远方赴死，从而为他的族人提供安全的避风港。在赋予或增加的意义上，这也是养育。然而自相矛盾的是，这种男性贡献所必需的个人特质与我们西方人通常认为的养育性人格恰恰相反。为了支撑家庭，男人必须出远

门，去打猎或战斗；要变得温柔，他必须足够坚韧以抵御敌人。要变得慷慨，他必须足够自私以积累物资，而这通常是靠打败其他男性获得的；要变得温和，他必须首先要强壮，甚至在面对敌人时残酷无情；要爱，他必须足够有冲劲来求爱，引诱，并“赢得”妻子。关于这一论断，同样重要的是，就其与很多女性主义者所做的工作相联系而言，它通过反驳社会生理学将男性的攻击性视为内在固有的而巩固了其基本论点，因为我在此辩称，男性并非天生就这般迥异于女性，他们也需要变得自信的动力。

温和的塔希提人和羞怯的闪迈人的例外情形展现出了男性气质的什么方面呢？最重要的是，它们表明，正如我们早先猜测的那样，男性气概是一份象征性的脚本，一种文化建构，变化无常，而且并非总是必要的。这是否意味着正如部分女性主义者和男性解放论者坚称的那样（Blok，1981；Brod，1987），我们西方的男性气质是一场骗局，毫无必要，可有可无？我们是否准备好了将其全悉数抛弃？我们是否都能成为快活的彼得·潘，并全身心投入“自我实现”或“感性”之中，无论这些措辞真正的含义可能是什么？或者在更高的层面上，我们是否都能模仿普鲁斯特，在他软木贴面的房间里写作《追忆似水年华》，将我们的生命用在“婴儿期遗忘”的美丽幻想之中（Kohut，1977：181）？或者，相反，在我们这个复杂的、相互竞争的世界中是否存在某样东西，它要求我们大部分人遵守男性气概伦理固有的严格纪律？也许存在。但是这样的话我们必须发问，我们究竟为什么必须要有竞争性或要遵守纪律？为什么没有了具有攻 230
击性的带男性气质的性别角色，一个现代工业社会就无以为继、无法发展了？在更一般的意义上，在这个复杂的社会中，是否存在一种对具有男性气概的角色的需求？我们能否像闪迈人一样简单地从现代生活固有的挑战中逃离出来？

但这些问题不是我们要回答的，因为我们的角色决定了我们不能从头开始。可能性并不是无止境的。只要还有仗得打，还有战争得赢，还有高度要测量，还有艰难的工作得做，我们中的一些人就不得不“像男人般行动”。那么再问一次，为什么这种律令排除了女性？为什么只有男性被允许成为“真正的男人”，赢得成功克服风险的荣誉？但是我们必须在这里
231 打住，因为这个问题是留给哲学家的，而不是留给社会科学家的。

参考文献

Abu-Lughod, Lila. 1986. *Veiled Sentiments: Honor and Poetry in a Bedouin Society*. Berkeley: University of California Press.

Adams, Henry. 1930. *Letters of Henry Adams, 1858-1891*, ed. Worthington C. Ford. Boston and New York: Houghton Mifflin Co.

Alston, A. J. 1980. *The Devotional Poems of Mirabai*. Delhi: Motilal Banarsidas.

Ames, Roger T. 1981. Taoism and the androgynous ideal. In *Women in China: Current Directions in Historical Scholarship*, ed. Richard W. Guisso and Stanley Johannesen, pp. 21–45. Youngstown, N.Y.: Philo Press.

Archer, John, and Barbara Lloyd. 1985. *Sex and Gender*. Cambridge: Cambridge University Press.

Arlow, Jacob, and Charles Brenner. 1963. *Psychoanalytic Concepts and the Structural Theory*. New York: International Universities Press.

Asano-Tamanoi, Mariko. 1987. Shame, family, and state in Catalonia and Japan. In *Honor and Shame and the Unity of the Mediterranean*, ed. David D. Gilmore, pp. 104–20. Washington, D.C.: American Anthropological Association, Special Pub. no. 22.

Bakan, David. 1966. *The Duality of Human Existence*. Chicago: University of Chicago Press.

Baker, Susan W. 1980. Biological influences on human sex and gender. *Signs* 6:80–96.

Balint, Michael. 1968. *The Basic Fault: Therapeutic Aspects of Regression*. London: Tavistock.

Barth, Fredrik. 1969. *Ethnic Groups and Boundaries: The Social Organization of Cultural Difference*. London: Allen and Unwin.

———. 1987. *Cosmologies in the Making: A Generative Approach to Cultural Variation in Inner New Guinea*. Cambridge: Cambridge University Press.

Bates, Daniel G. 1974. Normative and alternative systems of marriage among the Yörük of southeastern Turkey. *Anthropological Quarterly* 47:270–87.

Bates, Daniel G., and Amal Rassam. 1983. *Peoples and Cultures of the Middle East.* Englewood Cliffs, N.J.: Prentice-Hall.

Bauman, Richard. 1977. *Verbal Art as Performance.* Rowley, Mass.: Newbury House.

Bednarik, Karl. 1970. *The Male in Crisis,* trans. from German by Helen Sebba. New York: Knopf.

Bell, Rudolf M. 1979. *Fate and Honor, Family and Village: Demographic and Cultural Change in Rural Italy Since 1800.* Chicago: University of Chicago Press.

Bellah, Robert. 1985. *Tokugawa Religion: The Cultural Roots of Modern Japan,* 2d ed. New York: Free Press.

Bem, Sandra L. 1983. Gender schema theory and its implications for child development: Raising gender-aschematic children in a gender-schematic society. *Signs* 8:598–616.

Bernard, H. Russell. 1967. Kalymnian sponge diving. *Human Biology* 39:103–30.

Bettelheim, Bruno, 1955. *Symbolic Wounds: Puberty Rites and the Envious Male.* Glencoe, Ill.: Free Press.

Bhatty, Zarina. 1975. Women in Uttar Pradesh: Social mobility and directions of change. In *Women in Contemporary India,* ed. A. de Souza, pp. 25–36. Delhi: Manohar.

Biller, Henry B., and Lloyd Borstelmann. 1967. Masculine development: An integrative view. *Merrill-Palmer Quarterly* 13:253–94.

Black-Michaud, Jacob. 1975. *Cohesive Force: Feud in the Mediterranean and the Middle East.* Oxford: Oxford University Press.

Blok, Anton. 1981. Rams and billy-goats: a key to the Mediterranean code of honour. *Man* 16:427–40.

Boehm, Christopher. 1984. *Blood Revenge: The Enactment and Management of Conflict in Montenegro and Other Tribal Societies.* Philadelphia: University of Pennsylvania Press.

Bougainville, Louis Antoine de. 1958. *Voyage autour du Monde.* Saverne, France: Club des Libraires de France.

Bourdieu, Pierre. 1965. The sentiment of honour in Kabyle society. In *Honour and Shame: The Values of Mediterranean Society,* ed. J.-G. Peristiany, pp. 191–241. Chicago: University of Chicago Press.

———. 1979a. The sense of honour. In *Algeria 1960: Essays by Pierre Bourdieu.* Cambridge: Cambridge University Press.

———. 1979b. The Kabyle house, or the world reversed. In *Algeria 1960: Essays by Pierre Bourdieu.* Cambridge: Cambridge University Press.

Brandes, Stanley H. 1980. *Metaphors of Masculinity: Sex and Status in Andalusian Folklore*. Philadelphia: University of Pennsylvania Press.

———. 1981. Like wounded stags: male sexual ideology in an Andalusian town. In *Sexual Meanings*, ed. Sherry B. Ortner and Harriet Whitehead, pp. 216–39. Cambridge: Cambridge University Press.

Braudel, Fernand. 1972. *The Mediterranean and the Mediterranean World in the Age of Philip II*. 2 vols. Trans. Siân Reynolds. New York: Harper and Row.

Brod, Harry, ed. 1987. *The Making of Masculinities: The New Men's Studies*. Boston: Allen and Unwin.

Brown, Judith K. 1970. A note on the division of labor by sex. *American Anthropologist* 72:1073–78.

Brown, Paula. 1979. *The People of Highland New Guinea*. Cambridge: Cambridge University Press.

Buruma, Ian. 1984. *Behind the Mask: On Sexual Demons, Sacred Mothers, Transvestites, Gangsters, Drifters and Other Japanese Cultural Heroes*. New York: Pantheon Books.

Campbell, J. K. 1964. *Honour, Family, and Patronage*. Oxford: Clarendon Press.

Campbell, Joseph. 1968. *The Hero with a Thousand Faces*, 2d ed. Princeton: Princeton University Press.

Carstairs, G. Morris. 1958. *The Twice Born*. London: Hogarth Press.

Caughey, John L., III. 1970. Cultural values in Micronesian society. Unpublished Ph.D. dissertation, University of Pennsylvania.

Chandos, John. 1984. *Boys Together: English Public Schools, 1800–1864*. New Haven: Yale University Press.

Chodorow, Nancy. 1978. *The Reproduction of Mothering*. Berkeley: University of California Press.

Chou, Rita J.-A. 1987. Health and Sociocultural Factors Related to Life Satisfaction: A Study of the Elderly in Oakland's Chinese Community. Ph.D. dissertation, State University of New York, Stony Brook.

Cicone, Michael, and Diane Ruble. 1978. Beliefs about males. *Journal of Social Issues* 34:5–16.

Collier, George A. 1987. *The Socialists of Rural Andalusia: Unacknowledged Revolutionaries*. Stanford: Stanford University Press.

Conant, Robert W. 1915. *The Virility of Christ*. Chicago: no publisher.

Cooper, Arnold M. 1986. What men fear: The façade of castration anxiety. In *The Psychology of Men: New Psychoanalytic Perspectives*, ed. Gerald Fogel, F. M. Lane, and R. S. Liebert, pp. 113–30. New York: Basic Books.

Crapanzano, Vincent. 1980. *Tuhami: Portrait of a Moroccan*. Chicago: University of Chicago Press.

Dahlberg, Frances. ed. 1981. *Woman the Gatherer.* New Haven: Yale University Press.

D'Andrade, Roy G. 1974. Sex differences and cultural institutions. In *Culture and Personality: Contemporary Readings*, ed. Robert A. LeVine, pp. 16–39. Chicago: Aldine.

David, Deborah S., and Robert Brannon. 1976. The male sex role: Our culture's viewpoint of manhood, and what it's done for us lately. In *The Forty-Nine Percent Majority,* ed. D. S. David and R. Brannon, pp. 1–45. Reading, Mass.: Addison-Wesley.

Davis, John. 1973. *Land and Family in Pisticci.* London: Athalone Press.

———. 1977. *People of the Mediterranean.* London: Routledge and Kegan Paul.

———. 1987. Family and state in the Mediterranean. In *Honor and Shame and the Unity of the Mediterranean,* ed. David D. Gilmore, pp. 28–34. Washington, D.C.: American Anthropological Association, Special Pub. no. 22.

Denich, Bette. 1974. Sex and power in the Balkans. In *Women, Culture, and Society,* ed. Michelle Rosaldo and Louise Lamphere, pp. 243–62. Stanford: Stanford University Press.

Dentan, Robert K. 1979. *The Semai: A Nonviolent People of Malaya.* New York: Holt, Rinehart and Winston.

DeVos, George. 1973. *Socialization for Achievement.* Berkeley: University of California Press.

Dimrock, George E., Jr. 1967. The name of Odysseus. In *Essays on the Odyssey: Selected Modern Criticism,* ed. Charles H. Taylor, Jr., pp. 54–72. Bloomington, Ind.: Indiana University Press.

Divale, William, and Marvin Harris. 1978. The male supremacist complex: Discovery of a cultural invention. *American Anthropologist* 80:668–71.

Dover, Kenneth J. 1978. *Greek Homosexuality.* Cambridge, Mass.: Harvard University Press.

Dutta, D., H. R. Phookan, and P. D. Das. 1982. The koro epidemic in lower Assam. *Indian Journal of Psychiatry* 24:370–74.

Duvignaud, Jean. 1977. *Change at Shebika: Report from a North African Village,* trans. F. Frenaye. New York: Pantheon.

Dwyer, Daisy. 1978. *Images and Self-Images: Male and Female in Morocco.* New York: Columbia University Press.

Dyck, Noel. 1980. Booze, barrooms and scrapping: Masculinity and violence in a western Canadian town. *Canadian Journal of Anthropology* 1:191–98.

Edwards, James W. 1983. Semen anxiety in South Asian cultures: Cultural and transcultural significance. *Medical Anthropology* 7:51–67.

Ember, Carol R. 1978. Myths about hunter-gatherers. *Ethnology* 18:439–48.

Erikson, Erik. 1950. *Childhood and Society.* New York: Norton.

Estioko-Griffin, Agnes, and P. Bion Griffin. 1981. Woman the hunter: The Agta. In *Woman the Gatherer,* ed. Frances Dahlberg, pp. 121–51. New Haven: Yale University Press.

Fabian, Johannes. 1983. *Time and the Other: How Anthropology Makes Its Object.* New York: Columbia University Press.

Feldman, Saul D. 1975. The presentation of shortness in everyday life—height and heightism in American society. In *Life Styles: Diversity in American Society,* 2d. ed., ed. Saul D. Feldman and Gerald W. Thielbar, pp. 437–42. Boston: Little, Brown.

Fetterly, Judith. 1978. *The Resisting Reader: A Feminist Approach to American Fiction.* Bloomington, Ind.: Indiana University Press.

Fogel, Gerald I. 1986. Introduction: being a man. In *The Psychology of Men: New Psychoanalytic Perspectives,* ed. Gerald Fogel, F. M. Lane, and R. S. Liebert, pp. 3–22. New York: Basic Books.

Forster, John. 1778. *Observations Made During a Voyage Round the World.* London: G. Robinson.

Freeman, Derek. 1983. *Margaret Mead and Samoa: The Making and Unmaking of an Anthropological Myth.* Cambridge, Mass.: Harvard University Press.

Freud, Anna. 1936. *The Ego and the Mechanisms of Defense,* trans. Cecil Baines. London: Hogarth Press.

———. 1963. Regression as a principle in mental development. *Bulletin of the Menninger Clinic* 27:126–39.

Freud, Sigmund. 1905. Three Essays on the Theory of Sexuality, III: The Transformations of Puberty. *Standard Edition,* ed. James Strachey, 7:207–30. London: Hogarth Press (1975).

———. 1914. On narcissism. *Standard Edition,* ed. James Strachey, 14:67–102. London: Hogarth Press (1975).

———. 1920. *Beyond the Pleasure Principle,* trans. James Strachey. New York: Liveright.

———. 1930. *Civilization and Its Discontents,* trans. James Strachey. New York: Norton.

Friedl, Ernestine. 1962. *Vasilika: Village in Modern Greece.* New York: Holt, Rinehart and Winston.

———. 1975. *Women and Men: An Anthropologist's View.* New York: Holt, Rinehart and Winston.

Frye, Northrop. 1976. *The Secular Scripture.* Cambridge, Mass.: Harvard University Press.

Gauguin, Paul. 1957. *Noa Noa.* New York: Noonday Press.

Gay, Peter. 1982. Liberalism and regression. *Psychoanalytic Study of the Child* 37:523–45. New Haven: Yale University Press.

Gearing, Frederick O. 1970. *The Face of the Fox*. Chicago: Aldine.

Geertz, Hildred. 1979. The meanings of family ties. In *Meaning and Order in Moroccan Society*, ed. Clifford Geertz, H. Geertz, and L. Rosen, pp. 315–86. New York: Cambridge University Press.

Giddens, Anthony. 1987. *Social Theory and Modern Sociology*. Stanford: Stanford University Press.

Gilmore, David D. 1980. *The People of the Plain*. New York: Columbia University Press.

———. 1982. Anthropology of the Mediterranean area. *Annual Review of Anthropology* 11:175–205.

Gilmore, Michael T. 1985. *American Romanticism and the Marketplace*. Chicago: University of Chicago Press.

Giovannini, Maureen. 1987. Female chastity codes in the Circum-Mediterranean: comparative perspectives. In *Honor and Shame and the Unity of the Mediterranean*, ed. David D. Gilmore, pp. 61–74. Washington, D.C.: American Anthropological Association, Special Pub. no. 22.

Gladwin, Thomas F. 1953. The role of man and woman on Truk: A problem in personality and culture. Trans. of the New York Academy of Sciences, ser. 2, 15:305–09.

Godelier, Maurice. 1986. *The Making of Great Men*. Cambridge: Cambridge University Press.

Golding, William. 1964. *The Lord of the Flies*, ed. James R. Baker and Arthur P. Ziegler, Jr. Casebook Ed. New York: Putnam.

Goodenough, Ward H. 1949. Premarital freedom on Truk: Theory and practice. *American Anthropologist* 51:615–20.

Gouldner, Alvin W. 1965. *Enter Plato: Classical Greece and the Origins of Social Theory*. New York: Basic Books.

Gregor, Thomas. 1977. *Mehinaku: The Drama of Daily Life in a Brazilian Indian Village*. Chicago: University of Chicago Press.

———. 1985. *Anxious Pleasures: The Sexual Life of an Amazonian People*. Chicago: University of Chicago Press.

Habegger, Alfred. 1982. *Gender, Fantasy, and Realism in American Literature*. New York: Columbia University Press.

Haberstroh, Charles J. 1980. *Melville and Male Identity*. Rutherford, N.J.: Associated Universities Press.

Hallman, Ralph. 1969. The archetypes in Peter Pan. *Journal of Analytic Psychology* 14:65–73.

Hantover, Jeffrey P. 1978. The Boy Scouts and the validation of masculinity. *Journal of Social Issues* 34:184–95.

Hart, David M. 1976. *The Aith Waryaghar of the Moroccan Rif: An Ethnography and History*. Tucson: University of Arizona Press.

Heald, Suzette. 1982. The making of men: The relevance of vernacular psychology to the interpretation of a Gisu ritual. *Africa* 52:15–36.

Helms, Mary W. 1988. *Ulysses' Sail: An Ethnographic Odyssey of Power, Knowledge, and Geographical Distance*. Princeton: Princeton University Press.

Hendry, Joy. 1986. *Becoming Japanese: The World of the Pre-School Child*. Honolulu: University of Hawaii Press.

Herdt, Gilbert H. 1981. *Guardians of the Flutes*. New York: McGraw-Hill.

———. 1982. Fetish and fantasy in Sambia initiation. In *Rituals of Manhood*, ed. Gilbert H. Herdt, pp. 44–98. Berkeley: University of California Press.

Herzfeld, Michael. 1980. Honour and shame: some problems in the comparative analysis of moral systems. *Man* 15:339–51.

———. 1985a. *The Poetics of Manhood: Contest and Identity in a Cretan Mountain Village*. Princeton: Princeton University Press.

———. 1985b. Gender pragmatics: Agency, speech and bride-theft in a Cretan mountain village. *Anthropology* 9:25–44.

———. 1987. *Anthropology Through the Looking-Glass: Critical Ethnography in the Margins of Europe*. Cambridge: Cambridge University Press.

Hezel, Francis X. 1973. The first European visit to Truk. *Guam Recorder* n.s. 3:38–40.

Hill, W. W. 1982. *An Ethnography of Santa Clara Pueblo, New Mexico.*, ed. and annotated by Charles H. Lange. Albuquerque, N. Mex.: University of New Mexico Press.

Hobsbawm, E. J., and Terrance O. Ranger. 1983. *The Invention of Tradition*. Cambridge: Cambridge University Press.

Honig, Emily, and Gail Hershatter. 1988. *Personal Voices: Chinese Women in the 1980s*. Stanford: Stanford University Press.

Hopkins, Gerard M. 1935. *The Correspondence of G. Manley Hopkins and Richard Watson Dixon*, ed. C. G. Abbot. London: Oxford University Press.

Hughes, Thomas. 1879. *The Manliness of Christ*. London: MacMillan.

Jeffery, Patricia. 1979. *Frogs in a Wall*. London: Zed Press.

Jung, Carl. 1926. *Psychological Types*. New York: Harcourt, Brace and Co.

Kakar, Sudhir. 1981. *The Inner World: A Psychoanalytic Study of Childhood and Society in India*. Delhi: Oxford University Press.

Kakar, Sudhir, and John Mundar Ross. 1987. *Tales of Sex, Love and Danger*. Oxford: Basil Blackwell.

Kamarovsky, Mirra. 1976. *Dilemmas of Masculinity: A Study of College Youth*. New York: W. W. Norton.

Katchadourian, Herant A. 1979. The terminology of sex and gender. In *Human Sexuality: Comparative and Developmental Perspectives*, ed. Herant A. Katchadourian, pp. 8–34. Berkeley: University of California Press.

Kay, A. 1974. Population growth in Micronesia. *Micronesian Reporter* 22:13–22.

Keesing, Roger M. 1982. Introduction. In *Rituals of Manhood*, ed. Gilbert H. Herdt, pp. 1–43. Berkeley: University of California Press.

Kelly, Raymond C. 1974. *Etoro Social Structure*. Ann Arbor: University of Michigan Press.

Kinmonth, Earl H. 1981. *The Self-Made Man in Meiji Japanese Thought*. Berkeley: University of California Press.

Kline, Paul. 1972. *Fact and Fantasy in Freudian Theory*. London: Methuen.

Kohut, Heinz. 1977. *The Restoration of the Self*. New York: International Universities Press.

Kondo, Dorinne. 1984. Review of *Behind the Mask*, by Ian Buruma. *New York Times Book Review*, Sept. 16, pp. 13–14.

Konner, Melvin. 1982. *The Tangled Wing: Biological Constraints on the Human Spirit*. New York: Harper Colophon Books.

Kriegel, Leonard. 1979. *On Men and Manhood*. New York: Hawthorn Books.

Kuper, Adam. 1983. *Anthropology and Anthropologists: The Modern British School*. London: Routledge and Kegan Paul.

La Fontaine, Jean. 1986. *Initiation*. Manchester: Manchester University Press.

Leacock, Eleanor. 1978. Women's status in egalitarian society: Implications for social evolution. *Current Anthropology* 19:247–75.

Leary, James P. 1976. Fists and foul mouths: Fights and fight stories in contemporary rural American bars. *Journal of American Folklore* 89:27–39.

Lebra, Takie Sugiyama. 1985. *Japanese Women: Constraint and Fulfillment*. Honolulu: University of Hawaii Press.

Lebra, Takie Sugiyama, and William P. Lebra, eds. 1986. *Japanese Culture and Behavior: Selected Readings*, 2d ed. Honolulu: University of Hawaii Press.

Lee, Richard B. 1979. *The !Kung San: Men, Women, and Work in a Foraging Society*. Cambridge: Cambridge University Press.

Leverenz, David. 1989. *Manhood and the American Renaissance*. Ithaca: Cornell University Press.

Levine, Donald N. 1966. The concept of masculinity in Ethiopian culture. *International Journal of Social Psychiatry* 12:17–23.

LeVine, Robert A. 1973. *Culture, Behavior, and Personality*. Chicago: Aldine.

———. 1979. Anthropology and sex: Developmental aspects. In *Human Sexuality: Comparative and Developmental Perspectives*, ed. Herant A. Katchadourian, pp. 309–31. Berkeley: University of California Press.

Levy, Robert I. 1971. The community function of Tahitian male transvestism: A hypothesis. *Anthropological Quarterly* 44:12–21.

———. 1973. *Tahitians: Mind and Experience in the Society Islands*. Chicago: University of Chicago Press.

Lewis, Oscar. 1961. *The Children of Sanchez*. New York: Random House.

Lidz, Ruth, and Theodore Lidz. 1977. Male menstruation: A ritual alternative to the Oedipal transition. *International Journal of Psycho-Analysis* 58:17–31.

Lindholm, Charles. 1982. *Generosity and Jealousy: The Swat Pakhtun of Northern Pakistan*. New York: Columbia University Press.

Little, Kenneth L. 1967. *The Mende of Sierra Leone: A West African People in Transition*. London: Routledge and Kegan Paul.

Llewelyn-Davies, Melissa. 1981. Women, warriors, and patriarchs. In *Sexual Meanings*, ed. Sherry B. Ortner and Harriet Whitehead, pp. 330–58. Cambridge: Cambridge University Press.

Lockwood, William G. 1974. Bride theft and social maneuverability in western Bosnia. *Anthropological Quarterly* 47:253–69.

Loizos, Peter. 1975. *The Greek Gift*. New York: St. Martin's Press.

Lonner, Walter J. 1980. The search for psychological universals. In *Handbook of Cross-Cultural Psychology*, ed. Harry C. Triandis and William W. Lambert, 1:143–204. Boston: Allyn and Bacon.

Lukes, Steven. 1973. *Individualism*. New York: Harper and Row.

McPherson, James M. 1988. *Battle Cry of Freedom: The Civil War Era*. New York: Oxford University Press.

Mahler, Margaret, et al. 1975. *The Psychological Birth of the Human Infant*. New York: Basic Books.

Mahoney, F. B. 1974. Social and cultural factors relating to the cause and control of alcohol abuse among Micronesian youth. Prepared for the Govt. of the Trust Territory of the Pacific Islands under contract TT 174–8 with James R. Leonard Associates, Inc. (Cited in M. Marshall 1979:160.)

Mailer, Norman. 1968. *Armies of the Night.* New York: New American Library.

Mandelbaum, David G. 1988. *Women's Seclusion and Men's Honor: Sex Roles in North India, Bangladesh, and Pakistan.* Tucson: University of Arizona Press.

Marcus, Michael. 1987. "Horsemen are the fence of the land": Honor and history among the Ghiyata of eastern Morocco. In *Honor and Shame and the Unity of the Mediterranean,* ed. David D. Gilmore, pp. 49–60. Washington, D.C.: American Anthropological Association, Special Pub. no. 22.

Marshall, Lorna. 1976. *The !Kung of Nyae Nyae.* Cambridge, Mass.: Harvard University Press.

Marshall, Mac. 1979. *Weekend Warriors.* Palo Alto, Calif.: Mayfield.

Martinez-Alier, Juan. 1971. *Labourers and Landowners in Southern Spain.* London: St. Martin's Press.

Marx, Karl. 1978. *Critique of the Gotha Program.* In *The Marx-Engels Reader,* ed. Robert C. Tucker, pp. 525–41. New York: W. W. Norton (orig.: 1891).

Mead, Margaret. 1935. *Sex and Temperament in Three Primitive Societies.* New York: New American Library.

Meeker, Michael E. 1979. *Literature and Violence in North Arabia.* Cambridge: Cambridge University Press.

Meggitt, Mervyn J. 1967. The pattern of leadership among the Mae-Enga of New Guinea. *Anthropological Forum* 2:20–35.

Mernissi, Fatima. 1975. *Beyond the Veil.* New York: Schenckman.

Messner, Michael. 1987. The meaning of success: The athletic experience and the development of male identity. In *The Makings of Masculinity,* ed. Harry Brod, pp. 193–210. Boston: Allen and Unwin.

Mitchell, Timothy J. 1988. *Violence and Piety in Spanish Folklore.* Philadelphia: University of Pennsylvania Press.

Morris, Ivan. 1975. *The Nobility of Failure: Tragic Heroes in the History of Japan.* New York: Holt, Rinehart and Winston.

Munroe, Robert L., and Ruth H. Munroe. 1980. Perspectives suggested by anthropological data. In *Handbook of Cross-Cultural Psychology,* ed. Harry C. Triandis and William W. Lambert, 1:253–317. Boston: Allyn and Bacon.

Murdock, George P. 1967. *Ethnographic Atlas.* Pittsburgh: University of Pittsburgh Press.

Murphy, Michael. 1983. Coming of age in Seville: The structuring of a riteless passage to manhood. *Journal of Anthropological Research* 39:376–392.

Nadel, S. F. 1951. *The Foundations of Social Anthropology*. London: Cohen and West.

Nandy, Ashis. 1980. *At the Edge of Psychology: Essays in Politics and Culture*. Delhi: Oxford University Press.

Newman, Philip. 1965. *Knowing the Gururumba*. New York: Holt, Rinehart and Winston.

Newman, Philip, and David J. Boyd. 1982. The making of men: Ritual and meaning in Awa male initiation. In *Rituals of Manhood*, ed. Gilbert H. Herdt, pp. 239–85. Berkeley: University of California Press.

Obeyesekere, Gananath. 1976. The impact of Ayurvedic ideas on the culture and the individual in Sri Lanka. In *Asian Medical Systems: A Comparative Study*, ed. Charles Leslie, pp. 201–26. Berkeley: University of California Press.

Ochberg, Richard L. 1987. The male career and the ideology of role. In *The Making of Masculinities*, ed. Harry Brod, pp. 173–92. Boston: Allen and Unwin.

O'Flaherty, Wendy D. 1980. *Women, Androgynes, and Other Mythical Beasts*. Chicago: University of Chicago Press.

Ortner, Sherry B. 1974. Is female to male as nature is to culture? In *Woman, Culture, and Society*, ed. Michelle Z. Rosaldo and Louise Lamphere, pp. 67–88. Stanford: Stanford University Press.

———. 1981. Gender and sexuality in hierarchical societies: The case of Polynesia and some comparative implications. In *Sexual Meanings*, ed. Sherry B. Ortner and Harriet Whitehead, pp. 359–409. Cambridge: Cambridge University Press.

Otten, Charlotte M. 1985. Genetic effects on male and female development and on the sex ratio. In *Male-Female Differences: A Bio-Cultural Perspective*, ed. Roberta L. Hall, pp. 155–217. New York: Praeger.

Pater, Walter. 1910. *Plato and Platonism: A Series of Lectures*. London: MacMillan.

Paul, Robert A. 1978. Instinctive aggression in man: The Semai case. *Journal of Psychological Anthropology* 1:65–79.

Peristiany, J.-G., ed. 1965. *Honour and Shame: The Values of Mediterranean Society*. London: Weidenfeld and Nicolson.

Pettigrew, Joyce. 1975. *Robber Noblemen: A Study of the Political System of the Sikh Jats*. London: Routledge and Kegan Paul.

Pitt-Rivers, Julian. 1961. *The People of the Sierra*. Chicago: University of Chicago Press.

———. 1965. Honour and social status. In *Honour and Shame*, ed. J.-G. Peristiany, pp. 19–77. London: Weidenfeld and Nicolson.

———. 1977. *The Fate of Shechem*. Cambridge: Cambridge University Press.

———, ed. 1963. *Mediterranean Countrymen*. Paris: Mouton.

Pleck, Joseph. 1981. *The Myth of Masculinity*. Cambridge, Mass.: MIT Press.

Poole, Fitz John P. 1982. The ritual forging of identity: Aspects of person and self in Bimin-Kuskusmin male initiation. In *Rituals of Manhood*, ed. Gilbert H. Herdt, pp. 99–154. Berkeley: University of California Press.

Quinn, Naomi. 1977. Anthropological studies on women's status. *Annual Review of Anthropology* 6:181–225.

Raphael, Ray. 1988. *The Men from the Boys: Rites of Passage in Male America*. Lincoln, Nebr.: University of Nebraska Press.

Read, Kenneth. 1965. *The High Valley*. London: Allen and Unwin.

Reminick, Ronald A. 1976. The symbolic significance of ceremonial defloration among the Amhara of Ethiopia. *American Ethnologist* 3:751–63.

———. 1982. The sport of warriors on the wane: a case of cultural endurance in the face of social change. In *Sport and the Humanities*, ed. William H. Morgan, pp. 31–36. Knoxville, Tenn.: Bureau of Educational Research and Service, University of Tennessee Press.

Rin, Hsien. 1963. Koro: A consideration of Chinese concepts of illness with case illustrations. *Transcultural Psychiatric Research Review* 15:23–30.

———. 1965. A study of the aetiology of koro in respect to the Chinese concept of illness. *International Journal of Social Psychiatry* 11:7–13.

Robarchek, Clayton A. 1977. Frustration, aggression, and the nonviolent Semai. *American Ethnologist* 4:762–69.

Robarchek, Clayton A., and Robert K. Dentan. 1987. Blood drunkenness and the bloodthirsty Semai: Unmaking another anthropological myth. *American Anthropologist* 89:356–65.

Rochlin, Gregory. 1980. *The Masculine Dilemma: A Psychology of Masculinity*. Boston: Little, Brown.

Roland, Alan. 1988. *In Search of Self in India and Japan: Toward a Cross-Cultural Psychology*. Princeton: Princeton University Press.

Roy, Manisha. 1975. *Bengali Women*. Chicago: University of Chicago Press.

Rubin, Gayle. 1975. The traffic in women: Notes toward a political economy of sex. In *Toward an Anthropology of Women*, ed. Rayna Reiter, pp. 157–210. New York: Monthly Review Press.

Sahlins, Marshall. 1984. Poor man, rich man, big man, chief. In

Conformity and Conflict, ed. J. P. Spradley and D. W. McCurdy, pp. 274–288. Boston: Little, Brown.

Saitoti, Tepilit Ole. 1986. *The Worlds of a Maasai Warrior: An Autobiography.* Berkeley: University of California Press.

Salamon, Sonya. 1986. "Male chauvinism" as a manifestation of love in marriage. In *Japanese Culture and Behavior,* ed. Takie Sugiyama Lebra and William P. Lebra, pp. 130–41. Honolulu: University of Hawaii Press.

Salisbury, Richard F. 1965. The Siane of the eastern Highlands. In *Gods, Ghosts, and Men in Melanesia,* ed. P. Lawrence and M. J. Meggitt, pp. 50–77. Melbourne: Oxford University Press.

Sanday, Peggy R. 1973. Toward a theory of the status of women. *American Anthropologist* 75:1682–1700.

———. 1981. *Female Power and Male Dominance: On the Origins of Sexual Inequality.* Cambridge: Cambridge University Press.

Schafer, Roy. 1986. Men who struggle against sentimentality. In *The Psychology of Men: New Psychoanalytic Perspectives,* ed. Gerald I. Fogel, L. M. Lane, and R. S. Liebert, pp. 95–110. New York: Basic Books.

Schieffelin, Edward L. 1982. The *bau a* ceremonial hunting lodge: An alternative to initiation. In *Rituals of Manhood,* ed. Gilbert H. Herdt, pp. 155–200. Berkeley: University of Chicago Press.

Schneider, Jane. 1971. Of vigilance and virgins. *Ethnology* 9:1–24.

Schodt, Frederick. 1983. *Manga! Manga! The World of Japanese Comics.* Tokyo: Kodansha International.

Schwenger, Peter. 1984. *Phallic Critiques: Masculinity and Twentieth-Century Literature.* London: Routledge and Kegan Paul.

Shapiro, Judith. 1979. Cross-cultural perspectives on sexual differentiation. In *Human Sexuality: Comparative and Developmental Perspectives,* ed. Herant A. Katchadourian, pp. 269–308. Berkeley: University of California Press.

Shostak, Marjorie. 1981. *Nisa: The Life and Words of a !Kung Woman.* Cambridge, Mass.: Harvard University Press.

Simic, Andrei. 1969. Management of the male image in Yugoslavia. *Anthropological Quarterly* 42:89–101.

———. 1983. Machismo and cryptomatriarchy: power, affect, and authority in the contemporary Yugoslav family. *Ethos* 11:66–86.

Slater, Philip E. 1968. *The Glory of Hera.* Boston: Beacon Press.

Smith, Robert J. 1983. *Japanese Society: Tradition, Self and the Social Order.* Cambridge: Cambridge University Press.

Smith, Robert J., and Ella L. Wiswell. 1982. *The Women of Suye Mura.* Chicago: University of Chicago Press.

Spence, Janet, and Robert L. Helmreich. 1979. *Masculinity and Femininity: Their Psychological Dimensions, Correlates and Antecedents*. Austin, Tex.: University of Texas Press.

Spencer, Paul. 1965. *The Samburu: A Study of Gerontocracy in a Nomadic Tribe*. Berkeley: University of California Press.

———. 1973. *Nomads in Alliance: Symbiosis and Growth among the Rendille and Samburu of Kenya*. London: Oxford University Press.

Spratt, Philip. 1966. *Hindu Culture and Personality*. Bombay: Manaktalas.

Stearns, Peter N. 1979. *Be a Man! Males in Modern Society*. New York: Holmes and Meier.

Stephens, William N. 1967. A cross-cultural study of menstrual taboos. In *Cross-Cultural Approaches*, ed. Clellan S. Ford, pp. 67–94. New Haven: HRAF Press.

Stoller, Robert. 1968. *Sex and Gender*. New York: Science House.

———. 1974. Facts and fancies: An examination of Freud's concept of bisexuality. In *Women and Analysis*, ed. Jean Strouse, pp. 343–64. New York: Dell.

Stoller, Robert, and Gilbert H. Herdt. 1982. The development of masculinity: A cross-cultural contribution. *Journal of the American Psychoanalytic Association* 30:29–59.

Strathern, Andrew. 1971. *The Rope of Moka*. Cambridge: Cambridge University Press.

Strathern, Marilyn. 1981. Self-interest and the social good: Some implications of Hagen gender imagery. In *Sexual Meanings*, ed. Sherry B. Ortner and Harriet Whitehead, pp. 166–91. Cambridge: Cambridge University Press.

Taylor, Jared. 1983. *Shadows of the Rising Sun: A Critical View of the Japanese Miracle*. New York: Morrow.

Theweleit, Klaus. 1987. *Male Fantasies*, trans. S. Conway, Erica Carter, and Chris Turner. Minneapolis: University of Minnesota Press.

Thomas, Elizabeth Marshall. 1959. *The Harmless People*. New York: Vintage Books.

———. 1965. *Warrior Herdsmen*. New York: Knopf.

Thucydides. 1951. *The Complete Writings: The Peloponnesian Wars*, ed. J. H. Finley, Jr., trans. Richard Crawley. New York: Modern Library.

Tierno Galván, Enrique. 1961. Los toros, acontecimiento nacional. In *Desde el Espectáculo a la Trivilización*, pp. 53–77. Madrid: Taurus.

Tiger, Lionel. 1971. *Men in Groups*. New York: Random House.

Tolson, Andrew. 1977. *The Limits of Masculinity: Male Identity and the Liberated Woman*. New York: Harper and Row.

Tseng, W.-S., et al. 1987. A socio-cultural and clinical study of a *koro* epidemic in Guangdong, China. Paper read at a conference of the Society for the Study of Psychiatry and Culture, Quebec, Sept. 16–19, 1987. Abstracted in *Transcultural Psychiatric Research Review* 25:74–77 by R. H. Prince (1988).

Turnbull, Colin M. 1981. Mbuti womanhood. In *Woman the Gatherer*, ed. Frances Dahlberg, pp. 205–19. New Haven: Yale University Press.

Turnbull, John. 1812. *A Voyage Round the World in the Years 1800, 1801, 1802, 1803, and 1804*. London: A. Maxwell.

Tuzin, Donald F. 1980. *The Voice of the Tambaran: Truth and Illusion in Ilahita Arapesh Religion*. Berkeley: University of California Press.

———. 1982. Ritual violence among the Ilahita Arapesh: The dynamics of moral and religious uncertainty. In *Rituals of Manhood*, ed. Gilbert H. Herdt, pp. 321–55. Berkeley: University of California Press.

Van Gennep, Arnold. 1960. *The Rites of Passage*, trans. Monika B. Vizedom and Gabrielle L. Caffe. Chicago: University of Chicago Press (Orig.: 1908).

Vanggaard, Thorkil. 1972. *Phallos*. New York: International Universities Press.

Veyne, Paul. 1985. Homosexuality in ancient Rome. In *Western Sexuality*, ed. Philippe Ariès and André Bejin, trans. Anthony Forster, pp. 26–39. Oxford: Basil Blackwell.

Vivekananda. 1953. *The Yogas and Other Works*, ed. S. Nikhilananda. New York: Ramakrishna-Vivekananda Center.

———. 1970. *Collected Works of Swami Vivekananda*, 8 vols. Calcutta: Advaita Ashrama.

Whiting, John M. W., R. Kluckhohn, and A. Anthony. 1958. The function of male initiation ceremonies at puberty. In *Readings in Social Psychology*, ed. Eleanor E. Maccoby, T. M. Newcomb, and F. L. Hartley, pp. 359–70. New York: Holt, Rinehart and Winston.

Whyte, Martin K. 1978. Cross-cultural codes dealing with the relative status of women. *Ethnology* 17:211–37.

Wikan, Unni. 1984. Shame and honour: A contestable pair. *Man* 19:635–52.

Williams, John E., and Deborah L. Best. 1982. *Measuring Sex Stereotypes: A Thirty-Nation Study*. Beverly Hills: Sage Publs.

Williams, Walter C. 1986. *The Spirit and the Flesh: Sexual Diversity in American Indian Culture*. Boston: Beacon Press.

Williams-Hunt, Peter D. R. 1952. *An Introduction to the Malayan Aborigines*. Kuala Lampur: Government Press.

Wilson, James. 1799. *A Missionary Voyage to the Southern Pacific Ocean in 1796, 1797, 1798*. London: T. Chapman.

Wilson, Peter J. 1988. *The Domestication of the Human Species*. New Haven: Yale University Press.

Wolf, Margery. 1985. *Revolution Postponed: Women in Contemporary China*. Stanford: Stanford University Press.

Wyatt-Brown, Bertram. 1982. *Southern Honor: Ethics and Behavior in the Old South*. New York: Oxford University Press.

Yap, P. M. 1965. Koro—a culture-bound depersonalization syndrome. *British Journal of Psychiatry* 111:43–50.

Young, Frank W. 1965. *Initiation Ceremonies: A Cross-Cultural Study of Status Dramatization*. Indianapolis: Bobbs-Merrill.

Zweig, Ferdynand. 1961. *The Worker in an Affluent Society*. New York: Free Press.

译后记

时不时地，网络上就会兴起一阵关于“男性气概”或“男性气质”的讨论，比方说：男性是否可以化妆（针对荧幕上几乎千篇一律的韩式男性外貌女性化现象），中国的未来要交给怎样的男性接班人（当然，还有女性接班人），以及，男孩子是否越来越没有男性气概了，等等。类似的讨论总能引发一阵热烈的观点交锋，但是，争论过后，公众是否达成一致意见，或是趋于中间立场？我们恐怕不得不持怀疑态度。

其实，不止民间对男性气概或男性气质保持热情，学术界同样对这样的话题很感兴趣，以至于它们成了“男性研究”或“性别研究”的重要内容。不过，相较西方学术界，中国的学者对这方面关注得可谓有限，因此可供利用的文献不多，在这之中，不能不提的就是浙江大学外语学院英文系教授隋红升先生的研究，比如其论文《男性气概与男性气质：男性研究中的两个易混概念辨析》和专著《跨学科视野下的男性气质研究》。他的研究既为本书的翻译提供了不可多得的便利，又为理解男性气概与男性气质铺平了道路，在此表示诚挚的谢意。

在谈论男性气概或男性气质时，我们究竟在谈论什么呢？这是初读本书时我的困惑。是主流意识形态对男性应当如何表现——按书中的说法是，“像一个男人般行事”（act like a man）——制定的一系列规则，还是男孩在长成为男人的过程中自然而然就会获得的品质或能力？在边读边理解边翻译的过程中，我看到了作者逐渐揭开了男性气概的谜团。在他看来，人类学的研究表明，男性气概远非轻轻松松就被自然赋予的品质或能力，而是需要经受不间断的测试与磨练才能获得的，因此，男性气概并不稳定，需要在各个方面不断维系，比如战斗、偷窃、劫掠、宴饮、生殖，等等。

法国哲学家波伏娃在《第二性》中提出了一个著名的观点：男人是天生的，女人是后天形成的。波伏瓦的意思是，“女性”这个概念在历史上总是以男性为基础“建构的”，男性是自然生成的，因此，“man”既代表男性又代表人类，“woman”是需要特别指出的范畴。波伏娃的研究对后来的性别研究的意义，显然重大到在此处无须赘述。不过，本书作者的研究表明，男人远非天生的，构成男人身份核心的男性气概，并不会随着男孩逐渐长大自然而然地获取，也即生理上的成熟无法保证这一点。相反，男孩往往必须经历一系列的考验才能成为男人，其中包括与母亲的分离，从生理和心理上“断奶”，其中不可避免会有成功者和失败者。相形之下，女性似乎才是自然的，随着年龄增长，身体发育成熟，女孩自然而然成为女人，无须经历任何考验，也没有所谓的成功或失败。波伏娃与吉尔摩，虽然出发点不同，但他们的研究都极具启发性。

此处，不能不提的就是术语的翻译问题。书中充斥着大量人类学、心理学或精神分析学的概念，给我提出了很大的挑战。我尽量保持术语翻译的一致性。不过，由于本书涉及社会科学领域的“表演”（performance）转向，若不给出相关背景信息可能会造成不必要的误解，故在此多说几句。表演转向主要涉及哲学家肯尼斯·伯克、语言学家约翰·奥斯汀、诺姆·乔姆斯基、社会学家乔治·古尔维奇等人。在表演转向的视野下，只要存在着对他人施加影响的可能，语言或行为就会被视为一种表演，本书中提到的例子，比如夸富宴、分配狩猎得来的猎物，显然有对他人施加影响的目的或意图，事实上也的确做到了，因此，这些行为被视作表演。不过，在谈到书中的部分族群对族人的“performance”有所期待时，思虑再三还是选择将“performance”译作“表现”，因为，“表演”这个范畴是我们用来分析的工具，“表现”则不是。

并非专家学者却大发一通感言，实在有些惶恐，好在立刻到了我最熟悉的致谢环节。首先需要感谢的，自然是本书的作者大卫·D. 吉尔摩。在读到本书之前，我尚未发现看似自足而稳定的男性气概其实受到了极大压力，是一种需要凭借努力获得的地位，只是草率而懈怠地将其视作没有多大意义的无用概念，殊不知它很可能“嵌入了”日常生活。吉尔摩带领读者环游世界，见识了各个地方（尽管不是全部）与男性气概相关的现象，并给出了富有学理性的思考与分析，读来既有趣又引人沉思。就像作者所言，尽管本书由男人撰写，引用了不少男学者的研究，而且主要是关于男人的，不过希望也能吸引女性读者。

其次需要感谢的是合译者张苗凤女士。在一年的翻译时间里，为了这本书我们彼此帮助、互诘，谢谢她给我提供了隋红升教授那篇给人指明方向的论文，为后续的翻译工作带来了极大的便利，更要谢谢她对翻译的认真与投入。另外，在此不妨说明一下分工的情况，本人负责的是序言、导论、第一章、第三章、第五章、第七章、第九章，而张女士负责的是第二章、第四章、第六章、第八章、第十章，最后由本人统一校对全文。

同样需要感谢的，是周楠博士的牵线与信任，以及责编谢焕先生的耐心、认真与负责。此外，还要对浙江大学出版社参与本书各个环节的陌生的“做书人”表示感谢，谢谢他们的辛勤付出（我称之为“动用出版的魔法”）。译事艰辛，勉励前行，然而必须承认，本人知识水平和翻译能力有限，错漏之处在所难免，还望方家不吝指正。我的邮箱：2955312741@qq.com。

孙伟

2020年夏，于安徽新塘埂

图书在版编目（CIP）数据

发明男性气概 / (英) 大卫·D. 吉尔默著; 孙伟, 张苗凤译. — 杭州：浙江大学出版社，2021.2（2021.6重印）
书名原文：Manhood in the Making: Cultural Conceptions of Masculinity
ISBN 978-7-308-19889-9

Ⅰ. ①发… Ⅱ. ①大… ②孙… ③张… Ⅲ. ①男性—社会角色—研究 Ⅳ. ①C912.6

中国版本图书馆CIP数据核字（2019）第288038号

浙江省版权局著作权合同登记图字：11-2019-412 号

发明男性气概
［英］大卫·D. 吉尔默 著；孙 伟 张苗凤 译

责任编辑 谢 焕
责任校对 董齐琪
封面设计 云水文化
出版发行 浙江大学出版社
（杭州天目山路148号 邮政编码：310007）
（网址：http://www.zjupress.com）
排 版 浙江时代出版服务有限公司
印 刷 杭州钱江彩色印务有限公司
开 本 880mm × 1230mm 1/32
印 张 8.625
字 数 242千
版 印 次 2021年2月第1版 2021年6月第2次印刷
书 号 ISBN 978-7-308-19889-9
定 价 62.00元

浙江大学出版社市场运营中心联系方式：（0571）88925591；http://zjdxcbs.tmall.com